뜻을
세워라

아들에게 쓴 퇴계의 편지 1

뜻을 세워라

이황 편지 · 김운기 국역

책에 들어가며

퇴계 선생의 문집과 저서 등에는 대부분 서문이나 발문이 없다. 다른 사람이 선생님 글에 서문을 쓰는 것은 감히 '부처님 이마에 새똥 깔기는 짓'쯤으로, 매우 불경하게 여겼기 때문이라고 한다. 그러나 선생 사후 450년이 넘게 지나는 동안 많은 후학이 배출되었고 이에 상응하는 연구 성과들이 쏟아져 나왔다. 현재에도 1년에 수십 편의 퇴계 관련 학술 논문들이 발표되고 있다. 이러한 추세는 앞으로도 계속될 것이니, 오히려 후학들은 퇴계 선생의 말씀을 앞다투어 전하려는 기세다. 그런 점에서 역자도 퇴계 선생의 말씀 한 구절을 세상에 내놓을 수 있는 용기를 내게 되었다.

이 편지들은 역자가 『퇴계 가서에 나타난 교학양상연구』라는 박사학위 논문을 쓴 자료들로, 퇴계 선생께서 아들에게 쓴 편지들이다. 선생께서는 평생 3,000통에 이르는 많은 편지를 남기셨는데, 그 편지 중에는 아들에게 쓴 편지 530여 통을 포함하여 손자와 조카 등 친·인척에게 쓴 가족 편지가 모두 900여 통이 넘는다. 이 가운데 손자에게 쓴 편지와 아들에게 쓴 편지 일부가 번역본으로 나온 바 있다.

그러나 아들에게 쓴 편지가 530통이 넘는 많은 수량인 점을 감안하면, 아직 독자들에게 번역되어 선보이지 못한 편지가 대다수인 상황이다. 이러한 점을 매우 아쉽게 여겨오던 역자가 이번에 '아들에게 쓴 퇴계 선생의 편지' 531통을 처음으로 완역하여 독자들 앞에 내놓게 되었다. 선생 종택과 도산서원 광명실 등에 수백 년간 보관해 오던 편지들이 한국국학진흥원에 위탁 보관되면서, 퇴계학연구원에서 2018년 교감한 원본이 『정본퇴계전서』로 공개되었다. 이것을 저본(底本)으로 역자가 논문 자료로 활용하면서 모두 번역하는 기회가 되었다. 지금까지 퇴계 선생에 관한 많은 연구가 있었고, 퇴계서(退溪書)에 관한 한문 주석서나 일부 한글 번역본이 나왔으나 이번에 '아들에게 보낸 편지' 전편을 완역해서 내보이는 것은 역자의 이 책이 처음이다.

450년이 넘도록 선생의 편지가 소실되지 않고 남아 있는 것이 경이롭고 다행스러운 일이지만, 이 편지들은 그동안 선생의 문집과 전서 등에 극히 일부 외에는 채록되지 못하고 대부분의 자료집에서 누락 돼 있었던 점은 필자가 궁금해하던 차였다. 그러나 세상에 드러나지 않았던 선생의 편지를 읽고 번역하는 동안 그 의아했던 점은 조금씩 풀리고 이해하는 계기가 되었다.

후일 『이자수어』의 발문을 쓴 안정복(安鼎福, 1712~1791)은 그 발문에서, '가정(家政)의 실제 생활보다 강의(講義)한 주자학과 퇴계의 저술에 기준을 두었다'라는 취지를 담고 있다. 이에 대하여 권오봉(權五鳳, 1930~1999)은, "퇴계문집 속편 편찬까지는 퇴계의 도학(道學) 이외의 것이 세상에 출현하는 것을 꺼렸다."라고 설명하고 있다. 실제로 '가서(家書)'라고 일컫는 퇴계 선생의 가족 간에 오간 편지는 선생의 다른 학문적 성과에 비해서 크게 주목받지 못했다. 훌륭한 성리학자이자 정치가이며 교육자셨던 퇴계 선생의 위인적 평가에 비추어 가정(家政)의 일상은 매우 소소하다고 여겨져서 이에 따라 자손들과 오간 편지까지 간과되어 온 것이 사실이다. 특히 퇴계 선생께서 부자간(父子間)에 오간 家書는 가정사에 민감한 사실과 선생의 솔직한 속내가 담겨 있는 내용이 많다. 이러한 이유로, 학문적가치로서 가서가 경시되고 비하되었으며, 『퇴계문집』 등 제 저술편찬에서 배제된 원인이었을 것으로 짐작이 되고 이해할 수 있는 일이다.

그러므로 이 책의 이야기는 퇴계의 심오한 철학이나 사상서가 아니다. 인간 퇴계가 아들에게 보낸 사람 사는 이야기다. 자식을 키우고 가정을 건사해야 하는 여느 가장의 이야기이며 우리들의 이야기일 수 있다.

퇴계 선생의 문집 편찬 당시, 산절(刪節)되고 배제된 부분들은 그러한 생활사적 개인기록이 대부분이었다. 그동안 연구자들의 사각지대에 있었던 퇴계 선생의 가서(家書), 특히 아들에게 쓴 편지 530여 통은 가정사(家政事)에 아주 은미한 것에서부터 부자간의 미세한 감정까지 여과 없이 기록하고 있는 생생한 자료다. 이처럼 가공되지 않은 실체를 통하여 퇴계 선생도 우리와 다를 바 없는 사람 사는 이야기를 하고 있다는 것을 알 수 있다. 지금까지 퇴계 선생께서 이루어 놓은 학문적 성과와 위인적인 면모에만 치우쳐 사실과는 다르게 알려진 면이 없지 않았고, 심지어 상식에도 못 미치는 왜곡된 설화 수준으로 잘못 알려진 것이 많았다.

이번에 출간되는 이 편지들을 통하여 우리는 아주 가까이에서 퇴계 선생의 인간적인 참모습을 발견할 수 있을 것으로 생각한다. 또 선생께서 왜 이렇게 많은 편지로 아들과 소통하였으며, 아들에게 행한 사람됨의 교육이 무엇이었는지 배우게 될 것이다. 이는 현대를 살아가는, 자식을 키우는 모든 부모가 배워야 하는 위인의 가르침이다. 가정교육의 의미와 중요성을 새롭게 점검하고, 자녀교육 본연의 모습을 회복하여, 현대 사회가 직면하고 있는 불안한 가정교육이 시사하는 바를 찾게 될 것을 함께 기대한다.

다만, 필자는 한문을 연구하는 서생에 불과하여 선생의 철학적 경지를 가늠할 수 없고, 국문학이나 역사학에 천박(淺薄)한 처지이다. 편지의 전편을 통하여 등장하는 이두식(吏讀式)의 수많은 노비 이름, 지금은 아예 사라지고 없어진 고지명(古地名), 관직명, 자(字)·호(號)·명(名), 택호(宅號) 등 지금 우리에게 낯선 용어들을 정리하는데 용이(容易)하지 않았음을 실토하지 않을 수 없다. 향후 독자 제현들의 가혹한 질정을 마다하지 않겠다.

계묘년 단오에, 東旦齋에서 역자 씀

차 례

경자년(1540년, 40세)   9/256
신축년(1541년, 41세)   17/257
임인년(1542년, 42세)   19/258
계묘년(1543년, 43세)   25/259
갑진년(1544년, 44세)   31/260
을사년(1545년, 45세)   33/260
병오년(1546년, 46세)   45/263
정미년(1547년, 47세)   57/266
무신년(1548년, 48세)   65/268
기유년(1549년, 49세)   85/273
경술년(1550년, 50세)   99/276
신해년(1551년, 51세)   119/281
임자년(1552년, 52세)   145/288
계축년(1553년, 53세)   169/294
갑인년(1554년, 54세)   225/309
원문   255

書 - 1

8월

준에게 답한다.

잇손이 편에 보낸 네 편지를 받고, 네가 절에서 무탈하게 공부하고 있다는 것을 알았다. 매우 기쁜 소식이구나. 나도 여전하게 잘 지내고, 형님은 지금 사복 판사가 되어 무사히 복무하고 계시다. 네 처가 지어 보낸 단령*을 받으니 좋기는 하다만 어려운 살림에 이렇게까지 하니 도리어 내가 미안하구나.

다름 아니라, 네가 여기 올지 말지를 말해주자면, 올겨울은 내가 내려갈 수 없으니 그냥 집에 있는 것이 나을 것 같다. 그러나 만약에 너와 함께 시험을 치를 친구들이 같이 온다면, 여기서 겨울을 보내는 것도 괜찮을 것이다.

백첩선* 두 자루, 옻칠한 부채 두 자루, 참빗 다섯 개, 먹 한 개, 붓 한 자루 보낸다. 합죽선과 참빗은 네 처에게 전해라. 이만 줄인다.

추신———네 장인께서 용궁현의 훈도로 진작에 비답*이 내려졌다. 속히 달려가서 부임하도록 전해 올리는 것이 좋겠다. 때마침 바쁜 일로 외출하기 때문에 내가 따로 편지를 올리지 못하겠다. 또 빙*에게도 연락하여 바로 의령에서 숙부를 따라서 서울에 오게 할 참이다.

*단령團領: 관원들이 공무를 볼 때 입었던, 깃을 둥글게 만든 옷.
*백첩선白貼扇: 부챗살과 부채의 면에 아무런 장식을 하지 않거나 그림을 그려 넣지 않은 흰 부채.
*비답批答: 상소에 대하여 말미에 임금이 가부의 대답을 내림.
*빙憑: 퇴계의 종질 字는 보경補卿.

書 - 2

8월

준에게 답한다.

김백영*이 편에 보낸 네 편지를 받았다. 잘 있다는 소식을 알게 되니 기쁘고 안심이 되는구나. 나는 근래에 더위와 설사병으로 고생하다가 지금은 조금 덜 하다. 그러나 네가 서울에 온다면, 마땅히 너와 같이 과거에 응시할 친구들과 함께 와서 시험을 치르고 여기 남아 겨울을 보내는 것이 좋을 것 같다. 어찌 혼자서 남아 있다가 9월에 온다고 하느냐?

만약 그곳에서 완*이 같은 친구들과 절에 들어가 공부하는 것이 좋겠다면, 한겨울 추위에 고생하며 그때 여기 와서 지낼 필요가 없을 것이다. 만일 강론을 들으면서 부지런히 공부할 곳이 없다면, 속히 올라와야 할 것이다.

*김백영金伯榮: 金富仁(1512~1584)의 字. 호는 산남山南, 퇴계 문인.
*완完: 둘째형 河의 長子.

書 - 3

8월

준에게 답한다.
　김구지 일행이 오는 편에 보낸 네 편지를 받고, 아픈데 없이 잘 지낸다니 매우 기뻤다. 나는 요전에 이질을 앓았다가 지금은 평소처럼 회복되었다. 그러나 말을 타고 외출할 때는 양쪽 다리가 때때로 부어올라 걱정된다. 네가 별시에는 때맞춰 올라와 시험을 보겠다고는 했지만 별 가망이 없다는 것을 안다. 그러나 같이 시험 치를 여러 친구와 함께 와서 시험을 보거라. 전국의 사람들이 구름처럼 몰려드는데 너만 혼자 시골에 눌러앉아 있으면서, 느껴 분발하는 마음도 없이 앉아 있을 것이냐? 이 앞의 편지에, 여러 친구와 같이 와서 서울 구경을 한 뒤에 서울에 머물면서 겨울을 보내겠다고 하더니, 지금의 네 편지에서는 스스로 그것이 무익하다고 여겼는지 때맞춰 와서 시험을 보지 않으려고 하는 것 같구나. 이는 다름 아니라 네가 평소에 뜻을 세우지 않았기 때문이라고 생각된다. 다른 선비들이 모두 고무되어 있을 때도 너는 격앙되고 분발하려는 뜻을 일으키지 않으니, 나는 실망이 매우 크다.
　지금 네 친구들은 이미 출발을 했을 텐데, 네가 온다 해도 때를 맞추지는 못할 것이다. 그렇다면 9월 보름쯤에도 꼭 올라올 필요는 없다. 서울 집은 몹시 추워 겨울나기가 어려워서 조카 복과 조윤구 등도 시험을 본 후에는 모두 내려가려고 한다. 네가 비록 올라온다고 해도 같이 공부할 동학이 없으니 오지 않는 것만 못 할 것이다. 너는 본래 공부에 뜻이 독실하지 않아서 만일 집에서 한가하게 시간을 보내게 되면 더욱 책을 덮고 지낼 것이다. 조카 완이처럼 뜻이 굳은 다른 친구와 함께 절에 들어가

한겨울 긴 밤을 이용하여 부지런히 공부하여라. 내년 봄에 복이나 다른 친구들이 서울에 올라오려 하거든 그때 너도 같이 올라와 시험준비를 함께 하면서 여름을 나는 것이 좋을 듯하다.

  이제부터라도 네가 힘써 공부하지 않는다면 시간은 쏜살같이 지나가고 지나간 시간을 따라잡기가 힘들 것이다. 끝내 농사꾼이나 군졸같은 일생을 보내려고 하느냐? 부디 유념하여 결코 소홀함이 있어서는 안 될 것이다. 그렇게 되면 농사일이 소홀하게 될 것이라고 너는 말하겠지만 공부하는 자는 이런 일에 마음을 빼앗겨서는 안 될 것이다.

書 - 4

9월

준에게 답한다.

어제 받은 네 편지에, '보름쯤에 올라오기로 마음먹었다' 하니 마음은 기쁘다. 그러나 복이나 다른 사람들은 모두 내려갔다. 네가 올라온다고 해도 친구도 없이 혼자 거처해야 하니 공부하기도 어렵고 난방이 아니라서 겨울나기도 어려울 것이다. 그래서 저번의 편지에 올라오지 말라고 통지한 것이다. 무엇 때문에 꼭 올라오려고 하느냐? 이미 출발하였더라도 오던 길을 멈추고 집으로 돌아가거라. 힘써 공부할 친구와 짝해서 속히 절에 들어가거라. 거기서 겨울을 나면서 공부하고, 내년 봄에 올라와 여기서 여름을 나거라. 그에 관한 일은 앞서 보낸 편지에 적힌 대로 하는 것이 좋겠다. 이만 줄인다.

書 - 5

월일 미상

준에게 보낸다

공부하는데 어찌 정해진 장소에서만 하겠느냐? 시골에 있든 서울에 있든지 오직 뜻을 세운 것이 어떠하냐에 달려있을 뿐이다. 반드시 스스로 채찍질하며 힘써야 할 것이며 시간을 다투어 부지런히 공부하고 한가하게 허송세월을 해서는 안 될 것이다.

書 - 6

월일 미상

아들 준에게 보낸다.

네가 의령에 다녀왔다고 들었는데, 어느 길로 다녀왔는지 모르겠구나. 서울에 오는 인편이 있었는데 왜 편지는 보내지 않았느냐? 기다리자니 갑갑하구나. 내 병세는 접때보다 차도는 있지만, 평상시와 같지는 않다.

너는 내가 멀리 있다고 해서 마음대로 놀지 말고 날마다 부지런히 공부하여야 한다. 집에서 만약 공부에 전념할 수 없다면 뜻이 굳은 친구와 같이 절에 틀어박혀 굳은 결심으로 공부하거라. 한가하게 세월을 보내서는 안 된다. 혹여 술을 마시고 헛된 생각을 한다거나 낚시 등 놀이에 빠져 공부를 하지 않는다면, 끝내는 배운 것이 없으니 아는 것도 없는 사람이 될 것이다. 나는 밤낮으로 네가 그렇게 하지 않기를 바라는데, 넌들 어찌 내 마음을 모르겠느냐?

신축년
(1541년, 41세)

書 - 7

1월

준에게 답한다.

편지가 와서 무탈하게 절에 들어가 공부한다는 것을 알고 기뻤다. 아주 잘한 일이다. 네가 올라오는 것은 2월 보름쯤이라 했으니 늦지 말고 조카 복과 약속하여 꼭 같이 오거라. 봄에 오는 것은 도중에 어려움과 장애가 많을 것이니 동행하는 사람이 없이 다니는 것은 옳지 않다는 생각이 든다.

또 지난가을에 초곡의 박현달한테 도지로 받아 정미한 쌀 한바리를 가져오되, 올 때는 배로 오는 것이 좋을 것이다. 나머지는 나중에 돌아가는 인편으로 상세히 말하마. 이만 줄인다.

추신———아몽 어미 앞으로 보내는 바늘과 분은 잘 받았다가 전하거라. 보내 준 버선 세 켤레를 받아 기뻤던 내 마음도 같이 전해주면 좋겠다.

書 - 8

1월

준에게 부친다.

올 때 보냈던 물건은 다 잘 받았다는 것을 알았다. 답장은 돌아가는 사람에게 벌써 보냈으니 이미 받았을 것으로 본다. 가을에 보는 과거시험 날짜가 임박해졌으니 시간을 낭비해서는 절대 안 된다. 2월 보름께 조카 복*과 같이 올라오는 것이 좋겠다. 올 때 영천집에서 쌀 한 바리를 준비해 오는 일은 지난 편지에 말한 것이니 소홀히 하지 말거라. 나머지는 완이 가는 편에 일러두겠다. 우선 여기에서 그치마.

*복宓: 퇴계의 넷째 형 해瀣의 長子.

書 - 9

월일 미상

준에게 부친다.

  너희들이 돌아간 뒤에 계속 비가 내렸다. 복이는 비옷도 없이 갔다고 들었는데 가는 길에 얼마나 고생했을지 알 것 같구나. 오늘 김부인 어르신의 상을 당했다는 소식을 듣고 매우 놀랐다. 마침 그때는 바쁜 일 때문에 조문편지도 못써 보낸 것이 몹시 마음에 걸린다.

  흑 모필 한 자루를 보낸다.

書 - 10

12월

아들 준에게 답한다.

채의 혼사는 그쪽 집에서 이달 그믐으로 정했기 때문에 바꿀 수가 없다. 그래서 20일에 의령에 가기로 했다. 처음에는 그쪽에서 돌아올 때 예안에 가서 선영에 성묘하고 오려고 마음먹었지만 지금 모든 사람이 말하기를 "소분*하는 휴가를 나라에서 금하고 아직 풀지 않았다." 하여 예안에서 소분할 수가 없다. 소분할 뜻을 올려 휴가를 받아야 하는데 아직 받지 못했으니 도리를 어겨가면서 행할 수가 없구나. 일의 사정이 몹시 어렵게 되었으니 아쉬운 마음 금할 수가 없다. 그러나 그곳까지는 가서 상황을 살펴볼 요량이다. 마침 대관*이 되었기 때문에 이처럼 사정이 어렵게 된 것이라 더욱 아쉽구나.

*소분掃墳: 경사스러운 일이 있을 때 조상의 산소를 찾아가 무덤을 깨끗이 하고 제사지내는 일.
*대관臺官: 사헌부의 대사헌 이하 지평까지의 벼슬.

書 - 11

월일 미상

준에게 답한다.

네 편지를 받고, 잘 지낸다고 하니 매우 기쁘다. 나는 여전히 서울에 있지만, 앞서 네가...

書 - 12

1~7월

아들 준에게 답한다.

최근에 금이 일행이 가져다준 편지에, 네가 절에 들어가 공부하고 있다는 것을 알았다. 매우 기쁜 소식이구나. 그러나 절에 들어갔다고 해도 부지런히 공부하지 않으면 무슨 소용이 있겠느냐?

충순* 형님도 별다른 마음 없이 한 일이 끝내 크게 드러나서, 출두해야 할지 말지 일의 형세가 매우 어렵게 되었다. 우리 가문의 상서롭지 못한 재앙으로 이보다 더한 것이 없겠구나. 우리는 멀리 공직에 매여있어서 달려가 어려움을 같이할 수가 없으니 밤낮으로 마음만 아프구나. 파견 나온 관리한테 전해 듣기로, 형님을 취조할 때 자식이나 조카들이 한 명도 가보지 않았다고 하던데, 자식들이 부모 모시는 도리가 과연 이래도 되는 것이냐? 더욱더 가슴이 아프구나. 너는 일 처리와 공무의 중함을 모르지 않으니, 가본들 득이 될 것이 없을 것이다. 네 자신이 할 수 있는 일은 어렵고 험하다고 피하지 말고 몸과 마음을 다하는 것이 옳을 것이다.

*충순忠順: 찰방 충순위忠順衛였던 징澄, 퇴계의 다섯째 형.

書 - 13

7월

준에게 보낸다.

  내려가려고 했으나 형편상 하던 일을 멈추고 가기가 어려웠다. 다음 달 보름께 내려가려고 하니 하인 한손이와 철손이에게 짐 실을 말을 가지고 오게 해라. 10일까지는 서울에 도착하는 것을 어기지 말게 시켜야 한다. 나머지는 완의 일행에게 준 편지에 썼으니 일일이 쓰지 않겠다.

추신: 네 책과 옷가지를 같이 보낸다.

書 - 14

8월

준에게 답한다.

   말을 끌고 갔던 하인이 와서 준 편지를 포함하여 네 편지를 거듭 받았고 소식을 두루 잘 알게 되었다. 나는 부득이 내려갈 수가 없게 되었다. 한손이 가지고 간 책은 이미 받았을 것이다. 내가 가려던 일정을 취소했으니 순이가 안 와도 무방하지 않겠느냐?

   이숙량*이 가져온 편지를 보았다. 조윤구가 삼하*로 우수하게 급제했고, 이숙량도 급제했으니 매우 좋은 소식이다만, 네가 학업에 힘쓰지 않는 것이 항상 안타깝구나. 다른 집 자제들이 급제하는 것은 축하해야 할 일이지만, 그럴수록 한탄스런 마음이 더해 간다. 어찌 너 혼자만 공부하려는 의지가 없는 것이냐?

   아몽의 가죽신은 한손이가 돌아갈 때 미처 사 보내지 못해서 아쉬웠는데 이제야 사서 귀걸이와 함께 보내니 그리 알아라.

추신──금응빈에게 현토 단 『맹자』가 어디 있는지 물어서 찾아두어라.

*이숙량李叔樑(1519-1592): 농암의 아들, 字는 대용大用, 號는 매암梅巖. 퇴계 문인.
*삼하三下: 시문의 좋고 나쁨을 평하는 등급 가운데 세 번 째 급.

書 - 15

9월

　준에게 부친다.
　오래도록 네 소식을 듣지 못해 걱정이 많이 되었다. 형님의 일은 오 진사의 편지를 통해 알게 되었는데 노비들에게 대신 취조받게 하는 것도 무방할 것 같다. 그 뒤로 관인들이 어떻게 했는지는 알지 못하니 걱정이 몹시 된다. 내 병세는 조금 덜한 것 같기는 하나 평소와 같지는 않다. 억지로 독서당에는 나왔으나 독서에 매진할 수도 없으니 국록만 축내는 것 같아서 스스로 흔쾌하지 않구나.
　마지막 당직이 이달 그믐에서 다음 달 보름이니 기제사가 지난 뒤에 휴가를 얻어 내려가고자 한다. 형님을 만나 일을 처리해 보려고 하지만, 형님이 그때 면회를 받지 않겠다고 하니 이것이 의심스러울 뿐이다.
　너는 요즘 무슨 책을 읽느냐? 책을 덮고 허송세월하는 것은 아니냐? 세월은 흐르는 물과 같은데, 너희들은 정신 차리지 못하고 아무것도 이룬 것이 없으니, 과연 무엇이 되고자 하느냐?
　네 외숙*이 일 때문에 부평에 간다고 하였다. 다음 달 초에 영천에 갔다가 의령으로 갈 계획이다. 이만 줄인다.

추신———석분 등은 지금까지 돌아가지 않았느냐? 단속하여 돌려보내는 것이 마땅하다.

*외숙外叔: 준의 외숙 허사렴許士廉.

書 - 16

월일 미상

준에게 답한다.

밖에 나가는 것은 불가해서 과거시험이 끝날 때까지 머물렀다가 9월 중에 내려갈 계획이다. 나 역시 분황*은 큰일로 여긴다. 그러므로 같은 때 내려가지 않을 수 없지만, 날짜는 아직 정하지 못했다. 최근에 의령 소식은 들었다. 네 외숙은 아무 때고 서울에 올 마음은 없겠지만 시험 때가 닥쳐서는 잠시라도 꼭 오리라고 생각된다. 의령에 번진 역질의 기세는 잠시 소강상태라 하니 알아보기를 바란다.

*분황焚黃: 증직 할 때 내린 교지가 황지이다. 증직 된 사람의 묘에 가서 고하고 태우는 일. 퇴계의 爵祿으로 인하여 아버지 埴의 추증 관직을 새로 받았기 때문이다.

을사년
(1545년, 45세)

書 - 17

1월

준에게 보낸다.

  요즘 네 생활은 어떠하냐? 나는 근래에 와서 조금 편안하다만 대사헌 형님께서는 감기가 다 낫지도 않았는데 일에 매여 억지로 복무하고 계시니 염려가 된다. 나는 풍산 장례에 가보지 못한다. 비록 공무로 인한 사정이 그렇다 해도 마음은 몹시 무겁구나. 너도 아직 가보지 못하였느냐? 내달 초하루에도 제사가 있지만, 그때 형편도 마찬가지이니 만일 네가 별일 없다면 가보는 것이 좋겠다.

  하인 철산이와 중손이 등의 거처에 작년에 두 차례나 패자*를 보냈는데, 그 완악*한 놈들이 돌아왔어도 알리지를 않는구나. 네가 만약 온계에 도착하거든 불러서 어떻게 처리할 것인지 물어보는 것이 좋겠다.

  네 장인께서는 이제 현의 훈도가 되었다. 나는 3월에 내려갈 생각인데 너는 내가 가기를 기다렸다가 상경하려고 하느냐? 너무 늦지 않게 잘 헤아려서 하는 것이 옳을 것 같구나.

*패자牌字: 아랫 사람에게 어떤 일을 시키기 위한 위임장.
*완악頑惡: 마음이 굳어져 자기의 생각만 고집하는 것.

書 - 18

1월

아들에게 부친다.
　네가 가던 노정은 편했다고 알고 있는데 집에 도착하니 어떠하냐? 나는 네가 여기 있을 때보다 조금 덜한 것 같지만, 기가 허약하고 추위가 무서워 걱정이다. 감히 출근할 계획은 엄두도 내지 못하고 있다.
　조정이 편치 못하고 몇몇 재상들은 죄를 짓고 원지에 유배를 당했으니, 인심이 위태하고 두렵구나. 비록 나는 병을 핑계로 움츠리고 있으나 어찌 안심할 수 있겠느냐? 너희들도 항시 입을 조심해야 한다.
　특히 농사에 소득이 없다고 들었는데 걱정스럽다. 그러나 이 때문에 후일의 계획을 멈춰서는 안 된다. 너를 보낸 뒤에 하인 잇산이를 보냈으니 한결같이 얼굴을 맞대고 타일러서 거두어 두어라. 오로지 조심하고 내년 생활할 계획을 잘 세워야 할 것이다.
　손이는 말을 가지고 가고 언석이는 소나 말 중에 어느 것이든 끌고 얼음이 얼기 전에 평해에 가서 소금과 미역을 사 오게 시키거라. 나머지 일은 잇산이가 알고 갔으니 다시 일일이 말하지 않겠다.

書 - 19

7월

아들 준에게 답한다.

순이가 가져온 편지를 받고 다 무고하다는 것을 알았다. 나는 귀향 하려다가 그만두었다. 처음에는 말과 하인이 없어서 지체되었는데, 갑자기 관직에 다시 임명받아 귀향하기에는 사정이 어렵게 되었다. 지난달 28일 인사행정에서 사복시로 임명되었기에 이런 때 마음대로 떠나기가 더 어려워 잠시 머물러 있어야 할 것 같다. 이런 뜻은 먼저 편지에 이미 알렸다.

동지*형님은 이달 그믐에 서울에 들어오시고, 복의 시신은 29일에 도착하여 성문밖 남양집*에 임시 빈소를 차렸다가 운구할 말이 도착하면 향리로 떠날 생각이다. 너무 슬프고 슬프구나!

근래에 나는 제법 편한 것 같았는데, 가벼운 허열증이 있더니 점차 더 해지는 것 같아서 조심하고 있을 뿐이다. 정월이나 2월에는 향리로 내려갈 계획이다만, 혹시 내가 내려가기 전일지라도 봄부터는 기와 굽는 일은 꼭 해야 하니 하인들에게 미리 알려 놓거라. 나머지 상세한 것은 앞 편지에 적은 대로다.

*동지同知: 동지중추부사인 퇴계의 넷째형 해瀣.
*남양집: 형 해가 서울에서 기거하며 살던 동네.

書 - 20

1~9월

준에게 부친다.

전날 손님이 와 있었고, 날이 저문 관계로 일들을 모두 마치지 못해 아쉽다. 내일 떠나기로 정했느냐? 요즘 일기로 봐서는 분명히 무더위가 있을 것 같은데 어찌 노정의 어려움을 감내하려느냐? 걱정이 크다. 또 노자나 식량을 조금도 보태 줄 수가 없으니 안타깝기 그지없구나. 서울에 머물 양식은 간비의 패자에 알려 두었고 간비도 다 알고 갔다. 충주에 배를 구해달라고 보낸 편지는, 앞선 편지의 네 뜻으로 보아 그렇게 절실한 것도 아니고 또 내려갈 때는 번거로움이 많겠지만 중첩되지는 않을 것이다. 저들이 번거롭게 여기고 싫어하는 것은, 네가 말한 바와 같이 털끝만큼 보탬이 되려다가 산덩이 같은 모욕을 당할 형세이다. 그러므로 지금은 편지에 쓰지 않은 내 뜻을 너는 잘 알 것이다.

서울이나 각처로 행차하는 일에 대한 편지는 잇산이가 올라갈 때 보내려고 지금은 쓰지 않았다. 영주 사또께 올릴 감사 인사와 석수쟁이에게 돌 무게에 관하여 쓴 편지를 보내니 꼭 전해야 한다.

아몽이 비로소 글자를 안다고 하니 기쁘다. 천자문을 마땅할 때마다 써서 보내려고 하는데 좋은 종이가 아니어서 찢어지면 어쩌나 걱정된다.

초곡에서 온 편지를 보낸다. 박현 등이 어제 그곳에 왔다고 한다. 네 외삼촌 말에, 의령에서 개자*를 구하고 있다고 하는데 네가 구할 수는 없겠느냐? 이것 때문에 박현의 종 등을 오천에 보낼 텐데, 마침 돌아가는 인편이 있어서 바로 돌려보내고, 이 내용을 네게 알리는 것이다. 신섬의 편지와 포 두첩도 보낸다. 뱃길은 위험하니 거듭 조심하거라. 나머지는 먼저 말한 대로다.

*개자芥子: 겨자.

書 - 21

10월 6일

준에게 보낸다.

요즘 아픈 데는 없이 잘 지내느냐? 어제 먼저 온 통사 일행이 입경하였다. 복이 통주에 도착하여 병으로 죽었다고 하니, 슬프고 놀란 아픔을 견딜 수가 없구나. 돌아올 때 객관에서는 아무렇지도 않았는데, 출발할 때에 습증이 발병하여 걸음걸이가 약간 느리긴 했지만 심한 증세가 아니었다고 한다. 마차를 타고 하루 걸려 통주에 도착했더니 열이 치솟기 시작하여 한밤중에 목숨을 구할 엄두가 나지 않는 지경이었다고 하는구나. 세상에 어찌 이렇게 감당할 수 없이 슬프고 아픈 일이 있단 말이냐? 그날이 10월 9일인데 죽은 사람은 그렇다 치고, 형님께서 너무 큰 고통으로 생병이 날까 두렵다. 더욱 걱정스럽고 비통하구나. 통사의 말로는 자기들과 헤어질 때는 별 탈 없이 오고 있었다고 하고, 홍조나 박공 등 나머지 일행은 모두 무사하다고 한다. 풍천과 영주에 부고장을 돌리고, 충순 형님께는 앞서 상황을 알렸으니 다시 알릴 필요는 없지만, 요행히 이 편지가 먼저 도착하거든 형님께 알려드리거라. 마음이 심란하구나.

추신———행차는 이달 23~4일경에 입경하고 홍조가 뒤에 남아서 운구해 오는데, 다음 달 초에 들어온다고 한다.

書 - 22

10월 하순

준에게 답한다.

잇산이와 의산이 잇달아 와서 전해준 네 편지 두 통을 받고, 이윤량이 서울에 올라왔다는 소식도 알았다. 동지형님 행차는 이달 15일에 의주를 떠나서 그믐이나 초하루 경에 입경할 것이라고 하는데, 복의 시신은 14일에 먼저 출발했으나 행차보다 늦게 여기에 도착할 것이라고 한다. 형님께서 시신은 여기서 겨울을 나고, 내려보내면서 복의 처가 상여를 따라 고향으로 내려가게 하려고 한다. 이렇게 원하는 것은 고통이야 크겠지만, 어겨서도 안 될 것이다. 그러나 시일은 아직 정하지 못했다.

나는 평위전*을 복용했더니 효과가 있구나. 이제 회복되어서 소식*도 어렵지 않으니 매우 다행이다. 그러나 열이 조금 있는 것 같아서 요즘에는 복용하던 약을 그쳤다. 조카를 잃은 슬픔은 견디기 힘들지만, 어찌 병든 몸을 생각하지 않을 수 있겠느냐? 너도 이러한 내 마음을 알고 멀리 떨어져 있다고 해도 걱정하지 말아라.

내가 관직을 삭탈 당한 뒤 조정의 의론이 모두 억울하게 죄를 씌웠다고 여기니, 좌의정이 이를 듣고 후회하면서 잘못들은 내용으로 잘못 올린 죄를 빌고, 복직시킬 것을 청하여 윤허가 내려졌다고 한다. 삭탈 되었을 때는 마음이 편했는데 도리어 지금은 몹시 편치 않구나. 관직을 내려놓았을 때는 의당 고향으로 내려가야 했지만, 말과 하인도 없었고 형님을 기다려 같이 돌아가려 했기 때문이다. 내려가는 것이 지체된 데다가 갑자기 이런 일이 있게 되니 더욱 마음이 불편하다. 지금은 이미 명을 받은 상태라 저버리고 가는 것도 마땅치 않구나. 그러므로 올겨울은 형편상 내려갈 수가 없게 되었으니 어찌하겠느냐? 내년 정이월에는 꼭 갈 참이다.

　나머지 내 바램은, 네 어머니 제사 지낸 뒤로는 네가 절에 들어가 굳게 분발하여 공부하는 것이다. 한가하게 보내는 것을 거듭 경계하거라. 이만 그친다.

*평위전平胃煎: 위를 편하게 하거나 토하는 것을 멈추게 하는 한약종류.
*소식素食: 고기반찬이 없는 식사.

書 - 23

11월

준에게 답한다.

  요즘 너는 어찌 지내는지 궁금하구나. 나는 별 탈 없이 잘 지내고 있다만 죽은 조카에 대한 슬픔이 아직 가시지도 않았는데, 주촌의 별시형님* 댁 형수께서 돌아가셨다는 소식을 들었다. 이렇게 우리 가문의 상사와 환란이 연속되니 놀랍고 슬픈 마음을 가눌 수가 없구나. 장례가 8월에 있다니 네가 그곳에서도 못 들었을 리는 없는데, 무슨 연유로 내게 알리지 않았느냐? 복을 입어야 하는 지친이 죽거나 장례를 치를 때에도 까마득히 듣지 못했다면 그것이 옳은 일이겠느냐?

  복의 시신은 10일에 출발시키려고 한다. 박 봉사가 그의 처를 데리고 같이 가고, 교*가 당연히 시신을 호위하고 내려갈 계획이다. 나머지는, 네가 게으름피우지 말고 부지런히 공부하기를 바라는 것뿐이다.

추신―――『독서만록』은 여기에서 다시 찾았다. 『성리대전』 중에 빠진 책은 온계 형님댁에 가지고 있다는데 겨우 여덟 권이라고 한다. 그 여덟 권은 몇 권부터 몇 권까지인지, 빠진 책은 몇 번 책인지, 네가 형님댁에 도착하거든 상세히 적어서 보내도록 해라. 중손이에게 말 사료용 콩을 구매한 장부를 깜빡하고 보내지 못했는데 지금 보낸다.

*별시형別侍兄: 재종형 훈燻.
*교喬: 퇴계의 넷째 형 해瀣의 三子.

書 - 24

11~12월

아들 준에게 답한다.

네가 처가에 얹혀사는 것이 본래 좋지는 않았다. 나로서는 사정이 어렵다 보니 몇 년간 못 이기는 척 따랐을 뿐인데, 지금에 와서 네 형편은 더 어려우니 어찌하면 좋겠느냐? 그렇지만 가난한 것은 선비에게 늘 있을 수 있는 일이니 어찌 마음에 담겠느냐? 네 아비는 이런 일로 평소에 많은 사람에게 비웃음을 사기도 했는데 넌들 그렇지 않겠느냐? 다만 굳세게 참으면서 순리대로 처리하고, 스스로 수양하며 하늘의 뜻을 기다리는 것이 마땅한 것이다. 나는 비록 복직했으나 병으로 인하여 관직에 나가지 못하고 있다. 내년 봄에는 내려가려고 지방관직을 요청하였다. 만약 원했던 대로 된다면 너는 나를 따라갈 수 있고, 원했던 대로 되지 않거든 우리가 가난하더라도 함께 여생을 보내자꾸나. 이것이 내 마음이다.

내년 별시 진사는 3월 7일이고, 생원시는 9일로 시험 일자가 이미 정해졌다. 네가 공부를 하지 않고 분주하게 나다닌 것이 올가을과 겨울에 유독 심했으니 이보다 더한 걱정이 없다. 마음 강하게 먹고 노력을 배가하거라. 기대에 어긋나 내 가슴에 한탄을 남기지 말아다오.

병오년
(1546년, 46세)

書 - 25

1월 4일

준에게 보낸다.

풍산에 안부를 묻는 일로 어제 하인 칠산이를 시켜 풍산으로 보냈다. 이미 편지와 명지*를 보냈으나 빠진 것이 있어서 다시 이 편지를 보낸다. 만일 내가 내려가게 되면 네 처를 만나보려고 한다. 흉년이기도 하고 계획이 엉성하여 매사가 다 대충대충 하리라는 것을 알지만 매번 미뤄서는 안 될 것이다. 그래서 잠깐 세운 계획인데 3월 사이에는 내려갈 생각이다.

훈도께는 바쁜 일 때문에 별도로 편지를 쓰지 않았다. 조정에서 비답을 다시 내리는 일은, 도모하였으나 아직 그렇게 되지 않았을 뿐이니, 전해 드리는 것이 좋을 것 같다. 나머지는 앞 편지에 모두 썼으니 이만 줄인다.

*명지名紙: 科學試驗을 볼 때 답안을 적어낼 종이.

書 - 26

1월 13일

준에게 답한다.

최근에 초이튿날 보낸 네 편지를 받고, 모두 무탈하게 지낸다는 것을 알았다. 전에 받았던 편지는 모두 읽고 답신을 하였다. 특히 돌아갈 곳이 없어서 처가살이를 하는 처지가 궁색하고 어렵다고 하는 네 편지를 받을 때마다 며칠 동안은 마음이 무겁다. 비록 그렇더라도 너 스스로 살아가는 도리를 더욱 굳게 지켜 분수를 편히 하고 하늘의 명을 기다려야 할 것이다. 고통스럽고 혐오스럽고 한하는 마음이 갑자기 생겨, 잘못하는 일이 생기거나 꾸중을 듣게 되어서도 안 될 것이다. 나도 일찍이 처가살이의 어려움을 겪어봤지만, 궁핍한 처지가 그렇게 만드는 것이다. 아비가 궁해서 자식도 궁한 것이 어찌 이상한 것이겠느냐? 내가 내려갈 것이니 모든 일은 만나서 얘기하자. 내가 관직에 나가면 봉급이 아주 작지는 않을 것이니 당연히 너를 데리고 올 것이다. 그러나 지금은 벼슬자리에 나갈 생각이 점차 줄어들고 있으니 어찌하면 좋겠느냐?

눗손이의 일을 내가 모르는 바는 아니지만 불러다 일을 시키도록 하여라. 다만 이 종들 문제로 다툼의 빌미가 생길 수도 있다. 비록 별급* 받은 종이라고는 하지만 그 별급 받은 사실이 확실하지 않은데 어떻게 너에게 분급해주겠느냐? 앞서 일은 네 말만 듣고 고온이 딸을 아몽에게 증여했던 것이다. 지금 들으니 영천집에서 소송을 건 사람이 이 여종을 가리켜 잃어버린 종이라면서 말이 분분하다고 한다. 내가 그 일을 몹시 후회하고 있는데 하물며 또 이 종까지 네게 주겠느냐? 비단 이것뿐만이 아니라 형제간에는 모든 일을 공평하게 한 후에라야만 집안의 법도가 무너지지 않는 것이다. 공평하지 않고서도 그 마음이 편안한 것이 사람으로서는 더 어려운 것이다. 네가 이런 일에 대해서 당연히 돌아보고 생각해야 하고, '내 동생이 받은 노비를 보니 오히려 나보다 적구나. 만약 내가 더 받는다면 내 동생이 또 부족할 것이다.'라고 말해야 옳을 것이다. 형제는 한 몸이나 마찬가지니 한 몸이라는 것은 당연히 마음도 한가지여야 한다. 내 동생에게 흠결이 있어서 그것을 내 흠결로 여긴다면, 우애하는 마음이 뭉게구름처럼 일어나 다른 생각은 저절로 없어질 것이다.

또 다른 종들이 모두 연고가 있다면, 연동이는 비록 속이기는 잘해도 데려다 쓸 만한데, 아직 입역*이 안되느냐?

향시는 의성에서 치르기로 지난해 정했다 하여 그대로 된 줄 알고 있었는데, 지금은 창녕에서 치르기로 정했다고 하니 네가 시험 보러 가는 데 어려움이야 있겠지만 어찌하겠느냐? 서울에서 본다면 더욱 좋겠지만, 네 처가 온계에 오는 일이 만약 계획대로 라면 그때 너는 다른 곳에 있으면 안 된다. 이러한 일의 사정은 미리 예단하기가 어려우니 너는 마땅하게 잘 헤아려서 해야 할 것이다.

중국 사신의 선발대가 이달 21일에 입경하고 후발대가 지금 요동을 출발했다고 한다. 두 사신단 일행이 모두 돌아간 뒤에나 내려가게 될 것인데, 기와 굽는 일이나 산역을 하는 일이 늦어지니 어찌해야 할지 모르겠다.

시험 치러 가는 데 타고 갈 말이 없다면, 중손 일행이 가져가는 말을 받아 타고 가면 될 것이다. 나머지는 다 먼저 편지에 말한 것이다.

추신———바늘과 분은 보내고, 또 오승목* 3필을 지금 네게 보내려고 하는데 서울에서 사용할 거면 잠시 여기에 둘 것이니 그리 알거라.

*별급別給: 별도로 상속받거나 특별한 보상으로 받은 것.
*입역入役: 자기집 노비로 삼는 것.
*오승목五升木: 오승의 무명천.

書 - 27

1월

　□□가 기르는 말에다가 짐을 싣고 갈 수도 있으니, 얼룩말은 칠산이에게 딸려 보내는 것이 편할 것이다. 만약 시간도 맞지 않고 지금 보낼 사람이 없으면 그 일만 가지고 사람을 일부러 보낼 필요까지는 없다. 아직 올려보내지 않았고 네가 타고 갈 말이 없다면 이 말이라도 타고 가는 것이 좋을 것이다. 내가 갈 때는 여윈 말 한 필 만 있어도 걱정할 것 없을 것 같은데, 돌아갈 때 말을 빌려서 가기에는 사정이 안 될 것 같다. 마을 일도 점차 급해지는데 어찌 전담할 사람을 오게 해서야 되겠느냐? 그래서 위와 같이 말한 것이다. 훈도님의 조사 건은, 요즘 조정에 일이 많아 교지가 때맞춰 나오지 않아서 지금까지 올리지 못하고 있으니 안타깝구나. 그러나 새로운 감사가 부임하는 2월 내로 고준*을 기필할 수야 있겠느냐만 그때까지는 잊지 않고 보내도록 하겠다. 일이 바쁘고 어지러워 한결같지가 않구나. 너의 서모 있는 곳에는 따로 편지를 부치지 않는다.

*고준考準: 글을 원문과 대조하여 맞추어 보는 것.

書 - 28

1~2월

준에게 부친다

어제 풍산 장모님의 부음을 접하니 놀랍고 황망하여 어찌할 바를 모르겠구나. 지난번 장인 초상에도 가보지 못하여 마음이 늘 불편했는데, 이제 또 명나라 사신 맞는 일에 발이 묶여 부고를 받고도 달려가지 못하니 마음이 너무 아프고 걱정도 된다. 잇산이를 독촉하여 돌려보낸다. 명나라 사신이 떠났다고 하니 나도 당연히 출발할 것이다.

너는 어디로 시험 치러 갈 것인지 결정했느냐? 한손이의 말에다 짐을 싣고 시험 치러 가려면 얼룩말은 잇산이를 시켜 올려보내는 것이 좋겠다. 뜻하지 않게 일이 생겨 이와 같으니 내가 내려는 가겠지만 지금 업무도 시급하구나. 일전에 계획했던 바가 뜻대로 되지 않을까 봐 두렵고 매우 걱정이다. 그러나 지금은 멀리서 일을 헤아리기가 어려우니 형세를 보아가며 처리해야겠다. 나머지는 영해 사람이 가져간 편지에 모두 말했으니 더 적지 않겠다.

書 - 29

5월 초순

준에게 답한다.

편지가 와서 위로 되었다. 나는 향리에 무사히 내려왔고, 아픈 데는 요즘에 조금 덜한 듯하다. 억수네는 다 앓았고, 눈먼 딸아이도 잘 끝나서 지금은 계속되는 사람이 없으나 반드시 끝난 것은 아닐 것이다. 은순이가 천신*을 할 수 있어서 기쁘다.

날이 화창하여 네가 여기 올 수 있겠지만 지금은 누에 치느라 있을 곳이 없다. 나 역시 여기 있는 것이 싫어서 청량산에 들어갈 요량이었으나 암자에 병기운이 많다는 소리를 어제 듣고는 그만뒀다. 이비원과 오겸 중도 산에 들어가려다 병이 있다는 소리를 듣고는 그만두었다 한다.

너는 15일에 여기로 와서, 16일 제사를 함안 사촌 매부 집에서 지내고, 바로 이비원과 용수사나 고산 같은 곳에 들어가 공부하는 것이 좋겠다. 근래에 장서들을 점검해보니 『논어』의 선진편 한 권과, 『맹자』 등문공 한권, 『연주시격』 한권이 없는데, 너 있는 곳에 없느냐? 네 서책들 있는 곳에 그 책이 있는지 남김없이 찾아보는 것이 좋겠다.

*천신薦新: 철을 따라 새로 난 과실이나 농산물을 神에게 먼저 올림.

書 - 30

7월

준과 채에게 보낸다.
　일이 이 지경에 이르렀으니 애통하고 황당하여 어찌할 바를 모르겠구나. 내가 향리에 와있었고 너희들도 모두 임종하지 못했으니, 세상을 떠나보낸 아픔을 어찌 말로 다 할 수 있겠느냐? 너희들이 초상에 달려가는 것이 이런 무더위에 병이나 생기지 않을까 하는 두려움을 감당하기가 어렵구나. 어찌하고 어찌해야 한단 말이냐? 집안을 쓸어 낸 듯하니 상을 당한 궁색함을 알만하다. 빨리 출발하도록 준비하여 날짜가 정해지면 미리 알리거라. 나머지는 심란하여 더 쓰지 않겠다. 오로지 신중하게 대처하기만을 바랄 뿐이다.

書 - 31

7월

준과 채에게 보낸다.

너희들이 천리길을 달려가서 무더위에 분상 하였는데, 별 탈은 없는 것이냐? 내 몸은 여기 있지만 마음은 너희들 곁에서 잠시라도 아픈 마음을 풀지 못하고 있다. 발인날짜는 언제로 잡았느냐? 신속히 일을 보고 추수 전에는 내려오는 것이 좋겠다. 출발할 날짜를 미리 알려주면 말을 딸려 보낼 생각이다. 배나 사공을 주선하는 일은 형님께서 두량*하실 수 있겠느냐고 여쭈어보고 그 가부를 알려다오. 충주, 청풍, 단양 아래 지역은 내가 처리를 할 것이다.

문기* 등의 서류를 상자에 담기만 하면 너무 허술하지 않겠느냐? 봉한 것이 완전한지 어떤지를 너희들이 살펴봐서 더 단단히 봉하고 무겁더라도 직접 가지고 오는 것이 좋겠다.

나머지 상세한 내용은 별지와 저번 편지에 쓴 것이라서 더 쓰지 않겠다.

발인 때는 하인들을 더 보내야 하느냐? 여기도 일은 많고 하인이 부족하구나. 황석이를 서울에 도착하는 대로 곧바로 내려보내면 어떻겠느냐? 만약 발인 때 일을 시킬 필요가 있다면 보내지 말고 나중에 데리고 와도 괜찮다.

*두량: 빠짐없이 헤아려 처리하는 일 따위.
*문기文記: 토지 재산 등의 기록.

書 - 32

7월

준과 채에게 보낸다.

데리고 갔던 사람들이 돌아와서 준이는 어려움을 면하고 도착했다는 것을 알았지만 채는 빗속에 어떻게 갔는지 모르겠구나. 언제 서울에 들어갈지 몹시 걱정된다. 28일에 발인은 할는지 여부는 지금까지 듣지 못했는데 빗속이라 연기한 것이냐? 출발하는 날을 알 수가 없으니 말을 딸려 보낼 날짜를 결정할 수가 없어 걱정뿐이다. 하인 한 사람을 먼저 내려 보내 알린다면, 소식을 기다렸다가 말을 보내마. 근래에 계속 내린 비로 강물이 불어나서 물을 거슬러 가기가 마음먹었던 일정대로 되지 않아서 안타깝다. 또 너희들이 험한 고생을 무릅쓰고 있으니 아프지나 않나 하는 걱정으로 애가 타는구나. 서울에 있든 길에 있든 간에 매사가 궁색할 것인데 어떻게 벗어날지 모르겠다. 여기는 일이 많고 사람은 적어 일을 계속 이어갈 수가 없고, 사람을 시켜서 알아는 보지만 걱정되고 탄식만 더하게 된다. 나 역시 중간까지 마중 나가서 보고 싶지만, 딸려 보낼 말 아니라도 사람까지 부족하여 마음대로 하기가 어려우니 어찌하겠느냐? 나머지는 중손이에게 일러 보내고 이만 줄인다.

書 - 33

월일 미상

준과 채에게

상례는 애도하는 것이 위주이기는 하나 모든 일은 「가례」를 참고하고, 겸하여 시속에서 행하는 옳은 것들을 물어가며 각별히 조심하고 다른 사람들과 의논하여 흉잡히지 않도록 해야 지극히 마땅하다. 너희들은 모두 너희 생모의 초상을 치러보지 않았으니 이 상례가 바로 너희 어머니 초상이라고 마음먹으면 저절로 삼가지 않을 수 없을 것이다. 어떤 사람들은 친모와 계모의 차이가 있다고들 하지만 이것은 의미를 알지도 못하면서 경솔하게 하는 말로, 사람들을 옳지 않은 곳에 빠지게 하는 것이니 담아 들어서는 안 된다. 요즘 서울의 사대부들 상례가 합당한 예를 다하는 것은 아니지만, 그래도 보아야 할 것이 많다. 너희들이 만약 옛 법도에도 미치지 못하고 지금 법도에는 남에게 흉만 잡힌다면 어찌 입신했다고 하겠느냐?

다만 지나치게 기력을 소진하여 병이 나도록 하지는 말아야 한다. 한 마디 더 하자면, 조문객이 오거든 상주와 곡쟁이는 모두 곡을 하면서 조문객을 맞아야 하고, 발인할 때까지는 곡소리가 끊겨 서는 안된다. 이것은 모두 오늘날 세속에 합당한 것이다. 이런 등등의 일은 일반상식에 미루어 생각하되 다른 사람에게 물어보아서 행하거라. 절대로 소홀히 해서는 안 된다.

書 - 34

1월

중도에 열어 보거라

너의 이번 걸음은 특히 온당치 못한 것 같다. 내가 당초에 깊이 생각이 없이 허락한 것이지만 지금 그만두게 하려고 했더니 쫓아갈 말이 멀리에서 왔고, 또 사당을 세우는 일에 있어서 명분이 없지 않기 때문에 한번 가보게 한 것이다. 네가 의령에 가서 □□□□□뒤에 속히 사당을 짓고 일을 마치는 대로 2월 안으로 집에 돌아오는 것이 좋겠다.

1. 가는 중이거나, 거기에 도착한 뒤에는 몸가짐과 일 처리가 적절해야 하는 것은 물론, 날마다 조심하고 게으르게 행동하지 말거라. 항상 주자께서 아들에게 한 「訓子帖」의 말씀을 잊지 않는다면, 거의 실수는 없게 될 것이다. 이러한 뜻은 오히려 평소에도 힘써야 할 일인데 하물며 너희들처럼 상주 된 입장에서야 말할 나위가 있겠느냐? 네가 『가례』를 읽었으니 어찌 상주의 도리를 모른다고 할수 있겠느냐? 천만번 헤아리거라.

2. 의령의 일은 본래 흔쾌하지 않았다. 지금 만약 잘 처리가 안 된다면 비단 너만 의롭지 못한 곳에 빠지는 것이 아니라, 나도 부끄러운 일이 된다. 일의 형편을 적절히 잘 살펴서 순리에 따르고, 공손한 말씨와 온화한 표정으로 대하면서 간절한 마음으로 요청해 올리거라.

만일 이같이 했는데도 듣지 않고 꼭 그것을 빼앗으려 한다면 별수 없지 않겠느냐? 그들이 하는 대로 맡기고, 화나는 마음을 갖거나 언짢은 말을 내지 말거라. 그런 것들 포기하기를 지푸라기 버리는 것처럼 하여 자제된 도리를 잃지 말아야 한다.

  3. 읽고 있는 『중용』은 다 읽은 곳은 온전히 외우고, 읽지 못한 곳은 현토 달린 책을 구하거나 다 읽은 친구에게 물어서 완전히 이해하고 외운 뒤에야, 『맹자』를 읽어라.
  쓸데없는 사람들을 만나지 말고, 항상 문 닫고 꼿꼿하게 앉아서 책을 읽고 외우며, 시간을 허비하지 말거라. 단계 집은 번잡한 길가에 있으므로 손님들이 붐빌 것 같으니 몹시 걱정된다. 늘 거기에 있지는 말아라.

書 - 35

1~6월

아들 준에게 답한다.

　나는 온계의 빈소에 가서 망전*에 참례했다가 네 편지를 보고서 바로 집으로 돌아왔다. 온백원*은 두 가지 형태라서 주머니 두 개 따로 봉해서 보내지만 모두 장마철을 지나면서 약성이 떨어질까 걱정된다. 두 가지를 시험 삼아 써보기 바란다. 지금 네 증세를 보아 이처럼 덜하다 더하다 하니, 몹시 염려되어 걱정이 가시질 않는다. 특히 너는 가벼운 증상이 아니니, 비록 상중이라도 이미 날짜가 얼마간 지났으니 소식*을 고집할 일이 아니다. 학질은 본래 비위 계통의 장기로 인하여 생긴 병인데 사람들이 다 말하기를 "천 가지 처방이나 만 가지 약보다, 술과 고기를 먹어 비위를 보호하는 것만 못하다."라고 하니 이 말이 매우 합당한 것 같다. 말린 고기를 몇 짝 보내니 이제부터 너는 임시변통으로라도 소식을 멈추고, 나의 간절한 뜻을 어기지 말거라. 오늘부터 고깃국 먹는 것을 시작하여라. 걱정스런 모든 일은 마음에 묶어 두지 말고 여러 가지 방법으로 몸을 보호해라. 늙고 병든 아비의 마음을 생각해다오. 나머지는 바빠서 이만 그친다.

　추신———비록 소식은 풀었어도 상복 차림은 그대로 하고 있어야 무방할 것이다. 그러나 다른 사람과 식사를 같이해서는 안 되고, 혹시 여러 사람과 식사할 일이 생기면 일어나 자리를 피해야 한다. 이것은 거짓으로 꾸미거나 음식을 피하고자 하는 것이 아니라, 자신을 낮추고 감히 다른 사람 축에 낄 수 없다는 뜻을 보여주는 것이다. 병으로 말미암아 소식을 푸는 것은 부득이하게 따르는 임시방편일 뿐이다.

*망전望奠: 상중에 지내는 보름 제사.
*온백원溫白元: 모든 風병에 쓰는 처방약.
*소식素食: 고기가 없는 채식위주의 식사.

書 - 36

9월 중순

준과 채에게 답한다.

체직*에 대한 윤허가 지금까지 내려오지 않은 것은, 전해 들을 말로는 이조에서 회의를 하지 않아 소지*를 올리지 못했기 때문이라고 한다. 그러니 내가 여기 있을 이유도 없고, 물러나 앉아 있기도 불편하여 부득이하게 외방에 나가 있으려고 지금 풍기로 향하고 있다. 가는 중에 만약 파직 소식을 들으면 내려갈 것이고, 서울의 관직에 있게 되면 그대로 상경할 계획이다. 그렇다고 해도 내 벼슬살이는 기약할 수 없으니 집안의 가을걷이는 소홀히 하지 말아야 한다.

또 너희들이 학업을 내가 없다고 해서 게으름 피우거나 그만두어서는 절대로 안 된다. 거듭 십분 분발하여 공부에 매진하고 공을 이루도록 나는 밤낮으로 바라고 있다. 너희들은 뜻이 있는 선비들을 보거라. 어찌 모두 부모가 곁에서 보살피고 채근한 뒤에야 공부를 하느냐? 너희들은 가까이에서 보고 본받아야 할 것이다. 그런데도 의지와 기상이 나태하고 게을러서 허송세월하며 스스로 포기하고 있으니 이보다 더 심한 것이 무엇이 있겠느냐? 옛사람들이 말하기를, "나아가지 않으면 퇴보한다."라고 하였다. 너희들은 날로 진보할 줄 모르니, 날마다 퇴보하여 끝내는 아무짝에도 쓸모없는 사람이 될까 두렵구나.

*체직遞職: 벼슬자리를 갈아 내거나, 직책에서 물러남.
*소지所志: 官府에 올리는 訴狀, 청원서, 진정서 등을 통틀어 일컫는 말.

書 - 37

9월 하순

아들 준에게 보낸다.

너 혼자서 제사를 모시면서 공부하랴, 두루 집안일을 관리하랴, 휘둘리고 골몰할 때가 많으리라고 생각된다. 마땅히 옳은 것을 따르고 순리에 맞게 처신하되, 평소에 뜻한 바와 항상 공부하는 것을 그만두어서는 안 된다. 만일 세속의 일에 끌려서 학업을 그만두게 되면 끝내는 촌구석에 시대의 뒤진 사람이 될 뿐이니 경계하지 않을 수 있겠느냐? 나와 네 아우는 때마다 다른 어려움은 없다. 다만 나는 심신이 허약하고 피로한 증세가 때때로 발생하여 형편상 경연에 오래 참석하기가 어려울 것 같다. 상황을 봐가며 사직을 하는 것이 마땅하겠다. 사람들이 내 병이 이와 같다는 것을 알고 있으니 당연히 이상하게 여기지 않을 것이다.

무신년
(1548년, 48세)

書 - 38

1월

아들 준에게 보낸다.

  내가 오늘 서경*을 받았을 때 다른 군소리들은 없었다. 사람들이 모두 내가 실제로 병이 든 것을 알기 때문에 의심하거나 이상하게 여기지 않아서 매우 다행이다. 타고 갈 말이 오면 18일에 서울을 출발하여 24일에는 부임할 계획이다. 또 네 서모의 행차는 춘분 전에 올 수 있게 하는 것이 좋겠고, 춘분 전에 올 수 없다면 5~6일 뒤로 미루어도 괜찮을 듯하다. 네 처가 움직이는 것은 미리 오천에 알려드리고 내게도 알려주면 좋겠다.

  추신———다시 생각해 보니 네 처가 전에는 상을 당한 때여서 상복을 입고 초상을 치르려고 온 것이 마땅했다. 그러나 지금 오는 것은 상을 치르러 오는 것이 아니라, 신행*과 같은 것인데 그 명분과 일의 모양새가 맞지 않구나. 몸에는 흰옷을 입었는데, 행로장비들이나 가마 등 여러 딸린 것을 어떻게 바꾸어 소박한 차림새로만 할 수 있겠느냐? 만약 행로에 쓰일 여러 가지 물건들이 다 경사에 사용하는 물건들이라면, 이 또한 매우 무안한 일이다. 이런 내 뜻이 네 생각엔 어떠하냐? 너는 꼭 이 편지를 가지고 오천으로 직접 가서 숙재*와 유지*앞에서 상의해 보도록 해라. 만약 모두의 뜻이 다 부당하다고 하면, 잠시 5~6개월 기다렸다가 가을에 탈상한 후에 오게 되면 매사가 순조로울 것이다. 내 처음 생각은, 사람이 하는 일은 알 수 없어서 매번 미루고 물려도 후회가 있기때문에 오게 하고자 한 것이다.
  밤에 그 일을 곰곰이 생각해 보니 마음에 걸리는 것이 많으니 걱정이다. 이 일은 나 혼자서 결단할 수 있는 것이 아니고, 반드시 저쪽의 뜻을 묻고 존중하여 결정해야 할 것이다. 만약에 여러 가지 걸리는 일을 제쳐두고 올 수 있다고 하면, 나 또한 그것을 막지는 않을 것이다. 만약에 온다면 또 한 가지 일은, 네 서모와 각자 따로 오는 것은 좋지 않을 것같고, 만일 같이 오게 되면 영천에서 만나서 함께 오는 것이 좋겠다. 그렇지만 여관 같은 곳에서 만나는 것은 아주 경박하고 품위 없는 것인데, 네 생각은 어떠하냐? 이것도 역시 의논해보고 알려다오.

*서경署經: 임금이 관원을 임명하거나 국가 중요 정책을 결정할 때, 사헌부와 사간원에 서명으로 동의를 구하는 일.
*신행新行: 신부가 혼인하고 처음 시댁에 오는 것.
*숙재叔材: 금재琴梓의 자, 준의 장인.
*유지綏之: 김유金綏(1491~1555)의 자.

書 - 39

2월 4일

준에게 보낸다.

초하룻날 보낸 편지는 보았다. 일에 대한 것은 다 그 편지에 적었는데, 제 때에 답장을 받지 못했으니 네가 오는지 마는지 알 수가 없구나. 내가 잔병치레는 하고 있지만 다행히 심하지는 않다.

네 서모와 여종 일행의 말을 끄는 하인은 마땅히 사내종들에게 시켜야 한다. 나머지 길을 안내하거나 말 뒤에서 짐꾼들을 부리는 자들도 모두 사내종들에게 시키되, 그 수는 너무 많을 필요가 없다. 또 종들이 머무르는 곳마다 조심하게 하고, 멋대로 하는 일이 없도록 각별히 주의 시키거라.

추신———만일에 네가 오게 되면, 건이도 채식을 해야 할 것이다. 다만, 네 처남 금군도 있으므로 사정상 소식을 못하게 될 때는 너는 반드시 따로 식사를 해야 한다. 육식하는 사람과 같이 식사하는 것은 맞지 않는다. 아녀자들도 모두 채식을 하도록 일러라.
관아로 데려온 갓금이라는 여종이 있는데 이 종은 근본이 정직하기 때문에 처음에는 집에 두고 집안일이나 제사 일을 보게 하려고 했으나 다시 생각해 보니 그 남편이 평소에 절도로 이름이 있는 데다가 수군에서 병역으로 배를 타고 있으니 매우 온당하지 않은 일이다. 관아에서 데리고 있기보다는 그 서방에게 보내는 편이 나을 것 같다. 그런데도 데리고 있어야 하는지 너희들의 의견은 어떠하냐? 이런 뜻을 조용히 알고만 있되, 하인들이 알게 해서는 안 된다.

극비라는 이 종은 어리석고 고집이 세서 일을 맡길 수가 없다. 그러나 갓금이를 이미 데려왔고, 집 짓는 일이나 제사 일 등을 해나가는데 마땅하게 맡길 사람이 없으니 부득이하게라도 이 종을 써야 하지 않겠느냐? 그러나 오가면서 조심하지 않는 것이 많으니, 그 잘못을 고치게 한 다음에 남겨놓고 일들을 시키려고 하는데 네 생각은 어떠냐? 개덕이, 연분이, 조비 등도 모두 데리고 오는 것이 마땅하다. 석진이는 그곳에 남겨놓고 집 짓는 일을 돕거나 허드렛일, 방아 찧는 일 등을 시키도록 해라. 관아에서는 많은 여종을 데리고 있을 수가 없으므로 이 네 사람만 쓰려고 한다. 막비는 의지할 곳이 없어서 데려오는 것이 마땅하지만 식구를 더 늘릴 수 없기때문에 데려오지 않으려고 한다. 범금이와 범운이 같은 여종에게 물어봐서, 믿을만한 백성 중에 부모가 있고 먹고살 수 있는 자를 골라 시집보내어 죽동에 살게 하면 아주 좋을 것이다. 여러 가지 일은 말로 다 할 수 없으니 너희들이 세밀하게 헤아려서 마땅히 처리하도록 해라.

네가 온다고는 했지만, 네 처남 금군 일행과 떨어진다면 아무도 수행할 사람이 없게 될 것이다. 또 끌고 올 말에 여유가 있거든 꼭 건이도 함께 오는 것이 좋겠다. 네가 타고 올 말이 있으면 말을 보내지 않을 것이니 네 말을 타고 오거라. 그렇게 되면 돌아갈 때 말을 딸려 보내는 폐단도 없을 것이다. 그리고 집에서 쓰다 남은 쇠가죽이 있으면 꼭 가지고 오거라.

1. 기와 굽는 일은 본래 도道라는 중이 솜씨도 별것 아닌 데다, 절에 병폐까지 만나 오직 그 사람만 의지하여 공급받을 수가 없게 되었다. 우리 집 스스로가 그 일을 해야만 하게 되었다. 다만 전에 기와 굽던 장소의 흙은 좋지 못했다. 기동마을이면 흙이 좋고 죽동마을에서 가까워 운빈하기도 수월할 것이다. 지금은 기동에서 흙을 날라 굽는 것도 괜찮겠

지만 장작을 운반하는 것이 어려울까 걱정된다. 이런 것은 꼭 하인들에게 물어서 처리하는 게 좋을 것이다. 전에 구운 기와는 흙 반죽이 숙련되지 않았고, 배와* 상태가 정교하지 않은 데다가 수키와는 너무 적게 만들기까지 하여 지금 이러한 것이다.

* 배와坯瓦: 성형하여 아직 굽지 않은 기와.

   2. 신주를 모시는 곳이 하인의 집이어서는 안된다. 그러니 잠시 온계의 큰댁 바깥채에 안치했으면 한다. 또 다른 생각은, 내가 한 고을을 맡게 되어 부모의 신주를 받들 수 있게 되었으니 임시방편이지만 부득이 그렇게 해도 될 것 같다. 네 어머니 둘의 신주 역시 어른들 곁에 모셔도 마땅할 것 같으니 관사에 모두 안치하고 싶다. 그렇지만 이런 일들은 마땅히 물어서 참작하여 행해야 할 것이고 갑자기 해서는 안 될 것이다.

   3. 돌이와 금이는 진작에 내려갔느냐? 그 일은 네 외삼촌이 나에게도 알렸고, 그동안 일의 형편이 네가 말한 바와 같지만 어찌할 수가 없다. 내 생각에는, 만일 너무 심하지만 않다면 그쪽에서 하는 대로 들어줘야 할 것이다.

   4. 막금이의 일은 은손이가 이미 마치고 내려갔다. 설혹 끝내지 않았대도 서울 집에는 남은 것이 없어서 할 일도 없었을 것이다.

   5. 이 고을은 너무 작아서 돈과 곡식을 조금 비축해 두었다가 빌려주고 받은 자금으로 운용했으나, 작년에는 기근이 들어 빌려 간 것을 갚지 못하니 관청의 살림이 몹시 궁색하구나. 백성들은 굶주리고 살기가 힘

드니 큰 걱정이 아닐 수 없고, 병이 발생하여 민생이 막힐까 봐 두렵고 어찌할 바를 모르겠다.

6. 네 처의 나들이에 관해서 오천 집의 뜻은 어떠냐? 큰 가마도 있고 화려하게 장식한 가마도 있지만, 상중에 신행하는 것이니 다 적절치 않다. 차라리 검은 옻칠한 가마를 타고 오는 것이 무방하다고들 말하는 사람도 있다. 하물며 네 처는 나를 본 적도 있거니와 지금 시어머니도 없으니, 집안사람들과 만나는 일일지라도 진짜 신행에 비할 바가 아니니 꼭 큰 가마를 타야만 하겠느냐? 또 흉년이 든 관계로 나라에서는 매우 엄히 금하는 일이기도 하니 큰 가마는 더욱 적절하지 않기 때문이다. 만약 저쪽 집 뜻이 그런 가마를 꼭 태워 보내고자 한다면, 완전히 검은 옻칠하고 장식과 채색하지 않은 가마를 택해야 옳을 것이다. 비단으로 수를 놓았거나 붉은색 계통이나 금색 구슬 장식 등을 사용하는 것은 모두 안 된다. 꼭 세밀히 살펴서 도리에 어긋나는 것은 하지 말거라.

7. 국법에 군수가 관아에서 거느리는 노비는 모두 다섯 명으로 정해져 있다. 혼인해서 자식을 하나 더 추가하는 것조차 금지되어 있다. 지금 나한테는 벌써 6~7명의 노비가 딸려 있어 국법을 초과하고 있다. 네 처가 만약 여종이라도 더 데려온다면 더욱 불가한 일이다. 처음 올 때는 4~5명을 데리고 와도 되지만 두 명 정도만 남겨놓고, 나머지는 모두 돌려보내야 한다는 것을 미리 알려 주는 것이 좋을 것이다. 길쌈과 같은 일이야 관아에도 여종이 적지 않으니, 굳이 금하는 것을 어기면서까지 집안의 여종을 늘려야 하겠느냐? 만약에 내 뜻을 꼭 어기려 한다면 차라리 오지 말게 헤라. 범중엄이 며느리를 경계하면서 한 말이 매우 엄하였으니 너도 마땅히 그것을 알아야 할 것이다.

書 - 40

2월 26일

　아들 준에게 답한다.
　인편에 전해준 편지를 받았다. 마을이 모두 평안하다고 하니 안심이 되는구나. 관아에도 별일이 없으나 전에 앓던 병증으로 지금도 가끔 편치 않구나. 몽아가 콧병을 앓는 것 같더니 이제는 다 나았다.
　기와를 구워서 지붕 덮는 일은 모두 그만둘 수가 없는 일이다. 그러나 초곡의 병세가 저러하고, 드는 비용도 궁색한 것은 물론 파종할 씨앗조차 어렵다니 몹시 걱정스럽다. 우선 비용을 빌려서 하는 일은 좀 더 형세를 봐가며 처리하자.
　어제 문산이 여기 오는 편에 네 외숙이 편지를 보냈는데, 네 아우의 짐을 실어 보낼 말이 없어서 보내지 않았다고 써 보냈다. 너 혼자서 일을 처리하게 생겼으니 속상하구나.
　동령이의 일은, 비록 죄가 무겁다고 하나 어찌 죽도록 내버려 두겠느냐? 두려움은 알게 해야 하지만 그 생명만은 살려야 할 것이다. 고을 사또에게 내가 이미 진정서를 냈으니 사또께서 합당하게 처리하지 않겠느냐? 그러나 그 죄가 사실 매우 무거워 법대로 처리하면 어찌할 수가 없을 것이다.
　전답의 세로 납부할 쌀이 형님 편지에는 4말 9되라고 하셨는데, 네 편지에는 6말 6되 6홉이라고 하니, 어찌 그렇게 서로 차이가 나느냐? 하인이 전할 때 그 숫자를 보태서 말한 것을 네가 원래 숫자로 여긴 것이 아니냐?
　담제* 일을 보도록 억필이를 풍산에 보내고, 용손이에게 패자*를 보내어 속히 방아를 찧게 하고, 동산이와 굿비의 서방에게 신공을 상납하도록 지시해라.
 그 숫자는 얼마일지 알 수는 없다만, 온계의 다른 집들은 세미 납부하러 가는 사람이 언제로 정해서 간다고 하더냐? 마땅히 그 날짜와 정확한 양을 알아야 할 것이다. 용산으로 사람을 보내어 같은 날짜에 출발하도록 하여라. 법에서 정한 일시 대로 국고에 납부 한다면 더욱 좋을 것이니 소홀하지 말도록 해라.
 모레 여기 관아에서 시제*를 지내려고 한다.

추신———백지 한권 18장을 보낸다.

*담제禫祭: 대상을 치른 다음 다음달에 지내는 제사.
*패자牌子: 위임장의 일종.
*시제時祭: 2월, 5월, 8월, 11월에 철마다 지내는 제사.

書 - 41

3월 22일

아들 준에게 보낸다.

　어제 사람들이 돌아오는 편에 받은 네 편지를 보고 두루 소식을 알게 되었다. 연이어 내린 비로 곡식 파종과 기와 굽는 일이 모두 늦춰졌다고 하니 마음이 무겁구나. 머지않아 날이 들 것이다. 다른 일은 별고 없느냐? 나는 무탈하게 있다가도 이렇게 집안일들이 머리에 떠오르면 가슴이 찢어지게 아프다. 원기가 날로 심하게 손상되고 있으나 어찌하겠느냐? 스스로 억제하려고 노력할 뿐이다.

　손이는 아직 오지 않으니 무슨 연유인지 모르겠다. 괘씸 맞기도 하고 걱정도 되니 기다리기가 어렵구나. 신감채* 네 묶음을 보낸다. 약 화제* 책을 인편에 명심하고 보내거라. 나머지는 마음이 심란하여 이만 줄인다.

　추신———이달 14일에 충주부 판관이 죽었는데, 교가 황급히 그의 식구들을 따라서 물길로 상경하였다. 사람의 앞일은 믿을 수 없는 것이 이와 같으니 탄식만 할 뿐이다.

*신감채辛甘菜: 당귀 종류.
*화제和劑: 약을 짓기 위하여 약 이름과 분량을 적은 종이, 약화제의 준말.

書 - 42

3월 26일

아들 준에게 보낸다.

최근에 손이가 가져온 편지를 받고, 네가 안질로 심하게 고생했다는 것을 알았다. 비록 차도가 있다고는 했지만, 그 뒤에도 좀 더 차도가 있는지 궁금하고 몹시 걱정된다.

네 아우는 스스로 명을 재촉하여 제 명을 다하지 못하고 죽었으니, 이러한 화를 불러들인 것은 내가 당초에 잘 대처하지 못한 때문이다. 그래서 더욱 찢어질 것 같은 마음이라 말로 다 할 수가 없구나. 나는 요즘 들어 피곤하고 힘든 것이 심하게 느껴지니 관직 수행을 지탱하지 못할까 걱정이다. 힘써 억제하면서 하루하루를 넘기고 있을 뿐이다. 네가 거기에 있으면서 제사를 모시랴 기와 굽는 가마를 만들랴 농사짓는 일까지, 마음을 이리저리 쓰고 있다는 것을 안다. 생각해 보면, 근심과 어려움이 오죽하겠느냐? 게다가 영천에서는 곡식을 아직 보내지 않았다니 더욱 걱정되고, 어떻게 처리해야 할지를 모르겠다. 전에는 장마를 걱정했지만 이제 날이 들었으니, 지금부터는 기와 굽고 파종하는 일을 그치지 말고 해야 할 것이다. 나도 가을에 돌아갈 계획을 정했으니 위 세가지 일은 모두 소홀히 해서는 안 된다.

한필이가 쇠뿔에 받혀 크게 다쳤다고 해서 너무 놀랐다. 그 소의 성질이 그처럼 사납다면 사람을 죽일까 두렵구나. 소를 잡지 않을 바엔 내다 팔아야 마땅할 것이다. 그러나 농사철이 되어 다른 소를 갑자기 구하기 어려우니 우선은 참아 봐야겠지만 속히 종들을 시켜서 그 쇠뿔은 잘라라.

전에 보냈던 의방 등의 책은 모두 받았을 것이다. 얼마 전 오천으로 돌아가는 사람에게 부친 신감채 등은 전달되었는지 모르겠구나. 지금 또 12묶음을 보낸다. 이 지사댁에 4묶음, 습독 댁에 3묶음, 온혜 비안 댁, 찰방 댁에 각각 2묶음씩 전해 올리고, 내가 환우 중이라서 각기 편지 드리지 못한다는 뜻을 같이 말씀드리거라.

書 - 43

5월

아들 준에게 보낸다.

요즘 어떻게 지내느냐? 그곳에 비는 얼마나 왔느냐? 보리와 밀은 얼마나 수확을 했느냐? 황석이 일행은 그곳으로 돌아갔느냐? 기와 덮는 일은 아직 하지 않았느냐?

나는 별일 없이 여전하다. 네 빨래한 옷을 가지고 갔던 사람이 지금 돌아와서 여러 소식을 알려주었다. 훈도 형님께 보낼 간략한 식량 꺼리는 별도로 사람을 보냈다.

추신———몽아가 벌써 『초구』 읽기를 마쳤다고 하는구나. 『효경』을 가르치려고 하니, 네가 전에 오천에 가지고 갔던 『효경』을 만일 여막*에 두었다면, 지금 가는 사람에게 꼭 보냈으면 좋겠다. 책이 만약 오천에 있다면 내보낼 입장이 어려울 것 같으니, 그렇게 되면 『소학』을 가르칠 생각이다.

*여막廬幕: 무덤 가까이에 짓고 상제가 시묘살이 하던 초막.

書 - 44

6월 14일

아들 준에게 보낸다.

　삼복더위에 비가 많이 내리는데, 네 시묘살이는 별고 없느냐? 이곳 관아 생활도 무탈하다. 어제 기제사에 찰방 형님이 오시지 않았는데 분명히 큰물에 막혀 못 오셨을 것으로 생각된다. 예천 신 참봉 형님도 그곳 누님이 학질에 걸려 오시지 못하였다. 오로지 나와 건이, 둘만 이렇게 지냈더니 아주 삭막하고 아쉬웠다. 황석이가 의령과 단성을 다녀왔다고 들었는데, 거기 소식은 어떠하다더냐? 죽은 애 장사지내는 일은 어떻게 하려 한다더냐? 그 편지는 지금 여기서 가는 인편에 부치거라. 곧 농사철이 되니 하인 두 명씩이나 멀리 보내 경작을 못 하게 되면 논밭을 다 묵히게 될 것이다. 메밀을 파종할 시기이니 황석이는 꼭 여기에 오지 않아도 되고 전할 말이 있거든 편지로 써서 보내는 것이 나을 것이다.

　그곳 농사일은 어찌 되어 가느냐? 기와 얹는 일은, 위에 말한 종들이 돌아오면 하려고 한다고 들었다. 그렇다면 지금 돌아온들 풀 베는 일이 더 급하고, 그 일은 겨를이 없어 모두 시커멓게 썩을까 봐 걱정되니 어찌하면 좋겠느냐?

　대상이 임박하였구나. 제사상은 이곳에서 준비해서 보낼 테지만 쌀과 밀가루는 형편상 준비하기가 매우 어려우니, 집안에서 모쪼록 준비할 수 있으면 보내지 않으려고 한다. 그러나 비축된 것이 없을까 염려되니 어찌했으면 좋겠느냐? 보낼 편지에 세세하게 적어 보내면 좋겠다. 신주를 처음에는 여기로 모실까 했지만, 다시 생각해 보니 먼저 죽은 사람 신주는 모셔오지 않고 나중에 죽은 사람 신주만 가져온다는 것도 옳지 않을 듯하다. 두 신주를 같이 가져오기에도, 여기는 오래 있을 곳이 아니니 마땅할 것 같지 않구나. 우선 중손네 집 서쪽 채에 안치하는 것이 어떻겠느냐?

임시로 막덕이를 보내려고 한다. 내 갓과 신발이 해져서 고치지 않을 수 없게 되었다. 남겨 둔 무명 4~5필 좋은 것으로 지금 가는 인편에 보냈으면 한다. 채소류도 관아에는 부족하여 전적으로 여기를 의존할 수도 없는 것을 너도 알고 있어라. 나머지는 이만 줄인다.

추신———막덕이는 20일 경에 보내려고 한다. 동령이가 빌려 입었던 의관을 가지고 왔으면 좋겠다. 완과 여러 조카들이 이 도에서 시행하는 시험에 응시하려고 한다고 하니, 법을 위반하려는 마음이 있어서는 안 된다는 것을 미리 이르거라.

書 - 45

7월 23일

아들 준에게 보낸다.

황석이가 오는 편에 가져온 네 편지를 받았다. 이 고을의 뗏꾼은 먼 마을에서 살기 때문에 사람을 시켜 부르더라도 오지 못할 것이다. 그러므로 황석이를 먼저 보내고 군고을 사람은 내일 바로 보낼 것이다. 안동에서 타고 갈 사람은 미리 약속하여 대기하고 있다가 뗏목을 묶으면 바로 내려가야 할 것이다.

각 관아에 부치는 편지 또한 군의 인편으로 돌아갈 때 보낼 것이다. 황석이의 길 양식 3말을 관아에서 준비해서 보낸다. 중간에 들으니, 풀은 전혀 베지 않고, 기와 얹는 일은 갈수록 더뎌진다고 하니 어찌하려느냐? 나머지 자세한 말은 돌아가는 하인한테 하겠다. 마피*에 관한 일은 황석이가 알고 간다.

*마피馬皮: 말의 가죽.

書 - 46

8월 2일

아들 준에게 보낸다.

요즘 먹고 자는 일은 별고 없느냐? 황석이 일행은 뗏목을 타고 잘 내려갔느냐? 안동 위부터는 누구와 동행해서 갔느냐? 뗏목을 타고 가는 길은 위험해서 항상 마음이 놓이지 않는다. 지붕 덮는 일은 이미 끝냈느냐? 양식이 부족하다던 것은 어찌 되었느냐? 영천의 환자*는 받아 갔느냐? 햇벼도 추수하러 갔느냐? 두 가지 일을 다 마쳐야 할 것이다. 그렇지 않으면 궁색할 것이 뻔하니 어쩌겠느냐? 특히 추석 묘제가 가까워지니 더욱 염려된다. 아료미* 대여섯 말을 봉해 두었다가 10일경에 보낼 것이니 보태서 쓰거라. 나는 병으로 휴가를 받았다가 지금 수십 일이 되어가니, 가까운 시일 내로 복귀를 해야 한다. 귀향하는 것은 추수가 끝나고 9월 그믐쯤 될 것이니 짐작하여 알고 있거라. 남은 송이버섯 24개를 보낸다. 이만 줄인다.

추신———온계 사당 시제는 오랫동안 지내지 않아 마음이 몹시 편치 않구나. 완이가 돌아오기를 기다렸다가 사당에 제사 지내는 것을 도와 주관하게 하려고 한다. 그래서 술과 쌀을 먼저 막삼이편에 보냈으니 이 사람이 가져갈 것이다.

*환자還上: 각 고을의 사창司倉에서 백성들에게 꾸어주던 곡식, 이두식 발음이다.
*아료미衙料米: 관아 운영비나 가솔들 양식으로 수령에게 지급되는 쌀.

書 - 47

월일 미상

준에게 부친다.

맏동이가 와서 전해준 의령의 안부도 알게 되어 기쁘다. 그러나 단성 집의 일은 편지에 말이 없어서 맏동이에게 물어봐도 아직 처리된 게 없다고만 하니, 이게 무슨 뜻인지 모르겠구나. 그러나 올봄 여름 사이에도 그대로 두고 나누지 않으려는 것이니, 나는 그 틈에 털끝만큼도 끼지 않을 생각인데 하물며 넌들 그리하겠느냐? 지금 온 언문 편지에 말한 것은 맏동이가 말한 것과 같고, 옥돌똥이 말하는 것은 무슨 소린지 모르겠구나. 비록 어떠한 일을 묻더라도, 너는 마땅히 "지금부터는 내가 아는 바가 아니니 외숙에게 물어보라"고 해야 한다. 하여튼 너는 죽은 네 동생 집 일에 관해서 '비참해서 차마 어찌할 수 없는 뜻'으로 해야 하고 네 아우가 남긴 물건에 대해서는 먼저 나서서 가지려는 마음을 가져서는 절대로 안 된다. 어쩔 수 없이 가질 상황에 이르거든 그때 받아야 할 것이다. 지난번에는, 네가 네 아우의 토지세를 대신 내려고 죽은 애의 종 아무개 몸값을 받았다고 들었다. 만약 이 한 가지 일에만 그친다면 오히려 할 말이 있다. 그러나 다른 토지나 종들을 가지고 모두 이렇게 처리한다면, 저쪽 며늘아기가 다른 데로 재가도 하기 전에 네가 먼저 그 아이들의 재물을 차지한 것이 되니 옳은 일이라 하겠느냐? 게다가 내가 있는데, 달리 묻지도 않고 곧바로 네 맘대로 해서는 안 될 것이다.

구양수의 시에, "오늘 추진하면 무방하나, 전에 한 것은 내 뜻이 아니라네"라고 했는데, 네가 그렇게 한다면 불편하지 않겠느냐? 네 생각에는 "이것은 하찮은 일인데 무슨 해가 되겠는가"라고 할 것이나, 일에는 크고 작은 것은 있지만, 이치에는 크고 작은 차이가 없다. 작은 것이 쌓여 큰 것이 되는 것이니, 더욱 소홀히 해서는 안 될 것이다.

전에 네 외숙의 편지에 "그 혼사 예물들은 다 찾아서 뒤에 보내 드리겠다."라고 하였기에, 내가 답하기를, "이런 물건을 차마 내가 받을 수 있겠는가? 준에게나 얘기하고 나한테는 얘기하지 말게"라고 하였다. 지금 다시 생각해 봐도 이런 물건들을 네가 받아서 쓰기에도 차마 그렇게 할 수는 없는 것이다. 그대로 두었다가 모쪼록 죽은 아이의 일에 쓸 것이지만, 혹시 이장할 때나 재사를 지을 때 사용하게 되면 아마, 별 유감이 없을 것이다.

공자님께서는, "이익을 얻을 일이 생기면 그것이 옳은 일인가를 먼저 생각하라"고 하셨고, 『예기』에 이르기를, "재물을 보거든 구차하게 취할 생각을 말라"고 하였다. 우리나라 최영 장군의 아버지는 최영에게 조심시키기를, "황금 보기를 흙덩이같이 하라."고 하였으니 이런 말들은 선비라면 평생토록 가지고 살아야 마땅할 것이다. 다른 일에서도 이와 같거늘, 하물며 지친이 죽고 사는 일에 관련해서야 여부가 있겠느냐? 이런 말을 하기조차 언짢구나.

지금 이 사람이 집으로 돌아가게 되면, 그 분배하지 않은 노비 등의 일을 두고 네가 다시 간여하는 일이 있을까 걱정이 되어 이렇게 자세하게 말하는 것이니 너는 잘 생각하거라.

의령에서 가져온 생강뿌리 한 말을 보낸다.

---

*개적改適: 시집갔던 여자가 다시 다른 남자에게 시집 감.

書 - 48

8월 21일

아들 준에게 보낸다.

어제 낸손이 편에 보낸 편지는 받았느냐? 오천에서 어제 사람을 보내와 말하기를, 몽이 어멈 나들이를 25일에 떠나려고 했는데 경차관의 행차와 서로 마주칠까 염려되어 내달 초 4일로 미뤘다고 한다. 경차관은 아직 군 고을에 들어오지 않았으나, 만일 24~5일경에 이곳에 온다면 이 말이 맞을 것 같구나. 그러니 오천에서 한 대로 초 4일로 미뤄서 정했으니 너는 초하루나 이틀 경에 여기에 와야 할 것이다.

書 - 49

8월 27일

아들 준에게 보낸다.

요즘들어 소식이 없으니 걱정이 많이 된다. 너의 식구들은 초 4일에 가기로 정했다. 초이틀에 네가 여기로 와서 식구들을 데리고 가야 한다.

억수는 때가 되어도 돌아가지 않아 창원사람이 찾아 나섰다고 들었다. 부득이 여기서 바로 보낼 생각이니, 달리 가져갈 마필 등은 여기서 마련해서 보내야 할 것이다.

유리산과 그 여자 등을 데려 가려고 짐을 싸고 있으니 초이튿날 네가 꼭 데리러 와야 한다. 그자는 낯선 녀석이라 핑계나 앙탈을 부릴지도 모르니 엄히 다루어 거느려야 할 것이다.

특히 목화 따는 일은 소홀히 해서는 결코 안 될 것이다.

추신———가져가야 할 세숫대야와 작은 솥 등 기물은 잊지 말고 가져오너라. 목화는 긴히 쓸 곳이 있으니 먼저 딴 것은 모두 지금 가는 사람 편에 보내라.

書 - 50

9월 8일

아들 준에게 답한다.

사람이 돌아와서 네가 잘 갔다는 것을 알게 되니 안심이 된다. 나는 어제 사직서를 올렸더니 감사가 거제도 등 지역에 갔기 때문에 인편이 돌아오려면 한 달이나 걸린다고 들었다. 만약 한 번 올려서 받아들여지지 않으면 다시 올려야 하니, 사정상 속히 가기가 어려울 것 같다. 관아는 텅 비고 적막하여 밤에는 잠이 오지 않고 편치도 않으니 몹시 걱정이다.

초곡 타작하는 일은 다시 생각해 보니, 억필이 놈은 용렬할 뿐만 아니라 사람들에게 잘 속기까지 하고, 연동이라는 놈은 질투심이 많아 모함하고 사기 기질이 있지만, 그래도 연동이에게 부치는 것만 못하다. 연동이는 간계가 있어 맡기기에는 적절하지 않으나 금년에는 처음이니 그렇게까지 심하지는 않을 듯한데, 네 생각은 어떠하냐?

추신———소식을 고대하고 있었는데, 지금에야 잘 갔다는 것을 알았다. 또 남도에 있는 친구의 편지를 받았더니, 거기도 모두 잘 있다고 하니, 마음이 놓인다.

書 - 51

9월 13일

아들 준에게 부친다.

근래에 돌아온 사람편에 보낸 편지를 받고 집안 소식을 두루 알게 되었다. 집 짓는 일은 중지하는 것이 마땅할 듯하다. 내 병세는 전과 같다만 사직서 처리가 어찌 되었는지 알지 못하고 있다. 이 사람이 돌아오면, 다시 사직서를 올리고 곧 귀향하려던 때에 어제 감사 형님의 편지를 받았다. 다음 달 초순에 충주에 오셨다가 13일에 우리 군에 와서 기제*를 지내고 예안으로 갈 계획이라고 하신다. 이런 때에 바로 귀향한다고 하기에는 미안하니 남아서 기다렸다가 부득이 겨울을 나고 갈 상황이다. 바로 작년에 단양을 떠나던 일과 같게 되었으니 어찌하면 좋겠느냐?

관아는 휑하니 비어 있고 밤이 되면서는 사람 하나 곁에 없으니, 병든 입장에 매우 적절치 못한 처지가 말할 수조차 없구나. 15일에 소용될 포 20쪽과 건어물 2마리 등 조금 보낸다. 이것 역시 미안하기는 하나, 비단 관아에 비축해 둔 것이 적기 때문만은 아니다. 이만 줄인다.

*기제忌祭: 탈상 뒤 해마다 사람이 죽은 날에 지내는 제사.

書 - 52

9월 하순

아들 준에게 답한다.

어제 편지를 받고 소식을 두루 알았다. 온 물건은 수대로 맞게 받았고, 보낸 것 가운데 보통 무명 한 통은 네가 쓸 일이 있거든 하인을 보내 가져다 쓰도록 해라. 지금 그것을 보내고 싶지만, 혹시 네가 여기에서 쓸 일이 있을지 몰라서 남겨 둔다.

어제 온계에 가서 고산암 제사를 지내고, 오늘은 여기에 와서 제사 지내려고 한다. 말암의 제사는 황석이가 때맞춰 오지 않아서 언제 지내게 될지 모르겠다. 여기서는 오랫동안 건강을 회복하고 있고, 볼일도 남아 있으니 네가 내일 아침 들어오는 것이 좋겠다.

대구 3마리와 어란*, 고지해* 한 그릇을 큰댁에 보내고 말씀 전해 드려라. 백지 2권도 보내니 거처할 집에 도배로 쓰거라.

*어란魚卵: 대구 알, 본문의 묘卯자는 란卵자의 오자인 듯하다.
*고지해古之醢: 대구의 이리(숫대구의 정소)로 만든 젓갈.

書 - 53

10월 1일

아들 준에게 보낸다.

너는 요즘 어떻게 지내느냐? 가을 일은 얼마나 했느냐? 네 외숙은 27일 왔다가 여기서 묶고 다음 날 초곡으로 돌아갔다. 20일경에는 의령에 내려갔다가, 9~10일경에는 청풍 말암에서 묘제를 지낸다고 하니 너는 꼭 와서 뵙거라. 제물은 여기서 준비하여 보낼 것이다. 나는 보름 지나서 잠시 감사 형님과 같이 온계에 갈 생각이지만 올겨울엔 관아에 번거롭고 어지러운 일이 많아서 감당할 수 없을 만큼 힘이 드니 걱정이다.

추신———너는 공부를 전혀 하지 않고 공연한 시간을 허비하고 있으니 한숨만 나오는구나. 비록 세속의 일을 하고는 있지만, 어찌 공부를 안 하는 것이냐? 일을 마치고 나거든 여기로 와서 겨울을 보내거라. 서원의 유생들이 적을 때에는 또 거기에 가서 공부해도 될 것이다.

書 - 54

월일 미상

준에게 답한다.

어제 풍산에서 온 인편에, 오천의 부음을 전해 들었다. 비록 많이 놀라고 슬펐지만 믿어지지 않는다. 막 사람을 보내서 물어보려던 차에 마침 풍손이가 왔구나. 집안 이쪽저쪽에 초상이 이어지니 말로 표현할 수 없이 통탄스럽다. 또 집안에 불안한 기운이 있어, 일을 처리하기에 어려움이 있을 거라는 말도 들리니 애타는 마음이 더욱 심하구나. 너도 비록 절실한 마음이겠으나, 외인으로서 그 일에 끼어들어서는 안 될 것이니 각별히 경계하거라. 갑자기 보낸 사람이니 결국 심부름 보낸 사람을 바꿀 생각이다. 네가 여기에 오면, 이 농사철에 어찌 어려움이 없겠느냐? 억지로 할 필요는 없다. 5월 기제사는 아무쪼록 거기서 지내고, 6월 제사는 여기서 지낼 계획이다. 전에 알렸던 내용이니, 이미 알고 있는 것 아니냐? 이만 줄인다.

書 - 55

월일 미상

준에게 답한다.

군 사람들이 돌아오는 편에 전해준 편지를 받고, 자세한 사정을 알았다. 초상과 장례는 대사인데 비용을 빌려서 일을 치렀다면 형편이 지극히 어려웠을 것이다. 다행히 외할머니의 따뜻한 보살핌과 너의 두 외숙의 힘으로 길에 버려지는 것은 면하였구나. 이루 말할 수 없이 슬프다. 그러나 날을 받은 것이 마침 대한 때라서 매서운 한파와 눈으로 고생이 심했을 것이다. 생각해 봐도 이런 날씨로 인하여 발인하고 묘지 조성하는 것이 심히 어렵고 고생스러웠을 것이다. 일꾼들이 동상에 걸려 마음을 다해 일을 마치지 못했을까 걱정스럽다. 애통한 마음이 더욱 심하구나. 산소 가까이에는 집도 없어서 호상하는 고생 또한 곱절 이었겠지만 어쩌겠느냐? 초상을 당해 겨우 장례를 치르고, 연이어 이장까지 하느라 분주하고 피로하여 병이 났으니 안타깝기 그지없구나. 의령과 삼가, 산음 등에서 옛 친구의 급한 처지를 저버리지 않고 힘껏 도와주었으니 그 뜻이 매우 감사하구나. 마땅히 편지를 써서 사례하겠다. 이 사람을 빨리 보내려고 하는데 그러지 못해서 나중에 사례 인사를 쓰려고 한다.

산소를 가지고 다툰 일은 결과가 어찌 되었느냐? 타작한 것이 이 숫자에 그친 것을 보니 허술하게 했다는 것을 알겠다. 초상과 제례에 소용된 비용이 군색하였을 테니, 일 처리 하기가 실로 어려웠을 것이다. 네가 오기만을 기다리고 있다.

네가 23일에 출발해서 올라온다고 하기에, 두 명을 정해서 급히 딸려 보냈다. 만약 빨리 간다면 도착할 것이다. 추운 날씨에다 해가 짧아서 혹시 도착하지 못하고, 중도에서 어긋날까 걱정스럽다.

 제청*에 깔 자리가 없었다니 또한 가련하고 애통하구나. 내게도 남은 자리는 없지만, 이 사람이 미처 그것을 보내 주지 않았다니 참으로 한스럽구나.

 짐 싣고 올 말을 보내려고 했으나 급한 걸음에 말을 끌고 간다면 더 늦어질 형편이니, 이제 사람만 갈 것이다. 오직 길을 나서거든 더욱더 조심하여 오기를 바랄 뿐이다.

추신——잣떡 14편을 보내니 외조모님과 외숙모님께 나눠드려라.

*제청祭廳: 장례 때 제사를 지내기 위하여 무덤 옆에 임시로 마련한 제터.

書 - 56

월일 미상

아들 준에게 부친다.

어제는 바람이 차가웠는데, 돌아가는 길은 괜찮았느냐? 알아보았더니, 병사*의 행차가 단오날에는 오지 않는다기에 초나흗날 작암 제사에는 내가 직접 가려고 한다. 너도 올 수 있으면 와서 참례하면 좋겠지만 일이 있으면 꼭 올 필요는 없다. 형님과 완이나 빙 조카가 참례하러 오려거든 편지를 써서 사람을 보내 알려라. 또 사초*를 모두 찾아가지고 오거라. 만일 없으면 을사, 병오년 간의 내 일기에, 또는 달력이나 초벌 공책에 적혀 있을 것이니 어지럽게 늘어놓은 책들 가운데 찾아내어 가져오너라. 그것으로 이것을 대강 다듬을 수 있기 때문이다. 그렇지만 사초가 있다면 어찌 그렇게 할 필요가 있겠느냐? 나머지는 그만 줄인다.

*병사兵使: 각 지방의 군대를 통솔하고 경비를 담당하던 종이품 무관직.
*사초史草: 사관들이 그때그때의 역사적 사실을 기록하여 둔 《사기》의 초고.

書 - 57

월일 미상

아들 준에게 부친다

맑은 꿀 두되, 석이버섯 두말, 감 오십 개를 보내니 받아서 쓰도록 하여라. 생강 한 봉지는 의성에서 보낸 것이니 나누어서 반만 쓰고 그 나머지는 토계로 보내거라. 토계의 산소 일은 초순에 하고 초 5~6일에는 여기에 와서 제사 지내는 것이 좋겠다. 나머지는 바빠서 이만 줄인다.

書 - 58

월일 미상

아들 준에게 보낸다

억수가 와서 "관청에는 아무 일 없이 처리했다."하고, 또 장예원으로 가는 공문을 가지고 왔기에 잠시 머물게 했다가 내려보냈다. 그러나 내 귀향할 계획도 정해졌다. 매번 뒤로 미루다가 겨울이 되면 할 수 없었기 때문에, 이달 초 4일 우선 토계로 편지를 보낼 것이다. 내일 하인들에게 내 옷을 빨게 하고, 모레는 가는 일에 대해서 모두 알려 줄 것이니 너는 내일 여기로 오는 것이 좋겠다. 앞서 보내 준 목화는 받았다.

書 - 59

월일 미상

아들 준에게 부친다.

토계 집 병기운이 아직 가시지 않았다고 들었는데, 잡곡 종자 갚아주는 일은 어떻게 하였는지 궁금하구나. 네 외숙 일행이 내일 내려가고 너는 모레 초곡으로 간다고 해도 늦지는 않을 것이다. 또 소문에 소백산 내의 여러 사찰에 병 기운이 많고 부석사도 그렇다 하니, 나는 산을 유람하려던 것을 접고 내일 저녁에 관아로 돌아갈 것이다. 너는 머물러 있다가 내 말을 듣고 내려가도록 해라.

이곳 서원의 유사*들이 내일 음복 모임에 너를 초청하여 참석시키려고 하기에, 내가 하지 못하게 하였으나 듣지 않는구나. 네가 잘못 생각하여, 그렇게 해도 무방하다고 여기고 달려올까 봐 염려된다. 이 모임에는 향리의 나이 드신 분들도 참석하는 자리이니, 외지의 손님으로 와서 참석해 보는 것은 무방할 것이다. 그러나 너는 서원에 들어온 유생의 서열로 참석하는 것이 아니라 단지 관리의 자제이기 때문이다. 이 같은 사문*의 모임에 참석하는 것은 심히 부끄러운 것이니 오지 말도록 해라.

*유사有司: 단체의 업무를 맡아보는 직무, 또는 그 일을 하는자.
*사문斯文: 유교.

書 - 60

8월 1일

준에게 안부를 묻는다.

그저께 보낸 편지를 보고 네 병세가 석연치 않아 매우 염려된다. 어제는 좀 어떠했느냐? 아무튼, 네 혈기가 본래 약한 데다가 얼마 전에 춥게 자게 한 것이 마음에 걸린다. 어찌 이런 것 때문에 그렇지 않다고 하겠느냐? 최근에는 비록 여기 온다고 해도 그렇게 긴요한 일은 없다. 잇산이네 집에서 필시 옳지 못한 일이 생긴 것 같은데 들어오지 말게 하거라. 부디 조심하고 신중해야 할 것이다. 우윤 형님께서 조사를 받게 되었다고 하는데 그 결말을 알 수가 없으니 매우 근심스럽다. 어제 사람을 보내어 서울에 알아보도록 했는데, 돌아와 알리는 게 어찌 이리 더딘지 모르겠구나.

書 - 61

8월 5일

준에게 보낸다.

그저께는 어찌 지냈느냐? 전에 비록 조금 차도가 있다고 했으나 날짜를 계산해보고 와야 하는 것이 맞는 것인지 몹시 걱정된다.

우윤 형님께서 조사받는 일은 사헌부에서 감영의 관리를 잡아다가 묻고, 감영의 관리는 또 충주의 아전들을 조사하여 아전들이 잡혀갔다고 하는데, 그 결과를 알 수 없어서 걱정이다. 그러나 충주 사람들은 모두 "감사와는 관련이 없다."라고 했다니, 이것은 간사한 관리의 소행일 것이라는 의심이 든다. 그렇게 되면 형님은 사면 될 것 같으니 조금은 안심이 된다. 형수님의 출행은 큰물에 막혀 김천에서 4~5일 머물렀다가 어제 겨우 황강역에 다다랐다고 한다. 그러나 황강에서 길을 바꿨는데도 물길에 막혀 길 양식이 많이 모자라고, 추가로 보낸 양식마저 도착하지 않았다고 한다. 나들이 행차에 고생이 많았다는 것은 알겠지만 어찌하겠느냐? 한손이에게 달려가 중도에서 찾아보라고 시켰더니 돌아와서 이같이 전하는구나.

가구이 박충찬 숙모 댁에 문안드리는 일로, 이 하인을 보내면서 겸사로 네 안부를 묻는다.

書 - 62

　　　　　　　　　　　　　　　　8월 5일

　바로 답한다.

　오늘 좌수의 병환에 차도가 있다고 들으니 기쁘다. 오늘은 네 병세가 어떠하냐? 몹시 걱정되는구나. 영천에 가는 것은, 20일 이후에 가되, 더 늦추면 안 될 것이다. 그러나 반드시 기력을 봐가면서 억지로 하지는 말아라. 옹기 2개는 부원이 가져다준 것이니 받거라. 나머지는 이만 줄인다.

　추신———석금이는 목화를 가지고 제멋대로 이익을 취하고 농간하였으니, 엄히 다스려 교육하는 것이 좋겠다.

書 - 63

8월 6일

준에게 보내는 편지.

네 근황은 어떠하냐? 훈도님의 병세는 이미 회복되었을 것이라고 생각 된다. 장례는 초나흘부터 빈소와 여막을 꾸리고 그 다음날 토지에 제사 지냈다고 하는데, 일은 힘들고 몸은 허약하니 어찌하면 좋겠느냐? 하인 억필이가 휴가를 받아 귀가하는 길에 겸하여 김충의 댁에 문안 편지를 썼으니 너도 편지를 쓰는 것이 좋겠다. 그 집 장례 날짜가 아직 지나지는 않았느냐? 나는 병환으로 어려웠고 너 또한 학질을 앓고 있었구나. 그러나 의령에서는 한 사람도 상례를 보살피러 오지 않았고, 나와 너, 영천의 친족들 모두 장례에 가지 않았다. 가지 않았을 뿐만 아니라 사람을 시켜 조문조차 하지 않았으니 매우 몰인정한 꼴이 되어 참으로 부끄럽구나. 내 편지는 봉하지 않고 보내니 네가 본 후에 겉면에 그 사람 자를 쓰고 봉해서 보내는 것이 좋겠다. '국림'이라는 자를 바꾼 뒤로는 매번 그 사람 자를 잊어버리니 우습고 부끄럽기도 하구나. 문경의 신 참봉에게 보내는 편지는 김낙춘씨 집을 왕래하는 사람 편에 명심하고 전해주고, 잃어버리지 말게 하거라. 이 집의 장례에 사람을 보내어 조문하지도 못하고, 만장을 써달라고 부탁받았는데 아직 만들어 보내지도 못하였으니 모두 한스러운 일이다. 그러한 뜻을 전달하려고 편지로 쓴 것이다. 의령에서 돌아올 사람이 아직 오지 않았으니 이상하구나.

추신———전에 말한 사철*은 지금 바꿀 수 있겠느냐? 5승짜리 무명 한 필과 곡식은 몇 섬을 주면 되겠느냐? 형편이 되거든 바꾸어 내년에 여러

용도로 쓰자.

*사철沙鐵: 암석 중에 포함되었던 자철석이 작은 알갱이가 되어 강이나 바다의 밑에 퇴적된 광상 또는 광물.

書 - 64

9월 11일

　준에게 부친다.
　훈도님의 증세는 요즘 좀 어떠시냐? 오랫동안 차도가 없는 것 같아서 몹시 걱정스럽다. 아직도 여전하시냐? 한손이가 오늘에야 왔구나. 의령 쪽에 보낼 편지 여러 통과 봉해 놓은 물건을 같이 보낸다.
　의령에서 장례 치르는 일 중에, 전에 얻어 놓은 산소 자리는 사람들이 못쓰게 막고 있고 다른 곳은 아직 정하지 못했다고 하니 참으로 안타까운 일이다.
　고성에 있는 우리 전답을 네 외숙이 사고 싶다고 하였으나 그 대금은 보내지 않아서 이말도 어찌할 수가 없었다고 하는구나. 한손이와 공간이 보낸 하인이 길동무하여 오다가 김중기에게 들러서 편지를 받아 왔기 때문에 함께 보낸다.
　중기가 장례일을 도우러 왔을 때, 용궁에서 배를 끄는 일꾼을 중기의 하인들이 갑자기 때렸는데, 그 사람이 공교롭게 다른 병이 있어서 죽었다고 한다. 그 일 때문에 그의 친족들이 들이닥쳤다고 하는데 이 역시 놀라운 일이다. 한손이와 같이 온 하인도 병이 들어 머물러 있게 할 수가 없으니, 차도가 있기를 기다렸다가 조치해야 하겠다. 의령에서도 얼마나 곤란하면 왔겠냐만, 오천에 들렀다 오지 않았다니 이 또한 미련한 일이다.
　네가 비록 14일에 고산에 와도, 제사는 참례하지 않아도 되고 만약 피곤하면 굳이 억지로 올 필요는 없다.
　영천에 만약 갈 사람이 있다면 연동이가 추수를 끝내는 대로 즉시 들어오도록 지시하는 것이 좋을 것이다. 너도 한번은 가서 창고를 잠가야 하지만, 네가 피곤이 쌓였고 제사 때에 두 차례나 왕복하기가 힘들까 봐 걱정된다.

추신———지금 고산의 승려가 죽었다고 들었기 때문에 민 생원의 집으로 가려고 한다.

書 - 65

9월 12일

준에게 답한다.

　훈도님의 증세가 오랫동안 차도가 없었으나 이제 조금이라도 식사를 할 수 있다니, 긴 병고 끝에 차도가 있는 것이라 기쁘고 위안되기가 이루 다 말할 수 없구나. 충의 댁 상가에는 장례식 때에 가보지 못했다. 장례식 때는 비록 몸이 안 좋아 가보지 못했지만, 편지를 통해서라도 내 마음을 전할 수 있었으니 이것만이라도 다행한 일이다. 나는 늘 병을 안고 사니, 다른 사람들 일에 매번 사람 된 도리를 다하지 못하는구나. 근래 큰 변고를 당했을 때 이런 이유로 유명을 달리하는 아픔에도 가보지 못한 부끄러움이 끝도 없다. 나를 돌아볼 때마다 자책해도 다시 어찌할 길이 없구나. 너도 마침 몸이 안 좋으니 도리를 다하지 못하는 고통이 나와 같구나. 저 충의댁 상가 일은 단지 그런 가운데 하나일 뿐이다. 너는 내 마음을 알지 않으면 안 되기 때문에 이런 말을 하는 것이다. 연곡의 장례일 보는 것은, 네가 몸이 안 좋으니 공사감독까지는 할 수 없을 것이지만, 한번 가보기는 해야 할 것이다. 14일에는 바로 고산암으로 오거라. 내일 기제사를 지내고 연곡 일하는 곳으로 가서, 녕 등을 만나보고 그곳에 이어 오천으로 돌아가면 될 것이다. 한손이 일행도 분명히 그곳을 거쳐서 들어올 것이다.

　만일 고성 땅 판 돈을 가져오거든, 우선 전부 그곳에 두어라. 기다렸다가 땅을 살 때 쓰면 될 것이다. 이곳에 가져오면 헛되이 써버릴 염려뿐만 아니라, 도둑 당할까도 우려된다. 집에는 견고한 자물통이 없기 때문이다. 감사가 보내 주신 각종 소찬 식자재들을 추려서 보낸다. 너는 몸이 아프기 시작한 뒤로 아예 책을 덮었느냐? 금명 간에 기력을 조금 되찾거든 정도에 맞춰 공부하되 기력이 손상되지 않도록 하면 무방할 것이다.

書 - 66

9월 12일

준에게 답한다.

연곡으로 장지를 정했다. 형수님과 녕 등이 모두 이 산에다 쓰는 것을 원했기 때문이다. 그렇다면 건지동의 산소도 당연히 옮기는 것이 맞을 것이다만 기력이 허하고 추위가 겁나기 때문에 그때는 두 곳을 다 가서 보지 못할 것이다.

숙재께서 큰 병에 걸렸으나 차도가 있다고 하니, 기쁘다는 뜻을 어제 네가 갈 때 미처 말하지 못한 것이 아쉽구나.

書 - 67

9월 13일

　준에게 답한다.

　어제 두 통의 편지를 받았다. 훈도님의 병세가 회복되어가고 있다고 하나 조금 나아졌다고 소홀히 해서는 안 될 것이다. 괴롭고 노심 해서는 안 되니 차분하게 차도가 있기를 기다리는 것이 좋을 것이다.

　연수가 오늘 아침에 왔기에 그곳에서 가져온 2통의 편지를 보낸다. 언문 편지는 단계에서 온 것이라고 한다. 추수한 소식도 다 알았다. 나는 가래와 기침으로 몸이 허약한 것을 빼고는 여전하다. 빈소에는 오랫동안 가보지 못했다. 보름께는 가서 제사에 참석하려고 한다.

　추신———네가 열흘 동안 심하게 아팠다고 들었는데, 몸이 오늘은 좀 어떠냐? 걱정스럽고 안쓰럽구나. 얼마 전에 김유지가 스님에게 뜸을 시험해 보려고 했다는데, 그 효과는 어떠하다고 하더냐? 만약 효험이 있다면 너도 뜸을 떠보는 것이 좋을 것 같다.

書 - 68

9월 28일

준에게

요즘에는 마음이 한갓지지 못하고 괴로우니 편지를 못 보낸 지도 꽤 지났구나. 훈도님의 증세는 좀 어떠시냐? 들은 말로는, 이제 큰 차도가 있다고 하는데 오히려 빨리 편지를 보내지 못한 사이에 기쁨과 우려가 엇갈렸구나. 네 병세는 좀 어떠하냐? 전에 말하기를, 한기가 있는 데도 열이 난다고 하더니, 그 뒤로도 증세가 똑같으냐? 식사하는 것도 전과 똑같으냐? 자세하게 전해주기를 꼭 바란다. 지금 고을 사또가 돌아가셨다는 말을 듣고 놀란 마음을 이루 다 말할 수가 없구나.

이엄* 사 오는 일로, 하인 억필이를 서울에 올려보내려고 한다. 내일 출발해서 네게 알리고 가도록 했으니 그리 알거라. 내가 가래와 기침으로 몸이 마르고 힘이 없을 뿐, 나머지는 전과 같다. 산소 자리를 볼 사람이 아직도 오지 않았으니, 장례 일이 너무 늦어질 것 같아 몹시 걱정이다. 나머지는 언문 편지에 쓰여있다.

*이엄耳掩: 관복을 입을 때에 귀를 덮기 위해 사모 밑에 쓰는 모피로 된 방한구, 방한 모자의 일종.

書 - 69

10월 10일

　준에게

　좌수님의 병세가 지금은 얼마쯤 차도가 있느냐? 조금 전 네 편지를 보고 걱정이 이루 말할 수가 없다. 증세를 자세히 파악해서 보내거라. 걱정이 많이 된다. 나는 조금씩 차도가 있고 조섭이 잘되고 있다. 다만 심기가 너무 손상되어 약해지고 몸이 차니, 기침과 가래가 떨어지지를 않을 뿐이다. 두 생원이 모두 편지를 보내와서 지금 답장을 써서 부치니 전해주거라. 네 일상과 병고로 내 근심이 크다.

書 - 70

10월 12일

준에게 보낸다

어제 편지가 와서 좌수님 병세가 며칠 동안 고통이 극심했다가 이제 조금 차도가 있다는 것을 알았다. 많이 놀랐다가 기쁘다.

진개의 그 일이 잘 해결되었다고 들으니 다행이다. 사또는 진개가 사실은 우리집 종년의 서방이 아닌데 죄를 면할 의도로 그렇게 말한 것으로 의심했다고 한다. 진개가 우리집 종년의 서방이란 것을 누가 모르겠느냐? 그러나 이런 일을 당했을 때, 감히 내 이름을 자꾸 관부에 알릴 수가 없어서 편지를 쓰지 않았다. 너의 친한 사람을 시켜 그러한 사실을 다시 관부에 알리는 것도 무방할 것 같다. 또 진개가 바라는 바는 종년의 가족으로서, 몸을 의탁하기를 원하고 정해진 급료를 받으면 더 좋겠다는 의도라는 것도 같이 말해주거라. 나머지는 편지 전하는 인편을 통해서 말로 듣거라.

추신―――의령에서 온 편지와 내 편지는 봉하지 않고 보낸다. 읽어보고 봉해서 보내거라.

書 - 71

10월 15일

준에게 보낸다.

　이틀 간격으로 잇달아 부음을 알려오니, 세상에 어찌 이런 참담한 일이 있단 말이냐? 놀랍고 슬픈 마음 이길 수가 없다. 너같이 병골의 몸으로 분주하게 양쪽을 다니려면 어찌 감당할 수 있겠느냐? 부디 자신을 보호하여, 평범한 사람에게 비교하지 말고 다른 병이 생기지 않도록 조심하기를 간절히 바란다. 또 듣자 하니, 전에 그 마을은 전염병이 있었다고 하는데 이는 더욱 큰 병이다. 어쩌면 좋겠느냐? 단지 조심하고 삼갈 뿐이지, 너무 두려워하거나 겁먹지 말고 두루 예방하는 일이 좋을 것이다. 집에는 보낼 것이 없어 백지 두 묶음 보낸다. 나머지는 바쁘고 겨를이 없어 일일이 쓰지 않는다.

　추신———마을이 편치 않으니 성복하는 일은 어찌할 것인지도 같이 알려 다오.

書 - 72

11월 5일

준에게 보내는 편지.

　동지가 되니 매우 춥구나. 안 좋은 몸으로 어찌 돌아갔느냐? 모피옷을 보내니 추위를 막아 병든 몸을 지킬 수 있도록 입고 지내거라. 나는 오늘 새벽 가묘에 가서 제사를 지내고 돌아왔다. 추위 걱정으로 웅크리고 앉아 지냈더니 오히려 다른 병을 면하게 되어 다행이다.

　거기 가거든, 매사를 더욱더 상세하게 처리하고 소용되는 숫자를 일일이 적어 보내거라. 서명을 하고 돌려주어서, 후일에 일할 때 증빙으로 삼도록 하라고 전에 일러준 대로 하거라. 작년에 쓴 것은 불분명하고 술수를 부린 것이 많기에 하는 말이다.

　더욱이 이번 겨울에는 장례를 치르고 제사를 지내는 등의 일이 있었던데다, 한 달에 두 번씩이나 거기를 왕래하였으니 네가 병으로부터 몸을 챙기는 방법이 전혀 아니었다. 만약 제사 지낼 술이 있다면 고기 등을 약간 준비해서 초아흐레 사이에 잠시 남겨 두었다가 제사를 지내고 오면 어떻겠느냐? 네가 평상시 같다면 한 달에 세 번을 간들 내가 뭐라고 하겠냐만, 신중해야 할 병 때문에 장애가 있을까 두려워서이니 꼭 알맞게 대처하거라.

　말동이는 언제 내려보낼 것이냐? 각처에 보낼 만장이 아직 만들어지지 못했으면, 무경의 집에 사람을 보내어 빨리 마쳐 달라는 간절한 내 뜻을 전하고 글을 받으면 여기로 오너라. 그러고 나서 편지를 받아 내려보내는 일을 어김없이 일러두거라.

　내가 우연히 생각한 것인데, 김린의 토지가 둔벌에 있으니 그곳에서 소출되는 곡식 담을 섬과 짚단을 바꾸려고 하지 않겠느냐? 믿을 만한 하인을 시켜 그 댁에 가서 알아보고 만약에 그렇게 한다면 날을 약속하여 정한 숫자를 가져오는 것이 좋겠다. 짚단을 바꾸는 것은 긴요한 일이니 절대 소홀히 하지 말거라. 봉화에 있는 대임의 농장에서 나는 짚단도 바꿀 수 있겠느냐? 김린 댁에서 원하지 않는다면, 대임에게 물어보는 것도 좋을 것이다.

書 - 73

　　　　　　　　　　　　　　　　　　　　　　11월 15일

　준에게 답한다.

　어제 온계에서 편지가 왔다. 영천에서는 끝내 병석에서 못 일어났다고 들었다. 어찌 그 집안의 화가 이다지도 심하단 말이냐? 상중인데 또 이 지경에 이르니 더욱 애통하구나. 참봉은 와서 만났느냐? 조문편지를 가지고 갈 인편이 있거든, 만장을 써서 같이 보내는 것이 좋겠다.

　또 고산에 들어가 공부하는 것은 비록 거주하는 승려들이 적다고 해도 오래 있을 것이 아니니 무슨 불편함이 있겠느냐? 그러나 여러 사람이 다른 곳을 마다하고 여기로 오는 까닭은 나 때문에 그렇게 하는 것이 아닐까 하나, 나는 병이 있고 게을러서 혼자 책 읽는 것도 못 할 지경인데, 다른 사람에게 도움을 줄 수가 없다.

　근래에 청송의 신언이 멀리 용주사로 걸어서 왕래했는데, 그것을 알고 무익한 노력이라며 돌려보냈다. 또 금란수가 와서 명복이네 집에 머물면서 간절하게 요청하기에 비록 거절할 수는 없었지만, 내 병을 보양하는데 장애가 되고 그의 학문에도 도움이 되지 못하니 꼭 돌려보낼 것이다. 내가 과거시험 준비할 때에도 생소한 공부였는데 하물며 오늘날이겠느냐? 나는 너와 여러 친구들을 영천의 거접에 가게 하려는 것도 그곳에는 명철하고 안목 있는 선생들이 있고 도움 될 만한 친구들이 많기 때문이다. 다른 친구들과 의논하여 처리하거라.

　추신———소동파의 글은 이미 뽑아서 풋점까지 했으나, 가다가 비를 만날까 염려되어 지금 보내지 않는다.

신해년

(1551년, 51세)

書 - 74

1월 20일

준에게 보낸다.

어제 하인 산개가 전해 준 편지를 받고 네가 외내로 돌아갔다는 것을 알았다.

다름이 아니라, 어제 호연이가 조카 빙에게 보낸 편지를 보았더니 가족 모임 하는 것은 그 집에 축하잔치가 많으니 다음으로 정하자고 했구나. 그리고 이런 뜻을 이미 토계에 통지했다고도 한다. 나는 그 통지를 보지 못했기 때문에 사람을 시켜서 그 진위를 다시 알아보려고 한다. 만일 날짜가 미뤄진 것이 사실이라면 반드시 가까운 시일에는 하지 않을 것이다. 그래서 24일에는 서촌의 빈소에 가려고 한다. 심부름하는 하인이 돌아오면서 가지고 오는 내게 쓴 호연이의 답장을 네가 열어본다면, 저 집에서 가족 모임을 연기한 것과 내가 서촌으로 갈 것인지를 알 수 있을 것이다. 그날은 당연히 아침 일찍 갔다가 돌아올 생각이다.

마라*의 재종형 희청씨가 작년 말에 돌아가신 것을 온계의 친척들이 당시 모두 알았는데, 나만 혼자 알지 못하다가 어제 처음 들었다. 너도 시복*을 입어야 하는 사이인데 듣지 못했을까 걱정되어 한 소리다.

조윤구가 3~4일 전에 여기 와서, 어제와 그저께는 청음석에 모여서 이야기 나누었는데 매우 화기애애하고 흡족하였다. 완이도 와서 만났는데 너도 같이하지 못한 것이 아쉬웠다. 25~6일경에 서울에 갈 것이라고 한다. 가기 전에 한 번 와서 보는 것이 좋겠다.

*마라馬羅: 풍산 일대의 옛 지명, 馬羅 또는 磨羅로 표기하며 진성이씨 망천파의 세거지.
*시복緦服: 상복喪服의 하나.

書 - 75

2월 16일

준에게 답한다.

편지를 받고 근황을 알았다. 잠시 보고 내려가야 한다니 나는 네가 여기 오지 않기를 바라는 것이 아니라, 네가 일을 본 겨를이 없기 때문에 오지 말게 한 것이다. 영천에 갔던 일도 여의치 못한 것이 당연하구나. 억필이도 그저께 영천에 갔는데 아직 돌아오지 않아서 연동이 병이 났는지 어쨌는지 알지 못하겠다. 이쪽과 영천 쪽의 추수한 것도 모두 종들에게 맡겼으니 실농한 가운데 실농이 또 겹쳤으니 속상한 것을 어이하랴?

판자*에 관한 일은 감사에게 올린 편지 내용을 앞서 들어보니, 안동의 공조 아전에게 보내어 공문서를 가지고 갔던 사람에게 올리라고 했다고 한다. 그러나 그 사람들이 돌아오지 않아서 그 여부는 알 수 없다. 감사의 환급* 허가를 기다린 후에야 판자를 내려보낼 수 있는 까닭에 기다리기가 어렵구나. 인편을 통해서 허 생원의 말을 안동의 관리에게 물어보는 것도 괜찮을 것이다. 나는 제사 지내러 내일 온계로 간다.

*판자板子: 죄인을 치는 널쪽. 죄인을 상징하기도 함.
*환급還給: 물건 따위를 되돌려 줌.

書 - 76

2월 17~26일

답장을 보낸다.

편지로 근황을 알았다. 의령의 괴질 기운이 비록 성하다고는 해도 역병 기운은 아닌 것 같다. 그 고을 사또의 처사는 안타깝구나. 조카 주의논은 일찌감치 내가 바꾸지 않는다고 알렸다. 그런데도 이 조카 혼자서 바꾸려는 뜻이 간절하여 내 허락 여부도 살피지 않고 중간에 완강하게 그것을 바꾸려고 하니, 생각이 없음을 알 수 있겠구나. 동령이가 만일 돌아오면 위임장을 보낼 것이다. 기제사는 고산에서 지내지만 너는 여러 날 동안 분주히 바빴고, 또 여기에 와서 불편하게 날을 보내야 하니 오지 않아도 된다. 영천의 거접은 이같이 연기되었으니 분명히 단오 후에야 모이게 될 것이다. 그러나 보고 듣는 것을 잘 살펴서 다른 사람 보다 뒤지지 말거라.

지은 글을 나중에 생각해 보고 보낸다고 하니 우습다. 사실은 『운부군옥』에 있으나 어느 글자 밑에 나온다는 것을 기록해 두지 않았으니 나중에 꼭 찾아서 보낼 것이다. 그러나 상세히 알지 못하면, 반드시 이 제목으로 글을 지을 필요는 없다.

우리 고을의 교관이 지사와 사또를 초청하여 분내 강변에서 술자리를 마련하기 위해 어제 친히 와서 간곡하게 요청하였다. 지금 부득이 그곳에 가야하기 때문에 급히 적는다.

추신———백지 두 권과 부채 3자루를 보낸다. 한 자루는 몽이를 주거라.

書 - 77

2월 27일

준에게

어제 호연이의 편지를 받아 보았더니, 선조묘 옆에 매장했던 사람이 23일에 매장했던 관을 파서 이미 옮겼다고 하는구나. 유명*을 기쁘게 해 드렸고, 일시적으로라도 모욕을 당해서 분했는데 기쁘게 되었다. 제사라도 늦지 않게 지내드려야 할 것 같다. 혹시 술이 없는 집이 있을 것 같고 준비를 갑자기 할 수 없기 때문에 오는 17일에 모여서 제사 지내기로 하였다. 어제 회답이 왔으니 그때 만약 일이 없다면 당연히 나도 가고 싶은 마음이야 간절하지만, 만약 일이 있으면 네가 대신 가야 하니 미리 알고 있거라. 영천 사람이 어제저녁 겨우 네 짐 싣고 왔다. 그 나머지는 후에 가져온다고 핑계를 대는구나. 김송이도 역시 한 짐도 보내지 않았는데, 끝내 보내지 않을까 걱정이다. 거기는 사람이나 가축까지 다 곤궁하여 일에 어려움이 많으니 어찌해야 하느냐? 장수희 있는 곳에서 거접 날이 정해지면 꼭 통지해 달라는 부탁 편지를 했다.

  통지가 오면 즉시 가는 것이 좋을 것이다.

  기와를 날라 지붕을 덮는 등 큰일을 모두 며칠 내로 다 해야 해서, 밥 먹고 쉴 틈도 없으니 우습구나.

*유명幽明: 저승과 이승을 아울러 이르는 말, 또는 고인.

書 - 78

3월 14일

준에게

　산소를 돌보는 일 등이 끝났거든 바로 절에 들어가 공부해야 한다. 만약 사람을 응대하고 도리를 다하고 나서 공부에 전념하려고 한다면, 하루도 그런 날을 얻기 어려울 것이다. 네 생각에는 봄 석 달 90일 가운데 며칠이나 절에서 공부했으며, 며칠을 사람도리라고 하는 일에 빠져 있었느냐? 네가 몇 권의 책이나 읽었는지도 모르겠고 글을 지은들 시나 부 한편씩 지은 것밖에는 없지 않느냐? 본래 좋지 못한 자질로, 지난 습관이 바뀌기를 바라지만, 이다지도 지리멸렬하니 무슨 변화를 바라겠느냐? 지금 안덕*에 사는 유생 신언이 용주사에 와서 거처하고 있다. 그와 약속했던 친구가 오지 않아 혼자서 외롭게 거처하고 있다. 친구끼리 서로 도움을 주며 공부하기를 바란다고 하니, 이 사람은 필시 뜻이 있는 사람이다. 네가 만약에 어탄사에 이런 친구가 없다면, 어찌 이같이 도움이 되는 친구와 더불어 사귀지 않으려느냐? 그것이 아니라면 어탄사에 도움되는 친구가 없더라도 어찌 혼자서 열심히 공부에 집중할 수 없겠느냐?

　나는 모레 금음지*에 가서 묵고, 다음 날인 17일에는 선영에 가서 참배하고 집안 사람들을 만나보고 오려고 한다. 저녁 늦을 상황이면 중도에 어디서 묵고, 18일에 오천의 선영에 가서 빈소에 배례하려고 한다. 그러고 나서 전에 약속한 김유지와 만날 생각이다. 그날 동지중추부사께서 악공들을 데리고 온다고 하니, 하루에 조상과 주연이 겹쳐 있어 마음이 편치 않지만 어찌하겠느냐? 두가지 일이 공교롭게 겹치니 사양하려

해도 괴이하게 여길까 봐 처신하기가 매우 어려웠다. 그래서 부득이하게 위와 같이 약속을 겹쳐 잡은 것이다.

다름이 아니라, 최근에 『주자서』를 보았더니 거기에는 문상할 때 술과 음식을 대접받는 것은 매우 예에 맞지 않는다고 되어 있었다. 하물며 본가와 빈소에서 세속의 금기 때문에 이런 궤전*의 예를 모두 없앤다면, 나도 영전에 술 한잔도 올리지 못할 것이다. 그런데 어찌하여 다시 음식을 차려내는 예가 있을 수 있단 말이냐? 이는 내가 분명히 대접을 받을 수 없다는 뜻이니, 너는 본가에 미리 말해서 나를 위해 한잔의 마실 것도 준비하지 말라고 하거라.

*안덕安德: 경북 청송군 안덕면.
*금음지今音地: 안동부의 서쪽 20리에 있는 지명. 속명을 금음지今音地, 또는 금계金溪라 부름.
*궤전饋奠: 신위神位 앞에 올리는 제물.

書 - 79

4월 1~22일

답장

혼자 알아서 어탄사에 갔다니 매우 잘한 일이다. 그런데 여러 수재들의 문회*가 무슨 까닭으로 이리 지연되고 있느냐? 최근에 영천에서 온 이국량을 만났는데, 영천에서 거접*하는 일은 김정헌 등이 미리 빗장*이 되어 벌써 운영은 하고 있으나 시일은 아직 정하지 않았다고 한다. 그런데 월초에는 꼭 거접이 시작 될거라고 하는구나. 만약에 다른 사람들이 장우와 김정헌 등에게 편지하여 시작하는 날을 알게 되거든 아무쪼록 바로 달려가는 것이 마땅할 것이다. 네가 7일에는 풍산에 갈 일이 있으니 만약에 다른 친구들이 먼저 가게 되거든 미리 편지를 보내어 거접자 명단에 올리고 기다리게 하는 것이 옳겠다. 반드시 실수가 없게 하거라.

소동파의 글은 추린 대로 보내고 시와 부의 제목을 뽑아 보낸다.

의령의 여종 일은 과연 네 계획처럼 주관하면 마땅할 것 같다. 그러나 걱정되는 것은 단지 결박하고 추문* 한다고 해서 반드시 이실직고할 것 같지 않고 매질을 가하면 굶주리고 지친 상태에서 죽지 않을까 우려되니 그래서는 더욱 안 될 것이다. 그렇게 되면 도망갔다가 왔는지 여부를 알 수 없을 것이다.

또 영천에 보냈던 옴동이가 있다면 사또에게 고하여 감옥에 가두고, 공간 댁의 종들에게 시켜 그가 옥에서 잘 지낼 수 있게 하고 있다가 잡아가기를 기다리는 것이 나을 것이다. 만약에 옴동이가 김천으로 돌아가거나 공연히 영천집의 종들에게 맡겨진다면, 놓칠 수 있는 잘못이 있으니 그렇게 할 수도 없는 일이다. 이런 곡절이 있으니 어찌 처리해야 할지 참으로 어렵구나. 아무쪼록 마땅한 방법으로 잘 처리하되, 경솔하게 의심하거나 함부로 때려서는 안 된다.

*문회文會: 시문 따위를 창작하고 서로 비평하는 문학 모임, 여기서는 과거시험 준비하는 공부 모임.
*거접居接: 일종의 '집중 학습 프로그램' 성격을 띠는 것으로 사찰 등을 빌려 지역사회에서 운영하였음.
*빗장色掌: 유생의 자치회인 재회의 임원을 이두로 쓴 말.
*추문推問: 어떤 사실을 일일이 따져 가며 꾸짖어 물음.

書 - 80

4월 1~22일

답장

현사사 절에 들어간 것은 아주 잘한 일이다. 그렇지만 영천의 접에 참가하는 일도 놓쳐서는 더욱 안 된다. 옥지의 일은 잘 알았다. 풍산 제사에 단지 술과 과일만 올린 것은 너무 보잘 것이 없구나.

용손이란 놈은 내가 안동으로 돌아간 틈을 타서 달랑 곡식 네 섬만 납부하고 더 남겨 둔 것이 없다고 하니 이는 떼먹은 것이 틀림없을 것이다. 그것을 따져 밝히고 싶지만 그럴 형편도 아니고, 집안에 쓸 비용은 달리 의지할 데도 없으니 걱정이구나. 이런 때 매사가 어찌 마음대로 되겠느냐?

비록 떡은 준비 안 해도 될 것이니, 나도 술과 과일을 준비해서 보내고 싶은데, 시킬 하인들이 그럴 틈이 날지 모르겠구나.

목화씨 파종하는 일은 비록 도둑을 만날까 염려되지만, 이런 일은 매우 하찮고 사소한 일이니 학문을 하는 자가 어찌 이런 일에까지 관심을 가지고 바빠서야 되겠느냐?

書 - 81

4월 23일

 준에게 보낸다.
 어제 왔다가 곧장 돌아가는 바람에 다른 일은 잘 모르는 것이 많구나. 영천의 거접에 참가하는 일은 네가 어찌해야 할지 모르는 것 같다고 엽동이가 어제 와서 말하는구나. 만약 20일로 모임 날이 정해졌다면 너는 이날 꼭 가서 참석해야 하고 빠지면 안 될 것이다. 어제 네가 다른 친구들과 함께 가고자 하는 것을 보니, 이것은 네가 원대한 꿈을 가지고 있지 않은 한 단면이다. 나는 계미년에 서울에 가서 성균관에 들어갈적에, 혈혈단신 길동무도 없이 험한 물길과 육로를 여윈 말과 종을 데리고 갔다. 그랬더니 오히려 처자식을 그리워할 겨를도 없었다. 그 걸음이 꼭 뜻을 얻었다고 할 수는 없지만, 선비의 의지가 마땅히 이와 같아야 한다는 것뿐이다. 너도 이국량의 경우를 보지 않았느냐? 집은 달랑 네 벽만 있는데다 처자들은 굶주리고, 집안일은 말 안 듣는 종들에게 맡길 수도 없었다는 것은 엄연했다. 그렇지만 부친의 명을 어길 수도 없고, 원대한 의도를 막을 수도 없었기 때문에 결연하게 서울로 갔던 것이다. 이 사람이 만일 네 의지와 같았다면 어찌 가능한 일이었겠느냐? 지금 너는 하루 걸음도 꼭 길동무를 구하느라 시일을 늦추고 있구나. 비록 내가 너에게 간절하게 타이르는 말인데도 너는 결단을 내리지 못하니 어찌 된 일이냐? 그래도 네가 지은 글이 크게 나쁘지 않기에 나는 기뻐서 잠을 이루지 못하고 있으니, 너는 스스로 한정 짓지말고 더더욱 힘쓰거라.
 고급 한지 15장과 건어물 등을 보낼 것이니 갈 때 가지고 가거라.

書 - 82

4월 25일

아들 준에게 보낸다.

어제 여러 사람이 화답하여 지은 글들을 보았다. 모두 이치에 맞지 않는 말들이 대부분 실려 있어서 다행이기도 하고 부끄러운 면도 같이 있구나. 언우가 화운하지 않은 것이 더욱 고마울 정도다. 봉정사의 거접에서 지은 글들은 평을 마치는 대로 보내는 것과 함께, 네가 가지고 갈 34장을 동봉한 것을 네가 네 처남들 빈소에 맡기고 가면, 내가 그곳에 오는 승려에게 시켜 찾아가게 할 생각이다.

수경이나 다른 사람들의 원고를 함께 보내는 것이 좋겠다. 그 편지에 답장을 꼭 해야 하니 소홀히 하지 말거라. 거접에 참가하게 되면 모든 일에 부디 신중히 하거라. 공부에는 근면하고 독실함이 제일이니, 함부로 망령되게 규범을 어기고 술과 음식을 빼앗아 먹는 일 등은 하지 말아야 옳다. 다만 다른 사람들이 술과 음식을 몰래 내라고 하면 너무 인색하게 곤란한 기색을 보이면 안 된다. 초곡에 쓰고 여유 있는 비용이 있으면 도리에 맞게 조처하거라. 그곳에서 지출했던 기록들은 네가 알고 싶을 것 같아서 보낸다.

김중보의 집 대상은 6월 어느 날인지 모르겠구나. 그곳에 도착해서 듣거든 편지로 알려다오.

추신———김대임이나 황사련에게 곧 가서 꼭 인사하고, 내가 보고 싶어 하나 소식이 없었다는 뜻을 간곡하게 전하거라.

書 - 83

5월 7일

준에게 답하는 편지

어제 네가 초사흗날 보낸 편지를 받았다. 무탈하게 공부하고 있다는 소식에 위로가 된다. 지은 글이 등수에 들지 못한 것에 너는 마땅히 아쉬울 것이다만, 이것은 네가 평소에 게으르고 놀기좋아한 결과이니 또 누구를 탓하겠느냐? 마땅히 가일층 힘써서 나아가기를 도모해야 할 것이지 자신을 잃고 기가 꺾여서는 온당하지 않은 것이다. 네가 큰 거접에 참가하기를 내가 바라는 까닭은 진실로 자신의 단점을 깨닫고 다른 사람의 장점을 취하여 '우물 안 개구리'식의 견문을 깨닫고, '요동의 돼지'라는 조롱을 받는 것을 면하도록 하기 위해서였다. 하물며 내 재주가 우수하다면 비록 낮은 등수에 있어도 무방할 것이지만 내 재주가 열등하다면 요행히 내가 높은 등수에 들었다고 해도 족히 기뻐할 것이 아니라는 마음으로 노력을 해야 할 것이다. 이러한 마음을 두고 노력해야 할 것이다.

거접에 모인 선비들은 모두 몇 명이나 되며 몇 달이나 하려는 계획이냐? 쌀이나 반찬, 소금이나 간장 등도 각자 준비해야 하느냐? 아니면 관에서 지급해 주는 것이냐? 나머지 물품들을 혹시 관에서 지급해 준다 해도 양식은 반드시 각자 준비해야 할 것이나 초곡에는 비축한 것이 없다고 하는데도 어찌 너는 아무 말이 없느냐? 지금 쌀 몇 말을 보내려고 했더니, 때마침 네게 보낼 양식이 없다고 하는구나. 내 생각에는 초곡에 오히려 조금 비축해 둔 것을 가져갈 수 있다고 여겨 지금 우선 멈추고 있었을 뿐이니 모든 일을 자세하게 알려주는 게 좋을 것이다. 초곡에는 여러 가지 쓸 계획 외에도 마땅히 5~6석은 남아 있을 텐데 어째서 여유가 없다고 하는 것인지, 시험 삼아 한번 뒤져서 찾아보도록 해야겠다. 그 편지를 바로 오천으로 보낼 것이다. 물어서 알아보니, 너는 남의 집에 거처하고 있다고 하던데 그렇지 않으냐? 그 집에 함께 거처하는 사람은 어떤 사람이냐? 너는 나이가 삼십이 되어가고 더불어 여러 사람과 거접에 들었으니 이미 당장*을 맡을 위치에 있다. 나이가 어리고 팔팔한 사람들과는 하는 일과 체신*이 같지 않다. 절대 함부로 처신해서는 안된다. 같이 거접에 든 사람 중에는 불행히도 남을 비행으로 이끌어 여럿을 망치고 가족을 망가뜨리는 것을 좋아하는 사람도 있을 것이니 절대로 그 무리에 끼어들지 말고 그들과 같이 빠져들지 않도록 하여라. 그들 중에는 유익한 친구들도 있을 것이니, 정중하고 간절하게 충고해 주거든 그런 사람과 같아질 것을 생각하며 함부로 경박하게 행동하여 관계를 끊어서는 안 될 것이다.

안동 공도회는 많은 사람이 반드시 갈 것이고, 너 또한 가봐야 할 것인데 하인과 말은 초곡에서 준비할 수 있겠느냐?

추신———말린 문어와 노루고기 육포를 보낸다.

*당장堂長: 반장이나 우두머리.
*체신體身: 신분이나 지위.

書 - 84

5월 14일

준에게 답한다.

연수가 와서 전해준 편지를 받고, 네가 오천을 갔다가 안동으로 가고 있다는 것을 알았다. 네가 지은 시와 부 가운데「동향사」는 등급에 들 수 있지만, 나머지는 등급에 미치지 못할 것 같다. 그러나 정해진 시간 내에 이렇게 지은 것이 쉽지는 않았을 것이다.「호기부」는 내용이 지나치게 산만한데, 애초에 네가 '호기'에 관하여 알지 못해서 그런 것이다. 이는 평소 네가 책을 많이 읽지 않았기 때문이고, 읽었다고 해도 자세히 읽지 않은 결과이니, 스스로 깨달아 반성하고 고치려고 노력해야 할 것이다.

양식과 물건들을 보내려고 하는데, 16일에 네가 거기서 직접 영천으로 돌아갈 것인지, 아니면 집에 왔다가 다시 가기가 바쁜 건지, 매사를 상세하게 알려주지 않으니 무슨 까닭이냐? 거기서 거접한 지가 오래되었는데, 얼마 전에 물었을 때도 대답이 없었기에 물은 것뿐이다. 영천에 쓰고 남은 식량이 아직 남아 있을 테지만, 네가 겨를이 없어 자세히 살펴보지 못했기 때문이다. 만일 오천에 돌아온다면 여기에도 올 수 있을 것이다. 오늘은 일일이 다 적지 못한다.

15~6일이 기일인데, 잊을 수도 있을 것 같으니, 꼭 명심하고 재계하거라.

書 - 85

5월 16일

준에게 답한다.

　네가 도회*에 참가할 수 있다는 소식을 듣고, 너무 좋아서 나막신의 굽이 부러져 없어지는 줄도 몰랐다. 내가 너를 꾸짖었던 것은 힘써 노력만 하면 얻지 못할 것이 없다는 이치 때문에 그런 것이었다. 가야 할지 말지를 끝까지 생각해 봐야 했지만, 너는 평소에 하지는 않고 불평만 했다고 너무 우려하고 있었구나.

　그래도 너의 소소한 잔병은 조섭*을 게을리하면 안 된다. 오늘은 여기에 올 필요가 없으니, 조리를 잘하며 기다렸다가 평소처럼 회복된 뒤에 오거라.

　특히 네 처가 해산하고 무사하다니 매우 기쁘다. 사내아이가 아니라니 조금 아쉽기는 하지만 딸인들 없으면 되겠느냐? 어미와 아이가 다 편하다니 이것이 다행일 뿐이다.

　건의 아내가 뜻밖에 이런 일을 당하다니 놀랍고 슬퍼서 말을 이을 수가 없다. 건이도 그때 집에 있었고 지금은 나가서 피했다고 하는데, 매우 우려가 되지만 어찌하겠느냐? 나머지는 이만 줄인다.

추신──── 장원은 누가 되었으며, 우리 가까운 사람 중에 누가 합격하였느냐?

---

*도회都會: 공도회의 준말. 지방의 유생들에게 학업을 장려하기 위하여 각 도의 계수관에 모아 시험을 치르는 일.
　시험을 치러 성적이 우수한 사람은 생원·진사시에 응시할 자격을 주었다.
*조섭調攝: 음식이나 환경, 거동 등을 알맞게 조절하여 쇠약한 몸을 회복되게 함.

書 - 86

5월 25일

아들 준에게 보낸다.

하인 두 명과 행낭도구들을 보낸다. 숫자에 맞는지 살펴서 받거라. 다만 무더운 날씨에 먼길을 떠나는 것이니 몹시 고생될 것이다만, 뜻을 굳게 먹고 고생을 견디거라. 여로*에는 다 조심해야 하지만 특히 큰물을 만나거든 절대로 길을 서두르지 말고, 위험한 곳을 지나가서는 안 된다.

거기에 도착해서도 앞서 경계했던 바와 같이, 남이 하는 것을 보고 잘하는 것이 있으면 따라 할 생각을 하고, 남이 잘못하는 것을 보면 나도 그렇게 될까 봐 두려워해야 한다. 얻고 잃는 것은 다 자신에게 책임이 있는 것이니, 털끝만큼도 남과 비교하며 경쟁하려 들지 마라.

의령에 도착해서 일을 처리할 때에는 특히 내 말을 어겨서는 안 된다. 그 문기*를 반드시 여러 사람 앞에서 태워 없애고, 초연하게 처신하거라. 아까워서 인색한 뜻을 나타내거나 연연하는 모습을 보여서는 안 된다. 만약 그렇게 하지 않으면, 무익할 뿐 아니라 도리어 다른 사람들이 얕보고 비루하게 여겨 비웃을 것이다.

의령에서도 공부하고 익히는 것을 잊지 말도록 해라. 종들을 대할 때에도 일을 조금씩 쉬면서 하게 해라. 7월 보름께 오는 것을 어기지 말거라. 시험 날짜가 멀지 않은데 학업을 폐하고 분주히 돌아다니게 한 것이 편치는 않다. 그러나 부득이한 형편 때문이니 어디를 나가서 처신하든 이런 뜻을 잊지 말고 공부를 계속하거라.

의령에서 온 편지와 물건을 같이 부친다. 옴동이가 이것 때문에 특별히 왔다고 하는구나. 영천에 보낼 만장 두 폭을 금군에게 부탁하여 빨리 전해주도록 하는 것이 좋겠다.

「반구정」시는 네가 비록 올라가 보지는 못했지만, 어릴 때 그곳을 지나가 본 적이 있기 때문에 실로 경치가 좋고, 정자 이름이 좋다는 것을 언급하지 않을 수 없었겠지만, 너무 경솔한 것 아니냐?

추신———전에 온 당전*에 다시 써서 보내니 모두 잃어버리지 말아라. 내가 다 말하지 못한 것은 네가 심사숙고하여 처리하되, 늙고 병든 아비가 걱정하지 하지 않게 해라.

*여로旅路: 본문의 력력은 려旅와 같다. 여행하는 도중.
*문기文記: 땅이나 집 따위의 소유권이나 어떤 권리를 증명하는 문서.
*당전唐牋: 중국에서 만든 고급 종이.

書 - 87

6월 27일

준에게 보낸다.

제사 지낼 일 등으로 부득이하게 절에서 내려왔다고 하더라도, 그 뒤로도 시험 날짜가 아직 많이 남았는데, 어찌하여 이토록 빨리 거접을 끝냈느냐? 공부하는 양은 갈수록 적고 세속의 일은 갈수록 많아서 얻었던 것마저 돌아서서 잊게 되니, 비유하자면 칼 가는 자가 예리하게 날이 서려고 하자마자 바로 사용을 많이 하게 되니 섰던 날이 무뎌지는 것과 같지 않으냐?

네가 전부터 더위를 먹어서 식욕이 없다고 하더니 조금 나아져 간다고는 하나, 몸을 더욱 조심하고 보존해야 한다. 의령에서 온 편지를 받아 보니, 다 평온하다는 것을 알겠다. 그렇지만 그 일이 아직 잘 처리되지 않았고, 또 말이 많이 나온다니 부끄럽다. 네 외조부의 빈소에 삭망 제사를 지내는데 이렇게 군색하게 지내다니 어찌 이리해서야 되겠느냐? 그런데도 이런 와중에 내가 도와줄 방법이 없어 단지 걱정만 하고 있을 뿐이구나. 초이틀 기제사는 집에서 약소하게 지내려고 하는데, 네가 초하룻날 삭제를 지내고 올 수가 있겠느냐? 기력을 헤아려서 결정하는 것이 좋겠고, 억지로 와서 몸을 더 안 좋게 하지는 말아라.

書 - 88

7월 3일

　다시 준에게 부친다.
　시험 치러 가는 일에 관해서 분천에 편지로 알아보니, 대성이와 가허가 어쩌고저쩌고 대답했는데 이 뜻을 너도 아느냐? 소위 '교생업유'* 중에 이름과 본관이 다 상세하게 기록되어 있지 않다고 하는데 그것을 어떻게 할 것인지? 만약 전에 호적에 적혀 있지 않고 유안에도 없지만 지금 업유안*을 근거로 도목에 기록했다면 네 이름도 기록하여 보내지 않았겠느냐? 그렇다면 이곳에서도 시험을 치를 수 있을 것이다. 내일 아침 일찍 현에 들어가 도목*의 초안을 살펴보되, 만약 거기에 기록되어 있으면, 서울로 가지 말고 여기서 시험을 보는 것이 어떻겠느냐? 대성이에게서 온 편지를 보내니 자세히 읽어보고 돈서와 여러 사람이 의논하여 결정하는 것이 좋을 것이다. 그러나 예안에서 예조의 공문을 보지 못하고 그리 말했다면 비록 적어 보낸들 믿을 것이 못 된다. 이런 뜻을 모두 알았다면 잘 헤아려서 결정하거라. 절대 소홀히 하지 마라. 대개 서울로 시험 치러 가는 것은 얼핏 쉬울 것 같지만, 물길이 막혀 도착하지 못할 우려도 있다. 그러므로 이러한 상황들을 잘 참작하고 헤아려서 시험 치러 가는 것을 정할 일이니 내게도 통지하거라.

　추신———만약 서울로 가서 시험을 치게 되면, 어쨌든 돌아오는 길에 단양으로 들러 서울에 있던 책을 가져다주었으면 한다. 사정이 어려우면 억지로 할 필요는 없다. 어제 편지를 썼는데 분천에서 온 편지를 개손이에게 들려 보냈더니 중도에서 연수 등을 만나 돌아왔구나. 그래서 이제 보낸다.

*교생업유校生業儒: 향교에 재적 중인 학생으로 유학을 본업으로 하는 사람.
*업유안業儒案: 유학을 본업으로 하는 양반의 자제들을 기록한 것.
*도목都目: 일을 한데 몰아서 행하거나 적는 것, 국가 차원에서 관원들의 성적이 좋고 나쁨을 기록해 놓은 것.

書 - 89

7월 4일

준에게

빗길에 막혀 지체될까 걱정했더니 여러 사람이 이렇게 도와서, 서울에 가지 않고 여기서 시험을 봐도 된다고 한다. 그러나 호적이 없으므로 끝내 장애가 생길지 걱정되는구나. 그러나 어찌할 방법이 없다. 의령에 갈 때 필요한 여러 가지 물건들은 내일 연수를 시켜 가져가거라.

추신———동당*에 도착하지 못할 듯하니, 안타깝지만 어쩔 수 없다.

*동당東堂: 생원과, 진사과, 의과 등 과목으로 보던 과거. 여기서는 과거 보던 장소.

書 - 90

8~9월

준에게 답한다.

보내온 묘비문의 초안을 보니 슬프구나. 만약 달리 쓸 말이 없었다면 그냥 『가례』에 의거하려 했더니, 보낸 초고를 보니 더 넣고 뺄 말이 없을 듯하다. 좀 더 두고 살펴보겠다. 만일 비석 돌까지 보내온다면 사양할 수야 없겠지만, 언우군*과 같은 사람도 다 쓸 수 있는데 굳이 내가 쓸 필요야 있겠느냐? 나머지는 초안이 돌아오는 날 상세히 말하겠다. 이만 줄인다.

추신——사철*은 이후에 사람을 보내서 가져오겠다.

*언우彦遇: 김부필金富弼(1516~1577)의 字
*사철沙鐵: 암석에 들어있던 자철석이 작은 알갱이가 되어 강이나 바다의 밑에 퇴적된 광물. 자가 제련하여 대장간을 통해 철제품을 만들어 쓴 듯.

書 - 91

9월 14일

준에게 보낸다.

　삼대* 한 짐과 일꾼들에게 줄 술 한 동이를 보내니, 알려 드리는 것이 좋겠다.

　추신———안동과 영천, 두 곳의 관에서 보낸 일꾼들은 와서 일하고 있느냐?

*삼대〔麻骨〕: 삼에서 껍질을 벗기고 남은 줄기 대를 말린 것.

書 - 92

9월 25일

준에게

　내 오른쪽 옆구리 아래에, 처음에는 콩알만 한 종기가 생겼기에 그러려니 하였는데 19일에 청송에서 부사가 와서 술을 마신 후로는 밤알만큼 커졌다. 아프지도 않고 곪지도 않았지만 여러 가지 치료 방법을 쓰고 뜸을 떴더니, 조금 작아진 것 같다가 어제부터 커지기 시작하여, 거기에 붉은 자국이 배 잎사귀만큼 커졌다. 밤이 되자 또 조금 작아진 것 같다만 때때로 통증이 조금씩 있곤 하니, 내 생각에는 이곳에 고름이 나오려고 그러는 것 같아 오래 걸릴지 아니면 신속하게 나을지 가늠하기가 어렵구나.

　전에 들은 스님 말로는, 지석*을 다시 만들어 보내려고 한다고 하니 비록 지금 오더라도 몸의 차도가 있기 전에는 어찌 힘을 써서 정서할 수가 있겠느냐? 이제 날짜가 이미 임박했으니 자칫 일을 그르칠까 염려되어 이런 까닭을 알린다. 언우군이 비록 오지 않았다 하더라도 상주의 글씨 정도로도 쓸만하다. 추후에 땅을 파서 묻는 것도 편한 것이 못되니 차라리 장례 시에 예법대로 하는 것이 편할 것이다.

　침으로 종기를 터트리고자 해도 침놓을 사람이 없으니, 앉아서 기다리다가 저절로 없어지거나 고름이 나오려면 많은 시간이 걸릴 것이다. 그 증세가 근본적으로 대단한 것은 아니니 놀라고 걱정하지 말아라.

추신———묘지문에, '예안현에 임시로 살았다寓居禮安縣烏川里' 라는 글자는 마땅히 '봉화현 사람奉化縣人'의 아래, '어느 때 어느 임금某朝某

公'의 위에 있어야 한다.

*지석誌石: 죽은 사람의 이름, 생몰일, 행적, 무덤의 위치, 좌향 따위를 적은 글.

임자년
(1552년, 52세)

書 - 93

1월 1~27일

준에게 보내는 편지

어제는 어떻게 돌아갔느냐? 의령에서 온 물건은 황석이가 말한 대로 보냈다. 그 물목은 별지에 있고, 작은 봉투로 보내는 것은 모두 곧장 올려드린다고 한다. 거기서 여기로 온 편지도 다시 네게 보낸다. 또 이곳에 보낸 물품들도 별지에 물목이 있다. 남 판교*님께는 네가 가서 뵙지 않으면 안 되므로, 나 또한 편지로 문안을 여쭐 수밖에 없다. 지금 보내는 편지는 직접 가지고 가서 올려야 옳을 것이다. 오늘은 비가 오니 가는 길이 험하지 않을까 걱정이 끝이 없다. 나머지 바램은 부디 노력하고, 조심 또 조심하는 것이다.

*판교判校: 승문원이나 교서관의 정3품 벼슬.

書 - 94

1월 28일

준에게

초엿새날 조목 등 일행이 떠난다고 하니, 이날에 같이 출발하는 것이 좋을 것이다.

늦손이가 올지 안 올지 모르니 수운이를 예비로 준비하고 기다리게 시키거라. 철손이가 오늘 의인 마을을 경유하여 배를 타고 둘러 갔으니 내일이면 거기에 도착할 것이다.

몽아가 학질이 나았다고 하니 매우 반가운 소식이다. 가까운 시일에 꼭 여기 오게 하여라. 우선 여기서 줄인다.

추신—— 김 생원의 병세는 걱정되었는데 지금쯤 차도가 있다고 하니 다행이구나. 내일 인편에 편지를 가져가게 할 것이니 오늘은 더 쓰지 않는다.

書 - 95

2월 6일

준에게 보낸다.

　아침에 떠나는 것이 어떻겠느냐? 일은 황급히 내야 하는데 비는 더 세차게 내리니 길을 가기가 어려울 것이라는 생각이 든다. 도착하지 못하는 일이 생길까 봐 염려되고 걱정되는구나. 그러나 급히 가다가 예측할 수 없는 일을 만나는 것보다는 차라리 도착하지 못하는 편이 나을 것이다. 옛말에, 귀한 집 자식은 마루끝에 앉지도 않는다고 하였다. 집에 있어도 모서리조차 위험하여 앉지 않는데, 하물며 큰물의 위험을 무릅쓰고 건너가서야 쓰겠느냐? 부디 이것을 경계 삼거라. 수운이는 핑계만 일삼으니 억지로 내보냈다. 덕만이로 바꾸어 데려가는 일을 생각해 보았느냐? 도중에 하인이 병이 생기면 가는 길에 몹시 불리하니, 바꾸어 데리고 가는 것이 잘하는 일일 것이다. 다른 행낭채비도 대부분 소홀하니 어떻게 멀리 갈 수 있겠느냐? 그렇지만, 그런 정도는 가난한 선비들에게 흔히 있는 일이고, 내 옛날 일을 보더라도 너는 그런대로 제법 갖춘 셈이니 가치 열등하게 생각할 필요는 없다.

　남 판교님께 보내는 편지는 네가 본 후에 봉해서 전해 드려라. 나머지는 부디 조심하고 경계하기를 바란다. 여러 말은 하지 않겠다.

　추신———홍조와 박 봉사에게는 바빠서 아직 편지를 못 보낸 것이라고 전해다오.

書 - 96

7월 27일

준에게 부친다.

뱃길로 갈 때는 어떠했느냐? 며칠 만에 배에서 내린 것이냐? 하인과 말은 서로 어긋나지는 않았느냐? 아마도 군색함이 많을 것이라 염려되었다. 나는 관직 생활이 여전하다만, 아직 집을 옮기지 못해서 거리가 먼 출퇴근이다 보니 타는 말도 힘들어한다. 병든 짐승에게 달리 마땅한 방법이 없구나. 네 서모의 출타는 오는 18일에 어김없이 출발할 것이니 아마 추수 전에는 하인과 말이 도착할 것이다. 그런데 만일 전체로 쓸 배 한 척을 구하지 못한다면, 아무래도 짐 실은 배에 같이 태우지 말고 육로로 따라가야 할 텐데 말이다.

이같이 병이 많으면서 속히 돌아갈 수 없고, 일 형편에 얽매이다 보니 불가한 줄은 알지만 억지로 겨울을 날 계획을 세우고 있으니 참으로 처지가 한탄스럽구나.

공간이 떠나는 날은 아직 정하지 않았는데, 이웃 사람과 땅의 경계문제로 다투다가 한성부에 그 사람이 소장을 냈다. 사정상 속히 내려갈 것 같지는 않고 결과가 어떻게 될지도 알지 못하겠다.

너는 아직 『시경』을 다 읽지도 않았을 텐데, 또 분주히 나다녀야 하니 끝내는 학업을 포기할까 두렵다. 세상일은 점점 어려워지고 남자가 몸 하나 감추기도 실로 어렵구나. 근래 조정의 논의 소식을 들으니, 조정 관료의 자제들도 귀속된 곳이 없으면 모두 군에 입대하게 된다고 하는데 너는 면할 수 있다고 확신할 수 있느냐? 만약 면할 수 없다면, 업유로 이름을 올리려고 해야 할 것이다. 그러므로 경서 중에서 한 과목과, 사서 중에서 한 가지를 고강*하여 이에 대비하도록 명심하지 않으면 안 된다. 여러 조카들에게도 이 사실을 알려주거라. 나머지는 일일이 적지 않는다.

서당에 있는 꽃과 대나무는 잘 보호하여 상하지 않게 해라. 지난해 제초할 때, 서당 앞 갯버들을 자른 것이 아깝구나. 그날 만약 강하게 금하지 않았다면 작년보다 더 심했을 것이니 그리 알아라. 홍조가 판자를 떠내려 보낸 일은, 황석이를 보내어 도와달라는 뜻을 진작에 전달하였다. 그러나 그 후에 가타부타 아무 말이 없어 어떻게 처리하고 있는지는 모르겠구나.

지금 서울에도 일이 많아 황석이를 다른 데 보낼 형편이 못 된다. 홍조가 오로지 내 말만 믿고 아무 방도를 취할 계획을 세우지 않고 있다가, 오라는 통고를 받은 때에 가서 나 몰라라고 할 수가 없을 것이니, 아무쪼록 철손이를 보내서 힘을 합쳐 내려가도록 하는 것이 좋을 것이다.

*고강考講: 과거의 강경과에서 시험관이 지정한 경서를 외는 것으로 치르는 시험.

書 - 97

8월 1일

준에게 부치는 편지

　간 뒤로는, 행차가 더디지 않았는지 잘 들어갔는지 소식이 없구나. 황강과 단양 중간에 비를 만났을 것으로 생각되는데, 지체되는 일은 없었는지, 걱정이 끝이 없구나. 나는 최근에 성균관 근처로 집을 옮기려고 했으나 집을 얻지 못해서 옛날 집에 그대로 있다.
　농가의 가을 일이 바쁠 텐데 서울로 올라오는 일까지 가중되어 생각이 복잡하겠지만 마땅하게 잘 처리하거라. 건의 유고로 아무도 오는 사람이 없을까 걱정이니 어찌하겠느냐? 자주 편지하겠다. 이만 줄인다.

추신———금손이는 제 처가 늙어서 논농사를 지을 수 없다고 하면서, 내년에나 백운에 있는 밭을 자기가 받아 부치겠다고 하니 그대로 해주는 것이 좋을 듯하다.
노비 문서에 올린 종의 자식들이 많은데 뒷날 폐단이 꼭 있을 것이다. 긴요하지 않고 버려도 될 놈은 문서에서 지워라.

書 - 98

9월 7일

준에게 보내는 편지

잇산이가 내려간 뒤에, 들은 소식이 없으니, 아픈 데 없이 무탈하게 잘 지내는지 궁금하구나. 하인이나 말도 잘 내려갔느냐? 나와 서울에 있는 조카들은 여전히 잘 있다. 추수는 벌써 시작했느냐? 거기 일은 네가 있으니 말할 필요야 없겠지만, 물었더니, 연동이는 병이 깊어 운신할 수 없다고 하더구나. 그렇다면 영천의 추수는 어찌하려 하느냐? 네가 마땅하게 잘 처리하되 내 말을 기다릴 필요는 없다. 이곳 쓸쓸이도 궁색하여 짐 부릴 말 구하기도 힘들다. 또 억필이는 면화 채취가 끝나면 배와 말에 실어 영남으로 와야겠지만, 그전에는 배와 말 편이 어려울 것 같으니 억지로 할 필요는 없다.

허 생원의 행차는 무사히 잘 갔느냐? 이장*하는 일은 두 가지 결단을 하려는 것 같은데 어떻게 결정되었는지 물어서 알려다오.

책에 좀이 슬지 않았더냐? 올해는 거풍*을 하지 않았다고 하니 비록 늦었지만 거풍을 하는 것이 좋을 것이다.

지사 댁의 『회록당집』한 권이 우리 집에 와 있는데 아직 돌려드리지 못했다. 꼭 명심해서 돌려드리거라.

나머지 상세한 것은 일일이 적지 않는다. 틈날 때마다 부지런히 공부하거라.

추신———최근에 홍문관에서 올린 차자*에, 김순고, 김수문 등은 그 죄가 김충렬 등과 같다고 하여 김순고 등을 잡으러 오는 일에 도사가 간 지가 벌써 오래되었다고 하니, 끝내는 대죄를 받을 것이다. 이 뜻을 홍문관 차자와 아울러 김 생원 댁에 알려 주는 것이 좋을 것 같다. 다만 범석이가 달리 처벌을 면하기가 어렵다면, 수행했던 것으로 처리하면 어떨지 모르겠다.

*이장移葬: 무덤을 옮김. 천장, 개장.
*거풍擧風: 쌓아 두었던 책이나 물건에 바람과 햇볕을 쏘이는 일.
*차자箚子: 간단한 서식의 상소문.

書 - 99

9월 29일

준에게 답한다.

　그리워하던 끝에 김 봉사가 전해준 네 편지를 받고, 무탈하게 잘 있다는 것을 알았으니 매우 기쁘다. 또 온계도 다들 편안하다니 좋구나. 하인 셋이나 학질을 알고 있다니, 막 가을 일이 급할 때인데 추수 준비는 어찌 되어가고 있느냐? 게다가 연동이까지 병을 앓고 있다니 두 곳의 일을 다 보기가 어려울 것이다. 근심만 더욱 깊어지니 어찌했으면 좋겠느냐? 진작에 이럴 줄 알았으면 억필이를 올라오지 말게 하고, 머물면서 타작이라도 끝나는 것을 보고 배와 말에 실어 보내는 것이 좋았을 것이다. 지금 보니 20일 후에 꼭 올려보내겠다고 하였는데, 진작에 출발하여 오고 있다면 어쩔 수 없는 일이니 안타깝구나. 만약 출발하지 않았다면, 이 편지대로 하는 것이 좋겠다. 서울집의 생활비도 궁색하여 말을 보내는 일조차 몹시 어려울 것이라는 생각에서, 녹전*에는 짐을 보낼 필요가 없다는 것을 지난번 편지에 이미 말을 했는데 너는 알고 있느냐?

　다름이 아니라, 내년 봄에 친경별시*가 있는데, 무신년의 예에 따라 오는 11월 초 7일에 초시를 치르기로 임금님의 재가가 벌써 났다는 소식을 전한다. 그러나 네가 서울에 오는 것은 매우 어려울 것이니 너 있는 곳에서 보는 것이 좋을 것이다. 그곳의 도회도 머지않은 날짜로 정할 것인데, 지친 말을 타고 어찌 왔다 갔다 할 것인지 걱정이다. 산소를 옮기는 일은 어떻게 되었는지 모르겠구나. 자꾸 걱정은 되지만, 생각해 보니 할 수가 없을 것 같다. 하게 되거든 내게로 속히 알려다오. 어찌 조치하는 일을 해보지 않고서야 되겠느냐?

반인에 관한 일은 병조에 알아보니, 본향의 관아에서 복무할 필요가 없이 불러서 보내고 비치된 서류는 옮겨준다고 한다. 순이와 범석이가 면하기 어렵다면, 불러서 보내는 일을 가능하다면 하도록 해라.

신 참봉* 형님 장례식에는 내가 가볼 수가 없으니, 네가 가서 보는 것이 매우 좋겠다. 시제를 지냈다니 매우 잘된 일이지만 아쉽게도 중추절에 지내지 못한 것이 미진할 따름이다.

좌수를 교체하는 일은 마을 사람들이 이미 다 알고 있는데, 지금 어떻게 되돌려 정지시킬 수가 있겠느냐? 게다가 군적은 유향소*에 해당한 업무가 아닌데 어찌 꼭 그렇게 할 수있겠느냐? 그래서 우의현에게 차첩*을 만들어 보낸다.

억필이가 올라오는 대로 바로 내려보내마. 네가 시험 치를 때 데리고 가는 것이 좋을 것이다. 여기서 줄인다.

추신———네가 전에는 간혹 시험보러 가지 않은 적도 있었다. 그러나 지금과 같은 때에 명색이 선비라고 하면서 시험을 보러 가지 않는다는 것은 불안한 일이다. 만약에 아주 어려운 일이 없다면 가서 보는 것이 옳다. 첫 시험 과목의 '부*'도 가망이 있고, 두 번째 과목의 '책*'도 오히려 할 수 있지 않으냐? 다만 시험날이 네 어머니 기일이라서 안타깝기는 하나, 이번 기일에는 아몽에게 우선 지내도록 하는 것도 괜찮을 것이다. 시제는 내가 여기서 준비하여 지낼 것이니 알고는 있거라.

백영이 만들어 보내는 금응협씨의 가죽 신발은 도착할 기한이 정해져 있으니 속히 전해드려라.

*녹전祿前: 봉급을 받기 전.
*친경별시親耕別試: 임금님의 밭 갈기 행사에 맞춰 보는 과거시험.
*신참봉申參奉: 큰누이의 남편 신담申聃.

*유향소留鄕所: 지방수령을 보좌하던 자문기관, 향청
*차첩差帖: 관부官府의 장이 관속官屬에게 주는 임명장
*부賦: 운문과 산문으로 된 과문의 하나.
*책策: 책문의 준말, 정책 결정에 대한 논술

書 - 100

10월 3일

준에게 부친다.

　추위를 무릅쓰고 동역*하느라 잘 지내는지 궁금하구나. 내 병증은 어제 종기의 뿌리가 빠지긴 했으나 아직 종기가 아물지 않았다. 또 때때로 어깨와 등 사이에 미열이 있고, 당기는 듯도 하여 마음을 놓지 못하니 걱정이다. 어제 기죽혈*에 뜸을 떴더니 오늘은 편안함을 느끼지만 그래도 두려운 마음이 없지 않다. 발인날짜도 임박해 졌는데 말을 타고 출입했다가 다른 걱정거리에 또 이를까 봐 두려워, 수일간 조섭*상태를 보아 가며 처신할 계획이다. 향정에 보낼 만사*는 감정을 다스릴 수가 없어서 겨우 절구 4장을 엮었는데, 편지지를 동봉해 보내니 한 폭마다 두수씩 쓰는 것이 좋겠다. 상여꾼들을 동원하는 일은 생원이 미리 준비하였느냐? 전에 네가 말한 것이 있기에 서장을 만들어 보내지만, 혹시 달리 도모하는 바가 있다면 제출할 필요는 없다. 나머지는 일일이 적지 않는다.

*동역董役: 토목이나 건축 따위의 큰 공사를 지도하고 단속하는 일.
*기죽혈騎竹穴: 등에 종기가 났을 때 치료하는 혈 중의 하나, 기죽마혈騎竹馬穴의 준말.
*조섭調攝: 음식이나 주위 환경, 동작 등을 알맞게 조절하여 쇠약한 몸을 회복되게 함.
*만사挽詞: 죽은 사람을 애도하여 지은 글을 천이나 종이에 적어 깃발처럼 만든 것.

書 - 101

10월 6일

아들 준에게 보낸다.

녕의 하인 편에 보낸 편지를 보았을 것이다. 지금 오천 사람 편에 보낸 편지를 받았다. 아무 탈 없이 잘 있다니 기쁘구나. 다만 종들의 병세가 저와 같다면, 본격적으로 추수하는 일이 급할 텐데 부족한 것이 많을 것이다. 또 영천 타작하는 일은 누가 감독해야 할지 몰라 멀리서 생각만 맴돈다. 또 별시에 갔다가 오느라고 힘들 것이고 말도 지쳤을 텐데 어찌해야 할지 걱정뿐이다. 또 억필이가 지금도 오지 않았는데, 이놈은 미련하여 반드시 늦게 출발했기 때문일 것이다. 그러나 이곳은 벌써 봉록을 받는 날이 되었기 때문에 걱정할 필요는 없다. 다만 이놈이 서울에 왔다가 내려간 뒤에 네가 데리고 가야 하니, 이렇게 되면 너무 늦지 않게 하여라. 직장 이사언씨가 이달 초 2일에 어지럼증으로 갑자기 별세했는데 자제와 종들이 모두 흩어져 있어서 김백영이 초상을 치르느라 온 힘을 다했다. 겨우 친구와 병조판서의 부의로 관을 거둘 수 있었다는구나. 이후 발인 등은 어떻게 할는지? 사람 일이 이와 같으니, 객지에서 벼슬한다는 것이 더는 의미가 없다.

습독님께 위안 편지를 쓰지 못했으니 말씀 잘 전해 드리는 것이 좋을 것이다. 나머지는 언문 편지와 전에 쓴 편지에 다 있으니 일일이 적지 않는다.

추신———분천, 온계 등의 편지는 속히 전해 올리거라. 지체해서는 안 된다.

書 - 102

10월

　아들 준에게 부친다.
　이전에 보낸 편지를 보니 네가 이질을 앓고 있었구나. 출발할 날이 임박했는데, 이렇게 추운 달에 먼길을 떠나는 것이 몹시 우려된다. 지금쯤은 출발했는지 못했는지 궁금하고 염려만 되는구나. 회복되고 차도가 있을 때 출발하는 것이 좋지 않을까 한다. 만일 조금도 차도가 없는데 억지로 떠났다가 혹시 병이 더하게 되면 어찌 조섭할 방도가 있겠느냐? 오는 사람 편에 빨리 알려 주었으면 좋겠구나. 공간이 서울에 오려고 한다더니 끝내 오지 않았으니, 반드시 되돌아간 모양인데 이 또한 어찌했는지 아울러 알려다오.
　묘지 이장하는 일은 잠시 중지하려고 한다. 석물을 하려고, 감사님 등 여러 곳에 일꾼을 청하는 편지를 써서 보내 주실 일을 말했다만, 시기를 정했는지 안 했는지도 알지 못해서 편지를 안 했을 뿐이다.
　이곳에는 아직까지 합격자 방이 나오지 않았으니 누가 붙고 떨어졌는지 알 수가 없다. 네가 꼭 집에 있는지 없는지 알 수 없어서 이만 쓴다.

추신―――편지지가 부족하니 그곳에서 종이를 사서 뒤에 오는 사람에게 대여섯 권을 보내거라.

書 - 103

11월

아들 준에게 부친다.

　네가 민물고기를 먹고 탈이 났다는 소식을 처음 들었을 때는 시험 치러 가지 않으려는 핑계라고 생각했다. 결국, 청도로 시험 치러 갔다는 소리를 뒤따라 들었다. 그곳에 이어서 의령으로 갔다면 돌아올 때가 언제쯤일지 멀리서는 짐작할 수가 없구나. 늘 네 몸이 튼실하지 못한 것을 알기에, 혹독한 이 추위에 큰 눈까지 오는데 먼 길을 나섰다 하니 다른 병이 날까 두려운 마음 견딜 수가 없구나.

　의령의 여러 다른 댁들은 안부가 어떠하냐? 공간은 어떤 연유로 시험에 응시하지 않은 것이냐? 서울의 시험에서는 우리 집안 자제들과 고향 사람들이 모두 합격하지 못했는데, 향시에서는 어떤 득실이 있을지 알지 못하겠으니 마음에 걸리는구나. 너는 평소 공부를 게을리했기 때문에 요행을 바라지도 않는다. 무사하게 집으로 돌아오는 것만으로도 다행일 것이다.

　병적에 관한 일을 당초에는 적당히 처리하더니, 지금 경차관*이 내려간 것을 보면 매우 엄중하게 처리할 모양이다. 또 유생들 가운데 고강시험*에 통과되지 못한 사람은 남겨 두지 않을 뿐만 아니라, 음자제*도 고려하지 않고 군에 충원된다고 한다. 어찌하겠느냐? 다만, 전에 합격했던 자는 시권*만 보고 병역을 면제해 준다고 하니 너는 면제 받을 수도 있을 것 같다. 그러니 강할 책을 밤낮 가리지 말고 외우고 익혀서 만약에 대비해야 마땅할 것이다.

　오천 집의 학질 증세가 지금 좀 어떠냐? 염려가 깊다.

네가 시험장에 갈 때 쓸 이엄*은 가격이 너무 올랐고 또 품질 좋은 가죽도 없구나. 막동이에게 누누이 독촉을 했지만, 아직 사 오지 못해 지금 보낼 수 없어서 아쉽지만, 조금만 기다리거라.

나는 지날 달 보름께 사직 상소를 올려서 이달 3일에 상호군*으로 바뀌었다. 두문불출하고 누워서 조리했더니 몸 상태가 제자리로 회복된듯 하다.

지금부터 점차로 내년 봄에 귀향할 계획을 세우겠지만, 그때 가서 그렇게 될지 여부가 미리 걱정된다. 옷가지도 전혀 준비되지 않았고 타고 갈 말도 쓰러질 지경인데 돌아갈 비용은 나올만한 곳이 전혀 없구나.

의령에서는 타작을 하지 않았기 때문에 장례비용은 봄이 되면 무명을 팔아서 쓸 요량으로 미리 의령에 알렸다. 정월 초순 내로 억필이를 꼭 의령에 보내어 무명을 사고, 은부의 신공도 받아서 은부와 함께 그것을 가지고 서울로 오도록 미리 억필이에게 지시하거라. 반드시 어기지 않도록 하거라.

대저 서울 집 살림도 비용은 많이 들고 물자는 귀해서 일마다 어려움이 많고 군색하니 우습구나. 전에 타작한 수량을 보니 많지 않고, 고향 집에도 반드시 부족한 지경에 이를 것이니 걱정이 많다.

수곡 재사 짓는 일은 올해에 반드시 낙성은 못하더라도, 기와를 충당하는 일이 오래 걸리고 있으니 불안하구나. 정월 내로 꼭 숫자를 계산하여 들여놓는 것을 미리 여러 집안사람에게 알리는 것이 좋을 것이다. 나머지는 겸중이에게 들어라. 일일이 쓰지 않는다.

추신———내일 시제를 지내려면 많은 일로 분주할 것이다. 경차관 이수철은 나와 아는 사람이 아닌데, 나 또한 병으로 나늘이를 할 수가 없어서 우리 현의 일을 잘 부탁드리지 못하고 보낸 것이 아쉽구나.

*경차관敬差官: 지방에 임시로 내려 보내는 관리, 특명 어사.
*고강考講: 과거시험 강경과講經科에서 시험관이 지정한 경서를 외는 것으로 치르는 시험.
*음자제蔭子弟: 과거를 치르지 않고도 벼슬을 할 수 있는, 공신이나 높은 벼슬을 지낸 양반의 자손.
*시권試卷: 시험 답안지.
*이엄耳掩: 귀를 덮기 위해 사모 밑에 쓰는 모피로 된 방한구.
*상호군上護軍: 군대의 명예직.

書 - 104

12월

아들 준에게 보낸다.

　네가 남쪽으로 간 뒤로 소식을 전혀 듣지 못했구나. 추위를 무릅쓰고 먼길을 가고 있으니 나는 걱정되어 밤잠을 잘 수가 없다.

　최근에 공간 댁 종이 영천에서 서울에 왔는데, 공간을 따라 의령에 들러 왔다고 하면서 네가 의령에 잘 도착했다고 전하는구나. 또 동짓달 25일에 예안으로 돌아간다고 했다는데 돌아가는 길은 별일 없었느냐? 지금까지도 소식이 없으니 걱정을 내려놓을 수가 없구나.

　경외시*에서도 우리 집안 자제들은 모두 합격하지 못했으니 너희들이 게을렀던 결과이기는 하나 개탄을 금할 수가 없구나. 너희들도 그런 마음이 있기는 한 것이냐?

　의령의 큰댁, 작은댁도 두루 안녕하시냐? 오천의 담제*에는 네가 분명히 가족을 모두 데리고 가봤을 텐데, 벌써 퇴계로 돌아왔느냐? 둘언이가 죽었다고 들었는데 놀랍고 가련하구나. 무슨 병이라고 하더냐? 하인 셋이나 학질에 걸렸다더니 지금은 어떠하냐? 만일 차도가 없다면 내년 농사는 말할 나위도 없겠구나.

　나는 지난달 3월에 성균관에서 자리가 옮겨져 상호군이 되었다. 지금은 오히려 한가하게 누워지내니 참 다행스럽다만, 서울엔 큰 눈이 오고 몹시 춥다. 땔감이 품귀되어 병으로 골골하는 나는 추위가 두렵고, 몸조리하며 지내기가 몹시 힘들다. 이러니 하루 보내기가 일 년 같아서 내년 봄에는 집으로 내려가고 싶은 생각이 간절하다. 그러나 휴가를 얻지 못할까 두려워서 지레 걱정이 되는구나.

네 이엄은 시험 때라 비싸다고 핑계를 대고 막동이가 시간을 끌며 구해 오지 않는구나. 과거시험이 지난 후에나, 겨울이 깊어지면 모피가 아주 귀하고 적어서 좋은 품질은 없을 것이니 사러 가도 구하지 못할 것이다. 그래서 최종적으로 임영수에게 조금 나은 것으로 겨우 구하게 해서 만들어 보낸다. 네가 애타게 기다릴 것을 아는데도 이렇게 늦어지고, 그다지 좋은 것이 아니라서 아쉽다. 그러나 일반적으로 착용하는 물건을 꼭 좋은 물건으로만 구하는 것도 큰 병통이니 이 정도에 그치는 것도 무방할 것이다. 그렇게 알거라. 다만 세 필 반을 지급했고, 반 필은 남겨 두었다.

달력 한 부를 함께 보낸다. 새해 지나 억필이를 의령에 보내어 타작한 곡물로 무명을 사서 올려보내는 일은, 전에 보낸 편지에 이미 다 말했으니 네가 알고 있으리라 생각된다. 정월 보름 전에 보내는 것을 소홀히 하지 마라. 내 장복* 옷이 아직 없어서 한 벌을 여기에서 만들고 싶고, 또 말을 사려고 이렇게 하라고 한 것이다.

손환이 일행이 가까운 날에 내려간다고 하여 다시 편지를 부친다. 밤이 깊고 기력이 곤하여 대강 적고 이만 줄인다.

추신———병적의 일은 분명히 소란스러울 것 같다. 어찌하면 좋으냐?

*경외시京外試: 서울 외에 지방에서 보는 과거.
*담제禫祭: 대상을 치른 담다음달에 지내는 제사.
*장복章服: 다른 옷과 구분되게 무늬나 색을 넣은 옷.

書 - 105

12월

아들 준에게 답한다.

편지를 받고 나서야 네가 의령에서 돌아왔다는 것을 알았다. 혹한에 먼 길에서 무사히 돌아왔다고 하니 얼마나 기쁜지 모른다. 의령의 큰댁 작은댁도 모두 평온하시다니 다행이다만 오천 큰댁의 학질은 아직 완쾌되지 않았다고 하니 걱정을 놓을 수가 없구나.

네 식구들은 담제를 지냈으니 이제 퇴계로 돌아가는 것이 좋겠다만 사정이 그렇지 못하다면 어쩔 수 있겠느냐? 우선 오천에 머물다가 상황을 봐가며 집으로 돌아가거라.

그 혼사가 만약 성사된다면 매우 좋은 일이다만 예천의 과부께서 실망하실 일이 불쌍하구나. 그러나 형수님의 생각이 이와 같은 것은 다 하늘의 뜻이니 어쩌겠느냐?

학질 걸린 하인들 세 명 모두 차도가 없다고 하는구나. 식솔들은 번잡하지만 부릴 사람이 없으니 큰일이구나. 억필이는 서울에 올려보낼 필요 없이 집에 남게 해서 일을 시키는 것이 낫겠다. 의령에서 산 무명은 아직 오지 않았는데, 억필이가 은부에게 보내도록 진작에 그렇게 시켰느냐? 그렇게 했다면, 억필이가 와야 하는 폐단이 없어서 좋기는 하다만 은부는 주제넘은 면이 있어서 가져오는데 조심성이 적을 텐데 괜찮겠느냐?

의지할 곳이 없는 것은 아니나, 갑작스레 쫓아내면 어찌하겠느냐? 그대로 두는 것도 괜찮을 것 같다. 둘언이가 죽었다는 소리를 처음 듣고는, 지금에서야 사람 관리에 실패한 점이 없지 않다는 것을 알았다. 가련하다는 생각이 그치질 않는구나.

순이와 유산이의 일은 말할 수조차 없다. 순이를 만약 내 반인*으로 정해준다면 병조안의 법에도 맞고 매우 좋겠지만, 사또께서 허락해 주지 않는다면 어찌겠느냐? 유산이는 우마나 토지 등 재산이 없어서, 법에는 이러한 사람의 경우에 규정이 없다고 한다. 그러므로 관부에 진정서를 올리는 것이 좋을 것이다. 그러나 우리 고을에는 군에 갈 장정이 없다고 하니 어찌 이런 사람에까지 다 면제가 되겠느냐? 걱정되는 것은, 이런 사람들이 처지를 지탱할 수가 없어 도망이라도 간다면 모두 주인의 우환이 될 것이고, 만약 남아 있는 사람들이 다 병역을 면제받지 못한다면 더욱 막대한 폐해가 있을 것이니 어찌한단 말이냐?

의령에서 온 무명 15필은 우선 사 둔 무명이 오기를 기다렸다가 한꺼번에 올려보내는 것이 좋겠다. 여종 화에게 신공*으로 받은 무명은 집에 쓸 곳이 있다면 보낼 필요 없이 우선 그곳에 두거라. 이장을 급하게 서두르다 보면 반드시 구차한 일이 많이 있을 것이니 보내지 않는 것이 나을 것이고, 석회도 미리 준비하는 것이 좋을 것이다. 은정이의 잘못이 몹시 심하구나. 가까운 시일에 근환이 일행이 내려갈 때 편지로 성문*하여 보낼 것이니 사람을 시켜 잡아 죄를 물은 뒤에 그대로 머물게 하면서 노역을 시키도록 해라.

신석이와 연수는 병이 깊다고 하니, 노비에서 방면되기를 원하는 사람이 있으면 한 사람은 방면시키는 것도 괜찮을 것이다.

책 종이와 생 꿩은 보낸 대로 잘 받았다. 황모 붓 한 자루를 보낸다. 또 '황모무심대독필' 한 자루 보내는 것은 아몽에게 주는 것이니 큰 글씨를 쓰게 하는 것이 좋을 것이다. 이 아이가 가는 글씨만 쓰고 있으니 매우 좋지 않다. 나머지 상세한 것은 먼저 편지에 있으니 여기서 줄인다.

추신———너의 서모는 마침 일이 있어서 언문편지 답장을 하지 못한다. 손환이 일행이 돌아갈 때 답장을 할 것이라고 하는구나. 오겸중과 김낙춘이 돌아갔을 때 보낸 편지와 물건들은 다 받았느냐? 언우군 등이 모두 시험에 떨어졌다고 하니 한탄스럽다. 나를 대신하여 안부 전하거라.

*반인伴人: 다른 사람을 수행하면서 그를 돕거나 보호하는 사람.
*신공身貢: 노비가 몸으로 치르는 노역 대신에 납부하는 공물.
*성문成文: 문서를 만듦.

계축년
(1553년, 53세)

書 - 106

1월 10일

준에게 보내는 편지

진봉*하러 왔던 관리가 서울에 왔다 간 뒤로 다시는 네 편지를 받지 못하였으니 안부를 알지 못해 아득한 느낌이구나. 손환이 일행이 돌아가는 편에 보낸 편지는 받아보았느냐?

오천 큰댁의 병환이 지금쯤은 어떠한지 걱정이구나. 올해 서울은 추위가 극심한데 오히려 한직을 맡은 덕분에 겨우 병골의 몸을 유지하고 있다. 한식일 전에는 가토하는 휴가를 받아 내려가려고 했지만, 친경*하는 큰 행사를 치르기 전에 내려가는 것도 편한 일이 아니라서 그 후에나 내려갈 생각이다. 이 역시 잘 될지 몰라서 앞질러 고민하고 있다.

그곳 농사일 등 여러 가지를 하인들에게만 맡겨둘 수 없으니 너는 올봄에 서울로 올라오는 계획은 하지 않는 것이 좋겠다. 학질에 걸린 종들은 지금도 차도가 없느냐?

의령에서 사 오는 무명은 언제쯤 오는지 알 수 없구나. 전에 보낸 5승 무명은, 현감 식구를 데리러 오는 말이 서울에 올 때 올려보낼 생각이면, 이방*이나 교수*를 불러 보내는 것이 어떠냐? 만약 믿을 수 없다면, 범석이가 말을 끌고 올라올 때 한꺼번에 힘들여 올려보내도 좋을 것이다.

오천의 혼사날은 정해졌느냐? 네 집이 거기에 있으니 일을 돌봐주는 사정이야 부득이하지만, 퇴계 집도 모든 일이 허술하니 어찌하겠느냐? 어느 것보다도 불조심을 항상 소홀히 하지 말거라. 단목* 1근 2봉지, 은어 3꾸러미, 새 달력 1부도 보내니 전에 보낸 1부는 금군에게 주어라.

시제는 이곳에서 지낼 계획이지만 다른 제사는 이전 편지에서 말한 대로 미리 통지하고 지내거라. 온계에 가서 지내는 시제는 알고 있거라. 여종 화의 신공으로 무명이 왔기에 받았다. 그러나 순이를 반인으로 삼는 일은 성사되지 못하였으니, 사적으로 반인을 삼겠다면 진성이를 빨리 내보내야 할 것이다. 유리산은 어떻게 처리했느냐? 만약 면하지 못했다면, 오로지 주인의 우환이 될 것은 말할 것도 없을 것이다. 그렇다고 해서 집안의 사람마다 모두 면해달라고 청한다면 마을의 동정도 두려울 뿐만 아니라, 사또께서도 그렇게 하지 않을 것이니 억지로 피하려 하지 않는 것이 좋을 것이다.

막지의 집을 사겠다는 일로, 주인의 그 소리를 듣고, 옮겨 짓는 어려움을 모르고 망령되게 좋아하는 것을 보니 가소롭구나. 기와를 들여오는 일에 다른 사람들의 의론이 어떠하냐? 내 생각에는 올봄에 들여오지 않으면 안 될 것으로 본다.

충순 형님*댁 형수님 장사는 어떻게 지내는지 멀리서 걱정이 그치질 않는다. 나머지는 돌아가는 인편으로 듣거라. 일일이 적지 않겠다.

추신———네가 비록 일이 많아도 공부를 게을리해서는 안 된다. 중요한 것은 공부하면서 계속 외우는 것과 문장 짓는 것을 병행해야 효과가 있다. 금군과 오천의 여러 김씨 자제들은 모두 뜻이 독실하니 너는 반드시 그들과 서로 의지하고 도움을 받도록 해라.

아몽은 책을 읽는데 완전히 숙독하지 않아서, 한번 지나가면 잊기 쉬우니 끝내 무슨 도움이 되겠느냐? 앞서 배운 것을 잇달아 읽어야 도움이 될 것이다.

요즘은 벼슬자리 구하기가 지극히 어려운데, 너는 아무것도 하지 못할 것 같은 걱정을 생각해 보지않았느냐?

*진봉進奉: 지방의 토산물을 임금이나 국고에 바치는 것.
*친경親耕: 임금이 농업을 장려하기 위하여 몸소 적전을 가는 일이나 그 의식.
*이방吏房: 아전들 중에서 우두머리.
*교수敎授: 고을의 교육 책임자.
*단목丹木: 콩과에 속한 상록 교목, 한약재로 쓰임.
*충순忠順 형님: 다섯째 형 징澄.

書 - 107

1월 20일

준에게 보낸다.

명복이 일행이 돌아가는 편에 부친 편지는 응당 읽어보았을 것이다. 그런데도 근래의 안부가 어떠한지 모르겠구나. 오천 큰댁의 병환이 지금은 어떠하냐? 먼 데서 부질없는 걱정만 깊다. 너는 이미 식구들을 데리고 퇴계에 왔느냐? 하인들이 모두 게을러서 일을 하지 않는다고 들었는데 지극히 심하구나. 더욱 심한 놈은 가려내서 종아리를 때려 경고하는 것이 좋을 것이다. 또 밭에 인분 주는 도구를 전혀 준비하지 않았다고 하는구나. 보리를 파종하기가 어려울 것인데 어찌하려느냐? 김중기에게 전하는 내 편지는 보냈느냐?

은정이는 비록 퇴계에서 종노릇 하기를 원하시 않는다고 하더라도, 의령으로 돌려보내는 것은 우선 보류하는 것이 좋을 것이다. 만약 이전처럼 숨고 도망간다면, 그의 형을 잡아다가 다스리는 것도 생각해 두어라. 다음 편지에는 그놈의 소행을 자세히 알려주고, 아울러 그놈 형의 이름도 알려다오. 그자의 이름을 잊었기 때문이다. 유산이와 억수 등은 모두 병역에서 면제되지 않았느냐? 모두 면제되기를 바란다는 것은 편한 일이 아니니, 다른 예를 근거로 해야 할 것이다. 아마도 그 끝에 가서는 모두 큰 골칫덩어리가 될 것이지만 그래도 어쩔 도리가 없다.

공보와 건 등은 25일경에 내려가려고 하고, 금손이는 선상노*로서 충납*을 하지 못해서 도망갈지도 모를 우려가 있다고 하나 아직 알 수는 없다. 우선 간략하게 적는다.

추신———안동부사 김개가 외방근무가 적당하지 않다는 조정의 의망에 따라 바뀌게 되어 무신 출신의 가선대부 송맹경이 가게 될 것이다.

*선상노選上奴: 지방군현의 노비로써 중앙 관아로 뽑아 올려 고관의 심부름이나 일을 돕던 노비.
*충납充納 : 모자라는 것을 다 채워서 바침.

書 - 108

1월 26일

준에게 답한다.

억동이 일행 편에 보낸 편지에, 네가 무탈하게 잘 있다니 기쁘다. 다만 오천의 큰댁 병환은 해가 지나도 별 차도가 없다고 하니 정말 걱정이구나. 네 식구들이 그쪽에 가 있으니 퇴계 집의 살림은 더욱 허술하겠구나. 그러나 형편이 그러하니 어찌하겠느냐?

혼사를 정했다고 하니 잘한 일이다. 그러나 사람 일은 예측할 수가 없어서, 납채를 한 후에도 여러 달 동안 혼례를 치르지 않는 것은 너무 불편한 일 아니냐? 그렇다고 네가 어떻게 할 수는 없을 것이다.

군대를 수색하는 소란이 이 지경까지 이르렀고, 이에 따라 사족들이 업무를 다 놓게 되었으니 간단한 일이 아니구나. 그러나 숨긴 죄는 더욱 두렵게 될 것이다. 질동이 등 도피하지 않은 자들에게 잘 타일러서 도피하지 말고 다른 사람들이 하는 대로 따르게 하는 것이 마땅하다. 범석이는 일찌감치 수군에서 탈영한 사실이 있는 줄 몰랐는데, 지금 듣고는 깜짝 놀랐다. 진작 여기에서 내려갔고, 여기는 다시 돌아올 수 없을 것이니 고향 본가에도 받아들여서는 안 된다. 내 생각에는 그 고을의 아전들이 잡아서 관아에 보고하고 영월로 압송하면, 후환을 막을 수 있을 것이니 절대로 소홀히 하지 말거라. 만일에 붙잡히지 않더라도 집안에 다시 발을 들여놓는 것을 절대 허용하면 안 된다. 순이와 진성이가 왔다. 그들을 병조에 넘기지 않은 일은, 우리 관아에서 반인으로 보아 병조에 넘기지 않았을 수도 있고 도감에 보고하지 않았을 테니, 그렇다면 병조에 넘기지 않아도 될 것이다. 만약 보고하여 처리한다면, 반드시 중간에 은폐했던 일이 드러나 말할 수도 없을 것이다. 이러한 내용을 몰래 아전에게 물어보고, 처리한 내용을 내게 알려주는 것이 좋겠구나. 그 후에 내가 상황을 봐가며 처리할 것이다. 은정이의 일은 너무 지나친 것 같다만, 이 편지대로 처리하거라.

기와를 옮기고 재사를 짓는 일은 잘 알았다. 사당을 짓는 일은 네 뜻도 합당하다만 예법을 살펴봤더니, 아버지가 살아 있다면 어머니 신주를 먼저 사당에 모시지 않는 것이고, 우선은 다른 곳에 안치했다가 후에 같이 모시는 것이라고 한다. 사당에 있는 사람조차 먼저 들어가는 것을 허락하지 않는데, 하물며 사당에 없는 사람을 위하여 급하게 사당을 세울 필요야 있겠느냐? 그러므로 내 생각엔 신주를 잠시 그 방에 두어도 무방할 것 같기는 하나 몽아 등의 방이 없구나. 올가을에 당장 대청을 만들 수도 없으니, 우선 신주 있는 방의 서쪽으로 두 칸을 붙여내어 온돌방 하나 마루방 하나를 만드는 것이 좋을 것 같다. 이 두 칸을 짓는 재목은 벌목을 할 수 있으면 하고, 힘이 미치지 못하면 억지로 하지는 말아라.

범년의 일은, 신접살림해야 하는 비복들이 아직 거처할 곳도 없는데, 이미 거처하고 있는 자들까지 굳이 옮겨올 필요가 있겠느냐?

황석이 등을 쫓아낼 계획은, 너무 과한 면이 있으니 절대로 동요되지 않게 하거라.

『춘추』가 곧 발간될 것이라고 하니 나도 사고 싶은 마음 간절하나, 때마침 값나가는 물건으로 팔 것이 없을 뿐이다. 2~3월쯤에 돌아가려는 계획은 가지고 있지만, 확정하지는 못했다. 그러니 돌아가지 못하더라도 네가 올라 오지는 말거라.

의령에서 나중에 온 무명은 몇 필이나 되더냐? 그 가운데 3필은 재사를 짓는데 쓰고, 또 4필은 집에 남겨 두었다가 일꾼들 용역 비용 등으로 쓰고, 그 나머지를 올려보내면 된다.
 나머지는 금손이 편에 보낸 편지에 있다. 여기서 줄인다.

추신――황모 붓과 새끼 양모 붓 각각 한 자루씩 보낸다. 새끼 양모 붓은 아몽에게 주거라.

書 - 109

3월 19일

준에게 답한다.

억필이 일행이 어제저녁에 들어와서 전해준 네 편지를 보고, 소식을 두루 알았다. 너도 편안하고 네 종들도 무사히 돌아왔다니 매우 기쁘다.

다름 아니라, 내가 내려가는 것이 윤달 열흘에서 보름 사이로 연기되었다는 뜻을 일찍이 분천 이형량의 매부댁 하인이 돌아가는 편에 네게 보냈는데, 지금 편지에 24일에 말을 딸려 보내겠다는 말이 있는 것을 보고는, 그 편지가 아직 너 있는 곳에 전달되지 않았다는 것을 알 수 있겠구나. 그사이에 서로 어긋나서 공연히 왔다 갔다 하는 폐단이 있을까 매우 걱정스럽다. 묘지를 가토하기 위한 휴가는 형편상 어려울 것 같다. 부득이 사직 상소를 올리고 관직에서 벗어난 다음에 내려간다면, 반드시 내달 열흘쯤에나 될 것이기 때문에 지난번 편지에 이미 이런 뜻을 알린 것이다. 지금 바로 사직서를 올리고 내달 초 팔일이나 열흘쯤에 뱃길로 출발할 계획이니 딸려 보낼 말을 준비해서 기다리고 있거라. 이 때 쯤 이면 어찌 돌아가는 인편이 없겠느냐? 그때 가서 다시 며칠 있다가 사람과 말을 얼마나 보내야 하는지 통지할 것이니 그런 뒤에 올려보내는 것을 어기지 말거라. 무명은 그대로 받았다. 그러나 처음에 말한 것은, 7필을 남겨 두고 나머지를 모두 보내라고 했더니 어찌하여 두 배나 남겨 두었느냐? 집에도 쓸 비용이 절실하다는 것을 모르는 것은 아니지만, 이곳의 사정도 더욱 쪼들리기 때문에 그렇게 말한 것이다.

예안에서 세금으로 납부해야 하는 쌀은 모쪼록 이곳에서 창고에 직접 납부할 계획을 세워라. 설혹 부족한 것이 있더라도 추가로 준비해서 내면 될 것이다. 영천과 의령, 두 곳의 세금은 잘 조치하여 납부해야 할 것이다. 고산의 산소에 가토를 하지 않는 일은, 풍수의 말에 따라 해야 할 것이다.

의령의 일이 또 이 지경에 이르렀으니, 놀랍고 민망하기가 이루 말할 수 없구나. 공간의 편지가 2월 초하룻날 쓴 것인데, 그렇다면 그 후의 일이 어찌 여기에 그치고 있다는 말이냐? 짐작에, 이 편지는 3월 초하룻날 쓴 것인데, 마음이 심란하여 날짜를 잘못 쓴 것인지도 모를 일이다. 공간의 편지에는 내가 고향에 내려오지 말고 서울에서 구조해 줄 것을 바란다고 한다. 그 뜻이 또한 간절한 것이기도 하고 내가 비록 여기에 있고는 하나, 어찌 손을 쓸 수 있겠느냐? 단지 두려움만 더할 뿐이다. 그렇지만 이 일 때문에 내 행차가 또 미루어 졌으니, 반드시 출발하는 날에 가서야 정해진 행차 날을 알 수 있을 뿐이다.

뜻밖에 경주에 사람이 내려간다는 소리를 듣고 급히 이 편지를 쓰기 때문에 다 쓸 틈이 없다. 언문편지도 적지 못했으니 그리 알거라.

추신———교에게 바빠서 편지를 쓰지 못한다. 그러나 진위에 있는 농가가 모조리 타서 종자를 구할 곳이 없다고 한다. 그 집에서는 애타는 걱정을 말할 곳도 없을 것이다. 조카의 일이 여기에 이르렀으니 어찌하면 좋겠느냐? 교를 만나는 일이 있거든 우선 내 걱정을 전하거라.

書 - 110

3월 22일

준에게 부친다.

내가 내려가는 날짜가 정해지지 않았다는 내용을 일찍이 이형량 사위의 하인이 내려가는 편에 부친 편지에 동봉하여 보냈다. 더구나 그 하인이 이달 초이튿날에 서울을 출발하였으니 초아흐렛날쯤에는 분명히 분천에 도달했을 텐데, 억필이 일행이 20일에 왔을 때, 네가 그때까지도 그 편지를 못 본 모양이니, 24일에 말을 딸려 보낸다는 말을 하였구나. 만약 이같이 된다면 공연히 왔다가 돌아가는 폐단이니 손해가 막심할 것이다. 어찌하랴? 듣건대 그 작자는 분천 사람이라고 하니, 전하지 않았을 리가 전혀 없는데, 분실한 것이 분명하지 않겠느냐? 빨리 그 집에 물어보는 것이 좋을 것이다.

지금은 휴가를 받지 못했고, 병으로 사직서를 낸 것도 윤허가 날지 미리 확신할 수가 없으므로 내달 초순에 내려가려던 계획도 어떻게 될지 알 수 없으니 매우 걱정된다. 그때가 되면 사람을 보낼 테니 소식을 기다렸다가 말을 딸려 보내는 것이 좋을 것이다.

예안에 납세할 쌀을 여기서 준비하여 납부 하려고 한다만 여기 쓸 일이 쪼들리니 다 납부를 못할까 봐 걱정이다.

권발종이 돌아가는 편에 이미 편지를 부쳤고, 모든 내용을 적어 놓았지만 전하지 못할까 염려되어 다시 쓰는 것이다. 갑자기 적느라 대충 쓴다.

추신———백영이 어제 조정 인사에서 선전관이 되었다. 기쁘다.

書 - 111

3월 23일

준에게 보낸다.

억필이 일행이 온 뒤에도 두 차례나 편지를 써서 권발종이 귀향하는 편에 다 부쳤으니 거의 할 말은 그 편지 속에 있다. 다만 이형량 사위의 하인이 가져간 편지는 아직 찾아다 보지 못한 것 같구나. 딸려 보내는 말을 24일 출발시키면 괜히 헛수고만 될 것같아 걱정하고 있었다. 특히나 내 행차가 휴가를 받아서 출발하면 순조롭겠지만, 딸려 보낼 말을 두 번씩이나 올려보낸다는 것은 어려운 것이기 때문이다. 결과적으로는 못 했지만 아쉽다. 지금까지 두 번씩이나 사직 상소를 올렸고 아직도 윤허가 되지 않았으니 마음대로 감히 돌아갈 수도 없고, 출발할 날짜를 잡을 수도 없구나. 내달 초순 선에 만약 사식 윤허가 된다면, 그때 바로 하인을 하나 내려보내어 가는 날짜를 알려 줄 것이니 그 후에 말을 딸려 보내는 것이 좋을 것이다. 내가 출발하기 전에 올라오는 사람이 있으면, 무명 2~3필을 더 보내거라. 떠날 행장을 준비하는데 이것저것 비용이 부족하니, 우습구나.

또 교의 집 진위 농가에 불이 나서 종자까지 모두 타버려 한 섬도 남은 것이 없다고 한다. 이제부터 살아가 방도가 더욱 어려울 것인데 나도 스스로 군색하여 도울 길이 없으니, 안타깝고 부끄럽구나. 무명이 만약 도착하면 한 필 교에게 지급하려고 하는데, 만약 내가 줄 형편이 못되면 네가 교에게 한 필 만 보내 주면 좋겠다. 편한 대로 서울로 보내서 그에게 밭 한 이랑의 종자 구입하는 비용에 보태도록 하면 좋겠구나.

이문약이 면할 수 있다면 얼마나 다행스러운 일이겠느냐? 간손이는 비록 면제되지 못했으나 군대는 제외될 수 있으니, 만일 도망 다닌다면 늙어서 죽을 때까지 군에서 제외되지 않을 것이므로 끝까지 그 자식과 이웃들에게 우환이 될 것이다. 반드시 이런 뜻을 일깨워서 다시는 도망갈 생각을 말도록 해야 할 것이다. 나머지는 일일이 적지 못한다.

추신―――내 주변의 선비들이 모두 과거에 떨어지고 오직 정문함만 겨우 합격했으니 안타깝다. 지금 보니 반인이 할 일은 과연 많구나. 영천에서 반인을 뽑는 일은 연동이에게 진작에 일러두었으니, 절대로 하지 말라는 뜻을 이 종에게 마음에 새기도록 일러두어야 할 것이다.

書 - 112

윤3월 3일

준에게 답한다.

봉사가 서울에 오면서 네 편지를 받고 매사를 상세히 알았으니 위안이 된다. 앞서 운동이 등이 병이 들어 늘 걱정이었는데 지금은 다 나았다니 얼마나 기쁜 일이냐?

형수씨의 장례식도 별 탈 없이 잘 마쳤다고 하니 조금이나마 위로된다. 다만 고산과 말암 인근 세 곳에 한꺼번에 불이 났다고 한다. 비록 선영이 있는 지역은 화를 면했다고는 하나 유택의 신령들이 많이 놀랐을 것이니 통탄할 일이다. 불낸 사람을 찾아서 죄를 추문*하여 다스리지 않을 수가 없고, 마땅히 술을 올려 위령을 하여야 할 텐데 어떻게 처리해야 할지를 모르겠구나.

가뭄 상황이 이와 같더니 또 알곡 크기의 우박이 쏟아지니, 전해오는 옛 기록을 상고해 보면 반드시 흉년과 전란의 변고가 있을 징조라고 하는구나. 조정의 상하 관료들이 모두 우려하고 당황하여 어찌할 바를 모르고 있구나!

우리 집 일을 말하자면, 식구가 많고 비용이 많이 드니 비록 평년이라도 춥고 배고픔을 면하지 못할 텐데 하물며 이런 흉세를 앞으로 어찌 지탱할 수 있겠느냐? 아무튼, 이런 뜻을 미리 알리는 것이니 모든 씀씀이는 절약하고 검소하게 하여 궁핍한 생활에 대비해야만 심히 옳을 것이다.

분천 사람이 제 때에 편지를 전하지 않았다니 과연 미련한 사람이구나. 딸려 보낼 말을 아직 보내지 않은 것이 오히려 다행이다. 나 역시 두 차례나 말을 보내기가 더욱 어려울 것으로 여겼고, 내 병은 온 나라가 다 알기 때문에 드러내 놓고 사직을 한 다음에 가려고 했다. 찬찬히 물정을 살펴보니 이상한 면도 없지 않아 부득이 가지 않은 것이다. 이러한 내용은 이미 늦손이를 통해 편지로 보냈다. 처세하기가 이렇게 어려운 것이니, 오는 가을에는 원하는 대로 될 수 있을지 모르겠구나. 순이의 일은 안타깝지만 이미 늦어서, 아마도 도모할 수 없을 것 같다.

 세금 납부할 쌀은 수대로 받아 보낸다. 다만 종들이 부쳐 먹는 전답에 관한 세금도 계산에 포함되었는지는 모르겠구나. 같이 계산에 포함되었다면 그곳에서 받는 것이 좋을 것이다.

 나머지는 돌아가는 하인에게 일러 둔다.

*추문推問: 어떤 사실을 자세히 캐어 물음.

書 - 113

윤3월 10일

아들 준에게 보내는 편지

　늣손이는 벌써 도착했을 것 같구나. 고산에 났던 산불의 원인은 오늘 박 봉사를 만나서 처음 알고는 더욱 놀라움을 금할 수가 없구나. 또 박 봉사가 떠나 올 즈음에 절의 스님이 와서 그 불이 다시 살아났다고 하더라는구나. 그 불이 꺼졌는지, 산소 근처까지 피해를 입었는지의 여부는 알 수가 없다. 다행히 산소는 피해를 면했다 하더라도 만약 산소 주봉 근처가 피해를 입었다면, 자손 된 마음으로 어찌 달려가 보지 않고 멀찍이만 있을 수 있겠느냐? 이 때문에 명복이를 보낸다. 하인 억필이와 늣손이를 짐 싣는 말을 두 필을 끌고 이달 그믐 전에 거기서 출발시키거라. 내날 초닷새 전에는 서울에 어김없이 도착시켜야 한다. 그렇게 되면 나는 9일이나 10일경에 출발하여 내려갈 생각이고, 네 서모는 농사철에는 내려갈 수가 없어서 남아 있다가 여름이 지나면 7월에 내려갈까 한다. 석이를 함께 올려보내면 좋겠다.

　조정의 상하 관료들이 지금 모두 가뭄을 걱정하며 모든 폐단을 없애고 있으니 아마 조정 관리들은 휴가를 받아 외방으로 내려가지 못하도록, 가까운 시일 내에 반드시 금지령이 있을 것이다. 그러나 이런 조치는 보통 일이 아니라서, 휴가를 금할 것 같지는 않다. 이 전날에 이런 일을 알았다면 어찌 내려갈 계획을 멈추려고 했겠느냐? 네 편지에서도 산불 이유를 말하지 않은 것은, 집안의 일을 널리 알리고 싶지 않아서일 것이라는 생각이다. 그러나 내가 몰라서 가지 않는다면 내 잘못이 적지 않으니 내가 몰라서야 되겠느냐? 그 흉악한 무리들이 어디에서 와서 지금은 어디에 있느냐? 우선은 시끄럽게 소문낼 일이 아니지만 빨리 알고 싶어서 물어본 것이다. 이런 놈들이 원한을 가진다면 뒤탈이 또 두려우니 집안의 여러분들이 잘 처리해야 할 것이다. 나머지는 명복이에게 일러두었으니, 이만 줄인다.

추신———이런 뜻을 꼭 형님에게 가서 아뢰어라.

書 - 114

윤3월 21일

준에게 부친다.

교의 하인 편에 보내 준 네 편지를 본 뒤로는 다시 소식이 없으니 기다려지는구나. 그쪽에 비가 왔다고 전해 들었는데 정말이냐? 서울에는 아직도 비가 오지 않았고 사방이 다 그렇게 가물어 조정의 상하가 모두 허둥지둥하며 어찌할 바를 모르고 있으니 어찌하랴?

명복이는 도착하였을 것으로 생각된다. 명복이가 간 후 형님의 편지를 받았는데, 역시 거기에 고산의 화재에 대하여 매우 간절하게 말씀하시며, 내가 와보지도 않는다고 역정을 내셨다. 끌고 갈 말을 기다리고 있으나, 이같이 바쁜 농사철에 어찌 준비하여 보낼지 걱정되고 걱정된다. 또 금순이의 반인에 관한 일은, 잠잠해지기를 기다리기도 전에 이미 결재가 났으니 누락시키게 할 수가 없어서 차접*을 내 보내니 곧 관에 출두해야 할 것이다. 해당 병조에서 이미 장부에 기록했는데, 해당 고을에서 거처를 찾지 못한다면 관민 모두에게 어려운 일이 생길 것이다. 그러므로 소홀히 할 수가 없다.

나머지는 전후 편지에 모두 써두었으니 여기서 그친다.

추신———조정의 소식을 적은 것 몇 장 보낸다. 끌고 올 말은 오는 초닷새까지 어기지 말고 서울에 도착하도록 보내야 한다. 네 서모는 마침 몸이 아파 누워있으므로 언문편지를 쓰지 못했다.

*차접差帖: 관부官府의 상이 관속官屬에게 내리는 임명상.

書 - 115

윤3월 22일

준에게 답하는 편지

돌아가는 인편이 있기에 편지를 써서 주려는 참에, 막실이가 편지를 가져왔기에 막실이를 통해서 편지를 부친다. 네 편지에, 아직도 비가 오지 않았다고 했는데 막실이 말에는 12일 저녁에 비가 내려 물이 생겨 조금이나마 파종할 수 있었다고 하니, 그렇다면 그나마 큰 다행이 아니겠느냐? 이미 말라버리고 벌레 먹은 보리와 밀 종자는 다시 싹틀 가망은 없을 것이다. 집에서 쓸 것이 마땅히 군색할 것이고 미리 생각을 해봐도 다른 대책이 없으니, 단지 뼈를 깎는 절약과 검소한 살림으로 고생을 참으며 천명을 기다리는 것뿐이다. 보리는 비록 저장해놓은 것이 없다고 해도 환자* 할 때 벼로 바꾸어 보라는 네 서모의 요량도 옳은 것 같다. 지금 받은 것이 여섯 섬에 이르고 이처럼 보리는 없으니 어떤 곡식으로 갚아야 할지 모르겠구나. 무명은 지금 어떻게 해서 보낼 수가 있겠느냐? 전에 편지에 보내지 말라고 이미 말해 두었다. 밭 사는 일은 지금 이후에도 당분간 사지 않는 것이 좋을 듯하다.

기와는 그때 늘수*만 세고 장수*는 세지 않았는데, 늘수는 빙이나 완등 다른 조카들과 설희가 모두 알 것이다. 대체로 기와의 형체는 구우면 찌그러지는 것이 많으므로, 늘수에서는 잔여분이 있을 것 같지만 응당 완성된 장수에서는 모자라게 되는 것이다. 숫자가 남는 것 같지만, 우리가 갚은 장수에서 그 숫자가 다 차지 않았다면 마땅히 채워서 갚아야 할 것이다.

특히 때와 집안일의 상황을 헤아려 보니, 내가 돌아가는 것이 실상 그

때가 아닌 것 같다만, 화재로 인한 상황이 이와 같고 돌아가지 않으면 편치 못할 것 같아 우선 돌아갈 계획인데, 형님의 뜻은 어떠실 것 같으냐? 이 사람들이 도착하기 전에라도 따라갈 말이 이미 출발해서 오고 있다면 나는 응당 돌아갈 것이다.

매화와 대나무가 많이 말라 죽었다니 아깝구나.

대죽에서는 이미 혼례를 치렀다니 얼마나 기쁜 일이냐만, 어떤 사람에게 시집보냈는지는 알 수 없구나.

재의 병세가 가볍지 않다는데 지금 민응기의 병세까지 중하다는 소리를 들었다. 자제들 가운데 장래성이 있는 자가 이와 같으니 참으로 안타까운 일이다.

억필이가 이미 가흥으로 떠났다고 들었는데 그곳에는 도착하지 않았다니, 혹시 제집으로 간 것은 아니냐? 또 죽령 등지에 도적이 어지럽게 출몰한다고 들었는데 영천 등지에 세금납부 할 쌀은 어찌 운반하려느냐? 내가 내려갈 행차도 이 때문에 걱정이다. 나머지는 앞서 보낸 편지에 있다.

추신―――고산의 기제사는 네 차례가 되어 미리 알고 있을 것이니, 조심해서 잘 행하거라. 갓을 보내려고 했으나, 시류에 맞는 모양은 챙이 너무 넓어 갓 만드는 집에서 모두 받아들이지 않으려 하니 잠시 보류해 두었다. 아무쪼록 내가 내려갈 때 가지고 가마.

*환자還上: 각 고을의 사창에서 봄에 백성에게 빌려주었던 곡식을 가을에 받아들이던 일. 환자는 이두식 음.
*늘수訥數: 가마에 들어가기 전 숫자.
*장수張數: 가마에서 나온 완성된 숫자.

書 - 116

5월 13일

준에게 부친는 편지

근래 들어 갑자기 소식이 없으니 안부를 알 길이 없구나. 비 온 강수량이 아직도 미흡하냐? 보리와 밀 수확은 얼마나 되느냐? 늦게 파종한 곡식은 싹이 났더냐, 어쨌더냐? 식구는 많고 식량은 부족하니 굶주린들 뾰족한 방법이 없어 걱정이 크다.

앞서 바꾼 김백영 집의 쌀 섬은 돌아왔느냐? 금년은 평년의 예처럼 처리해서는 안 될 것이고, 매우 엄격한 절약 방법을 시도해야 그나마 연명할 것이다. 나는 지금 성균관의 중책에서 벗어나지 못했는데도 이사를 하지 못하고 집이 멀어 더욱 걱정이다.

의령의 장모님이 턱밑에 계란 만한 종기가 났는데, 공간은 그 병증이 무엇인지 알지 못하여 마땅한 치료를 하지 못하다가 마침 내게 편지로 알려서 내가 김수량에게 물었다. 그랬더니 턱과 목의 종기는 모두 나력*이라는 병이라고 알려주는구나. 이에 세 가지 약재를 사서 보냈더니 그 후 또 편지가 와서, 약을 붙인 후에 고름이 나오고 아직 아물지는 않았으나 증세에 벌써 차도가 있다고 하니 매우 기쁘구나. 지금도 차도가 있는지 여부는 알지 못하니 걱정이다만, 네가 모르고 있을 것 같아서 말해줄 뿐이다.

교의 집 종이 곧 내려간다고 하니 모든 일은 그때 가서 상세히 통지할 것이기 때문에, 우선은 대충 쓴다.

추신———관물*을 돌려보내는 일이 또 일어났는데, 이 사람은 법으로 따지자면 마땅히 시정*에 해당되기 때문에 면제될 것이다. 그러나 면하지 못한 의문점도 있으므로, 굿똥이 등이 서울에 오면, 들어보려고 했으나 아직 도착하지 않았다. 기다리기가 지루하구나.

*나력瘰癧: 결핵성의 경부 임파선 염 종류.
*관물官物: 정부나 관청의 소유로 되어 있는 물건이나 노비.
*시정侍丁: 부모의 나이가 많은 경우, 부모의 봉양을 위하여 국역에서 면제된 장정.

書 - 117

5월 22일

아들 준에게 부친다.

　소식이 전보다 뜸하구나. 어제 굉이 서울에 와서, 충이의 편지를 전해 주어 모처럼 고향의 집안사람들이 다 별 탈 없이 지낸다는 소식을 들었다. 또 비가 내린 뒤로는 농사도 잘된다고 하니 기쁘기 한량없다만, 아직도 상세한 소식은 듣지 못했다. 굿동이와 명복이는 왜 이렇게 오래되어도 도착하지 않는 것이냐? 보리 수확은 얼마나 되느냐? 논밭을 묵히지는 않았느냐? 영천의 파종은 또 어떻게 되었느냐? 설명을 들어보니, 관에서 봉해 둔 영천 집의 곡식 대여섯 섬을 네가 종자로 썼다고 한다. 영천의 사또께서 벌써 보고를 올린 숫자라서 비록 제외하려고 해도 사정상 처리해주기가 어렵다고 하는데, 이 말이 정말이냐? 만약 관에서 이미 봉곡*한 것이라면, 우리가 독단으로 해서는 안 되는 물건이고 무단으로 남의 것을 쓴 꼴이다. 이것은 네가 잘못 생각한 것이고 실수한 것이니 어찌하려느냐? 무사할 수가 없겠지만, 네가 사또님께 가서 사죄를 빌면 혹시 마땅한 선처가 있을는지 모르겠다.

　그저께 공간의 편지를 받았는데, 외고모님 종기 증세가 가볍지 않은 것 같아 매우 걱정이다.

　그 치료 약을 김수량에게서 세 번이나 사다 보냈는데 지금쯤은 차도가 어떠신지 알 수가 없다. 농사철이라 먼곳을 네가 가서 뵙고 오기는 힘들 것이다. 그러니 더욱 미안해서 어찌하면 좋겠느냐? 공간의 편지를 함께 보낸다.

　네 서모의 일은 법대로 하면 마땅히 시정으로 분류되어야 하지만 그 일을 문서로 입안해 두는 것은 해당 고을의 법무 담당자가 찾아주는 데가 있다고 한다. 그래서 오늘 늦손이를 창원으로 보내어 입안해서 가져오게 하고, 검사하여 의령에 가서 문안하라고 시켰다. 지금 비록 죄를 면하게 되더라도 후에 걱정거리가 없지 않을 것이니 처음에 잘 살피지 못한 것이 후회된다.

  부채 두 자루를 보낸다. 한 자루는 아몽에게 주거라. 마침 남은 것이 없어서 네 처남들에게는 보내지 못하여 섭섭하구나. 나는 임시라도 성균관 근처에 집을 얻으려고 했으나 마침 빈집이 없어 더위를 무릅쓰고 먼 곳으로 출퇴근해야 하니 걱정스럽다. 나머지는 우리 현 사람이 가지고 갈 편지에 다 적었다. 다시 일일이 적지 않는다.

  추신———편지를 쓰고 났더니 굿동이 일행 편에 보내 준 편지를 보고 비로소 집안의 각 가정이 편하다는 것을 알았다. 보리도 먹을 만큼 되었고, 딴 곡식도 비가 와서 다 살아났다고 하니 굶어 죽을 걱정은 면했으니 참으로 다행이다. 여기 처지는 마찬가지로 군색한 것이 많다. 칠월 기제사는 그곳에서 치른다면 네 말처럼 여기서는 지내지 않을 것이다. 그때 소용될 제물을 조금 담아 보내니 받아 쓰거라. 의령의 병환에 관해서는 편지에 다 말했다. 지금 네가 보낸 편지를 보면, 4월 24일에 쓴 편지이고, 여기에 바로 온 편지는 5월 10일에 쓴 편지이다. 그사이 16~17일이나 지났는데 병세가 줄어들지 않았다고 하니 병증이 가볍지 않다는 것을 알겠구나. 이것은 오로지 못난 자식이 이치에 어긋나는 행위를 하여 울분이 지나쳐서 생긴 소치이니 세상에 어찌 이런 일이 있을 수 있단 말인가? 너의 행동거지도 매우 난처할 것이니 어찌하겠느냐? 누설*의 일은 앞서 편지에 이미 말해 두었다.

승려 설희가 집 짓는 일에 공이 없지 않으나, 끝내지도 못하고 가버렸으니 안타깝구나. 한 집에 수군으로 세 명씩이나 징발되었으니 어찌 감당하겠느냐? 참으로 말할 수도 없구나.

영천의 봉곡 일은 극량이 우리 집만 치우치게 질시해서 한 짓으로 판단되는데, 왜 그랬는지 모르겠구나. 그러나 이미 봉해 둔 곡식은 독단적으로 쓸 수가 없는 것인데 네 처리가 이치에 매우 어긋난 것이다. 차지*들을 잡아 놓고 조사를 하라고 한다는 말이 지금 들리는데, 만약 곤욕을 치른다면 누구의 허물로 돌리겠느냐? 그 곡식을 어떻게 충당하여 납부하려는지도 모르겠구나. 몹시 걱정스럽다. 고을 사또께 편지 쓰는 것도 너무 부끄러워서 그렇게 하지 않으려고 했으나, 그 보고가 경차관에게까지 올라가게 되면 죄가 적지 않을 것 같아서 부득불 이미 편지를 보냈다. 그러나 상황을 헤아려 보고 나서 올리는 것이 좋겠다. 그 편지는 봉하지 않고 보냈는데, 그 별지에 쓴 "네 가구에서 나누어 시행하겠다"는 사연*을 너는 어찌 생각하느냐? 만약 너 혼자서 그 곡식을 충당해서 납부할 수 있고 분담 시행할 필요가 없다면, 별지 폭의 내용은 제거하고 본문 편지만 올려도 된다.

정초* 보내는 것은, 온계로 보내어 전송*하도록 하여라. 본 후에는 편지와 함께 분천으로 보내거라.

*봉곡封穀: 관에서 곡물에 봉인함.
*누설縲絏: 죄인을 묶을 때에 쓰는 노끈을 이르던 말로 죄지은 일.
*차지次知: 주인을 대신하여 형벌을 받던 대리인.
*사연辭緣: 하고자 하는 말이나 편지의 내용.
*정초政草: 조정의 인사발령을 베껴 쓴 것.
*전송轉送: 물건이나 편지 따위를 사람을 시켜 보냄.

書 - 118

6월 2일

아들 준에게 부친다.

　고을 관리가 서울 오는 편에 전해준 편지를 받고 잘 있다는 것을 알았다. 또 비가 두루 흡족하게 내려 가을 수확을 기대할 수 있다고 하니 천만다행이다. 그런데 서울은 폭염에다가 비가 오지 않는데, 영남지방은 어찌 된 영문인지 모르겠다. 굿동이가 가지고 온 편지를 받았는데, 답장은 교의 하인이 귀향하는 편에 부치겠다. 영천의 봉곡일은 어찌 하였느냐? 차지를 비록 풀어줬다고 하나, 자세히 들어보니 사또의 뜻이 관아에 곡식을 들이지 않은 일을 몹시 불쾌하게 생각했다고 한다. 이것을 이상하게 여기면 안 된다. 이미 보고한 곡식을 어찌 조치를 안 할 수가 있겠느냐? 이것은 네가 '의'를 알지 못했기 때문에 죄의 나락에 떨어지는 것도 깨닫지 못한 것이다. 만약 사또께서 분노하여 보고한 다음에 죄를 청했으면 할 말도 없는 것이다. 모름지기 이전 편지의 별지에 말한 대로, 네 가구로 나누어 징납*을 분배하면 거의 쉽게 갚을 수 있을 것이니 너도 또한 굶주림을 면하고 죄를 면할 것이니, 이것이 바로 이른바 '일족이 징납을 나누는 것'이라고 하는 것이다. 아무쪼록 이렇게 하는 것으로 하되 소홀하지 말도록 해라.

　의령의 안부 또한 근래에는 나도 듣지 못했다. 얼마 전에 눗손이가 병이 들어 철금이를 눗손이 대신 병문안 보냈다. 초순 전에 마땅히 돌아올 테고, 돌아오면 알 수 있을 것이다. 풍산 제사에 관한 일은 용손이라면 얘기하지 말거라. 동산이가 작개를 하지 않아 일이 이 지경에 이른 것이니 허물이 매우 심하다. 올해에도 또 그렇게 할지 모르겠구나. 분명하게 행동거지를 단속하여 다시는 이런 일을 하지 않도록 해야 할 것이다. 나머지는 먼저 편지에 다 있고 마침 퇴근하여 돌아오니 피곤하여 그만 적는다.

추신———이웃 광주 댁에 병이 있어서 부득이 전달 28일에, 어의동 위쪽에 있는 별좌 구순의 집으로 옮겼다. 그 집은 사방에 막힌 데가 없어서 아쉽다.

*징납徵納: 고을의 원이 세금을 거두어 나라에 바치는 일.

書 - 119

6월 10일

준에게

　교가 오는 편에 보낸 네 편지를 보고, 무탈하게 잘 있다는 소식을 알았다. 매우 기쁘다. 서울도 여전히 다들 잘 있고, 머무르는 집도 옮기게 되었다. 네 서모의 일은 비록 내몰릴 상황은 면했지만, 어찌 아름다운 일이겠느냐? 처음에 상황을 헤아리지 못하고 처리한 것이 깊이 후회된다. 의령의 안부는 철금이 일행이 돌아온 뒤로 다시 듣지 못하니 늘 초조하구나. 증세가 가볍지 않은 데다가 우울 증세까지 있어 쾌차를 기대하기는 어려울 것 같다고 하니 어찌하겠는가? 비 소식은 없느냐? 기장과 보리는 여물지 않고 늦게 파종한 곡식은 타들어 간다고 들었는데, 그렇다면 백성들의 목숨은 어디에 의지한단 말인가? 봉곡 일에 관해서는, 네가 비록 처벌을 면했다고 하지만 전해 듣기로는 사또께서 좋게 생각하지 않았다고 한다. 네가 사리에 통달하지 못하고 당초에 실수했을 뿐만 아니라 뒤에도 내 편지를 올리지 않았으니, 사또께서 그 일을 내가 부끄럽게 여기고 후회하고 있다는 뜻을 어찌 알겠느냐? 만약 다시 묻지 않는다면 그치고, 추징하게 된다면 비록 날짜는 조금 늦었더라도 그 편지를 올리고 별지에 적힌 대로 징납을 준비하는 것이 마땅하다. 절대로 피하고 면할 생각은 하지 마라.

　아몽이 토계로 왔다고 들었는데, 그 아이가 읽은 것은 뒤따라 하루 이틀 내로 차례차례 외우게 하고, 매번 한 권을 마칠 때마다 온습*하게 하는 것이 옳은 방법이다. 지난번에 보니 이 아이가 전념으로 숙독하지 않는 것 같은데, 이렇게 하면 비록 천 권의 책을 읽은들 무슨 득이 있겠느냐? 나머지는 은필이가 가져간 편지에 있으니 다시 자세히 쓰지 않는다.

추신———습독께서 전에 주신 안부편지에 감사하다는 뜻을, 네가 뵙게 되거든 말씀 전해 드리면 좋겠다. 예안 사또께서는 뜻하지 않게 거중*을 받았다니 얼마나 속상하시겠느냐?

순무씨를 구하는 것이 너무 늦었다. 무명 두 필을 가지고 두루 구해 보았으나 얻지 못하고 돌아와 아쉽구나. 있는 곳을 더 자세히 물어서 내일 다시 구해 보려 하니, 사게 되면 박 공보의 하인이 돌아가는 편에 부치마. 그래도 어쨌든 많지는 않을 것 같다.

과거시험 법이 바뀌었다는 소식을 보낸다. 네 공부는 진전이 없는데, 이번에 바뀐 법은 더 어려워졌으니 어찌할꼬? 그나마 다행인 것은 진사시험에는 율과 부를 쓰지 않고 고문선의 풀이도 없다고 하니 이것은 조금 다행이구나.

*온습溫習: 이미 배운 것을 다시 익혀 공부함.
*거중居中: 중간의 근무평가에 거중을 받음, 거상, 거중, 거하 중에 거중을 받으면 승진이나 보직에 영향을 받음.

書 - 120

6월 26일

준에게 답한다.

　서울에 온 이 충순 편에 보낸 편지를 받았다. 모두 무탈하다니 매우 위안이 되고 기쁘다. 나도 이사한 집에 별고없이 잘 지낸다. 네 서모 일은 앞 편지에 이미 말했다.

　그곳에는 비가 흡족하게 왔느냐? 벼가 잘 여물어 간다니 얼마나 기쁜 일이냐? 다만 농사짓는 하인들 가운데 사고가 많았던 탓에 제초 시기까지 놓친 것은 작은 일만이 아니기에 걱정이 된다. 보리 수확은 빚을 갚고 나면 남는 게 없어서, 비단 양식이 모자라는 것뿐만 아니라 종자 하기도 어려울 것이니 어찌해야 할지 모르겠다. 의령의 보리 수확은 네 섬 가량이니 여유가 있다고 들었다. 모쪼록 어느 집과 바꾸어 내년 종자로 쓸 것을 생각해 두는 것이 좋을 것이다. 밀은 칠월에 봉급으로 나온다. 모쪼록 시골집 군색함에 보태보려고는 하지만, 구하는 사람은 많고 서울집 비용도 빠듯하니 뜻대로 될지는 모르겠다.

　의령 소식은 다시 듣지 못해서 얼마나 걱정되는지 모른다. 나는 관직에 매여있고 너는 농사일에 바빠 아직 찾아가 뵙지 못했으니 마음이 더욱 편치 않구나. 네가 다음 달 20일과 그믐 사이에 가서 문안드리지 않으면 안 될 것 같은데 너는 어떠하냐?

　내가 내려갈지 말지 결정을 너무 지체한 것 같은데 올가을에는 내려갈 생각이다. 더 늦출 수가 없는 것은, 흉년이기 때문에 내년 가을 추수 때까지 조정의 관료들은 휴가를 받아 시골에 내려가는 것을 허락하지 않을 것이라고 한다. 이 말이 만약 믿을 만한 것이라면, 내려갈 방편이 없으니 더욱더 걱정된다. 또 네가 의령에 다녀오면 하인과 말도 틈이 없을 것 같으니 더욱 염려된다.

　박 공보가 뜻하지 않게 좌도병사군관이 되어 가게 되었다고 하니 그 가족들은 여기에 머물 일이 없어졌다. 7월 20일 사이에 뱃길을 경유하여 내려가려고 하니 그때 네 서모도 함께 갔으면 아주 좋겠지만, 내 계획이 정해지지 않아 서로 맞아떨어지지 않을 것 같아서 안타까워하고 있다. 공보의 행차 기일을 통보하는 일은 그 집 하인이 곧 내려갈 것이니 우선 여기에서 그친다.

추신―――과거시험 법이 바뀌었다는 소식을 보낸다. 네 공부는 진전이 없는데 이번에 바뀐 법은 더 어려워졌으니 어찌할꼬? 그나마 다행인 것은 진사시험에는 율과 부를 쓰지 않고 고문선 시험도 없다고 하니 이것은 조금 다행이구나.

순무씨를 구하는 것이 너무 늦었다. 무명 두 필을 가지고 두루 구해 보았으나 얻지 못하고 돌아와 아쉽구나. 있는 곳을 더 자세히 물어서 내일 다시 구해 보려 하니, 사게 되면 박공보의 하인이 돌아가는 편에 부치마. 그래도 어쨌든 많지는 않을 것같다.

書 - 121

6월 29일

준에게 보낸다.

 요즘 안부는 어떠하냐? 성무가 가지고 간 편지를 보았느냐? 순무 종자를 두루 구하여 겨우 한 되 반 정도를 샀다. 마침 영천 사람이 내려간다고 하기에 연동이에게 주어 전하게 하라고 시켰는데, 혹시 잃어버리거나 늦게 전달하는 낭패가 생길까 염려된다. 마침 헌관*이기 때문에 재소*에 있어서 이만 쓴다.

 추신———나머지는 그 글에 모두 적어 두었다.

*헌관獻官: 나라에서 제사를 지낼 때 임시로 임명하는 제관.
*재소齋所: 몸과 마음을 깨끗이 하는 곳.

書 - 122

7월 7일

준에게 보내는 편지

늦더위가 예년과 다른데, 너와 식구들은 모두 별고 없느냐? 여기도 모두 편안하다. 다만 내가 성균관에서 오래도록 관직 생활을 할 것인지는 확신할 수가 없기 때문에 네 서모는 서소문 집으로 돌아가도록 했다. 나는 우선 어의동에 집을 빌려 머물고 있다. 내 병이 비록 더해지는 않으나, 작년 겨울을 보내면서 추위에 고생이 심했던 것을 생각하면, 가을이 되었으니 내려가고 싶다만 휴가가 금지되어 앞을 가로막는구나. 네가 만약에 의령으로 가게 되면 타고 갈 말도 두 곳으로 나누기가 힘들 것이다. 이 때문에 또 뒤로 연기되어 결정하지 못하니 매우 안타깝다. 박 공보는 벼슬을 잃었으니 그 가족들이 서울에 남아 있을 수가 없게 되었다. 이달 29일에 뱃길로 해서 출발할 때 녕이 호위하고 갈 계획이다. 이 일로 내려갈 기일을 그 집 하인이 알려주었는데, 네 서모도 이때 같이 내려가면 매우 좋겠지만, 서로 어긋나니 얼마나 아쉬운 일이냐? 농사 결실 상황은 어떠하냐? 아래 지역은 벼가 없이 빈 땅이라고 들었는데, 백성의 목숨줄은 참으로 애통하구나. 그래도 우리 고을은 그나마 듬성듬성 익고 있지만, 한쪽 지방은 이와 같으니 그 우환을 같이 입을까 두렵고 편안함을 얻지 못할 것이니 어찌하랴? 네가 의령에 내려가더라도 오래 머물러서는 안 된다. 네가 바로 돌아와서 추수 상황을 봐야 나도 행차를 어찌할 것이지 마땅히 처리할 것이다.

특히 장모님의 종창이 난 곳은, 혈을 이룬 곳과 부합되고 귀 뒤쪽으로는 붓기가 더해졌다고 들었다. 몹시 걱정이다. 근래에는 오는 사람도 전혀 없어서 병증에 대해서 듣지 못하니 더욱 궁금하구나.

네가 언제쯤 내려갈지 알지 못하니 의령으로 전할 편지는 써 보내지 않겠다. 별폭의 내용을 알고 가서 생원에게 아뢰고 도모하는 것이 옳을 것이다.

서책 등의 물건은 흙비를 맞고 나면 좀이 생길까 우려되니 반드시 햇볕과 바람을 쐬도록 해라. 나머지는 이만 줄인다.

추신―――저번 순무씨를 부쳐 보낼 인편이 없었는데, 번을 섰던 군사가 영천으로 간다기에 연동이에게 보내 전해주도록 했는데 도착했는지 모르겠구나. 막지의 집은 솟동이에게 일러 단단히 지키도록 하거라.
몽아가 아직도 내실에서 거주하며 잔다고 들었다. 『예기』에 이르기를, "남자가 열 살이 되면 바깥으로 나가 스승에게 가야하고, 사랑채에서 머물러야 한다."라고 하였다. 지금 이 아이는 이미 열서너 살이 되었는데 아직도 밖에 나가지 않는 것이 옳은 것이냐? 빨리 바깥방으로 보내야 옳을 것이다. 무녀가 자주 출입한다는 소리도 들린다. 이것은 집안의 법도를 몹시 해치는 일이다. 어머니 때부터 전혀 이런 것을 믿지 않았기 때문에, 나도 늘 단절하고 출입을 금지시키고 허락하지 않았다. 비단 옛 가르침대로 따르고자 했을 뿐만 아니라, 감히 집안의 법도를 무너뜨릴 수가 없었기 때문이었다. 너는 어찌하여 이런 의도를 알지 못하고 가볍게 바꾸려 하느냐? 옛 사람들이, 백성에게는 의로운 일에 힘쓰게 하고, 귀신은 공경하더라도 멀리하라고 말하지 않았느냐?
얼마 전에 오 찰방을 만났는데, 그의 아들 수영이가 공부에 전념하지 않고 화려하고 좋은 옷 등을 입는 것을 일삼는다고 하였다. 이에 크게 노하고 꾸짖어 금하였고, 수영의 하인이 돈을 가지고 와서 사려는 물건도 간혹 사갈 수 없게 했다고 한다. 오 찰방의 이 같은 의도는 아주 잘 한 것이다. 나는 지금까지 이렇게 엄격하게 하지 못했다. 네가 공부에 흥미를 잃게 하고 세속의 일에 묶어 바깥의 일만 익히게 하였으니, 이는 비단 너의 잘못만이 아니다. 그러나 선비와 군자의 풍모는 소탈하고 문아하며 담박하고 무욕하게 스스로 처신해야 마땅하며, 그런 뒤에야 생업을 도모한다면 해가 되지 않을 것이다. 만약에 문아하고 고결하게 행실을 닦는 것을 망각하고, 오로지 살림이나 늘리고 옷치장 같은 하찮은 것에만 몰두한다면, 이는 바로 마을의 속된 사람들이나 하는 짓이지 어찌 유가의 풍이 있다고 하겠느냐? 너는 평소에 내 뜻을 전혀 깨닫지 못하고 있다. 지금 오 찰방에게서 들은 이 말이 꼭 믿을 것인지는 모르겠으나 이 말을 네게 하는 것은, 서당을 팽개치고 전혀 왕래하지 않고 생업 등의 일에만 전념하는 것 같다고 들린다. 그러니 내가 어찌 미리 걱정하지 않을 수가 있겠느냐? 걱정스럽구나.

書 - 123

7월 14일

준에게 답하는 편지

명복이 일행이 와서 주는 편지를 보고 무고하다는 것을 잘 알았다. 다만 몽이 어멈이 전에 앓던 병뿐 아니라, 다른 증세도 나타났다고 하니 심히 염려된다. 침과 뜸이 괜찮을 듯하나, 정확한 혈자리를 짚지 못하면 효과가 없는 것은 물론 도리어 다른 질환이 생길까 두렵다. 더욱 가볍고 쉽게 처리해서는 안 될 것이다. 사물탕은 마땅한지 아직 알 수 없으니 경솔하고 급하게 써서는 안 되고 뒤에 물어봐서 하는 것이 좋을 것이다.

네가 의령에 가는 것은 부득이한 상황이지만, 속히 돌아오지 않게 되면 네 말대로 가을 일이 더욱 성글어질 것이다. 아무쪼록 속히 가서 상황을 살펴보고 만일 부득이한 경우가 아니라면, 바로 돌아가야 한다고 말씀드려야 할 것이다. 만일 돌아간다고 말씀드리기 어려운 상황이면 다른 것은 계산해볼 필요도 없을 것이다. 의령 소식은 여기에서도 전혀 듣거나 알 수 없으니 어찌 걱정되지 않겠느냐? 휴가 금지령은 소문만 있지 지금까지 아는 것은 없으니 다시 알아봐야겠다. 설사 금지하지 않는다고 하더라도 끌고 갈 말을 구하기 어려우니 선뜻 결정하지 못할 뿐이다. 공부하는 일은 부득이해서 구차하게 나온 계획일 테지만 크게 본다면 이것도 어찌 쉬운 일이겠느냐? 과거시험 새로 바뀐 규정이 비록 어렵겠지만, 그렇다고 먼저 포기하거나 위축되어서는 안 된다. 마음 다듬어 다시 힘껏 노력하는 것이 옳은 일이다. 민응기의 병과 지막이*의 죽음은 모두 가엽구나.

의령의 보리를 바꾸는 일은 말한 대로라면 무방하겠으나, 다시 생각해 보니 사람의 일은 알 수가 없다. 저곳에 저장해 둔 곡식이 전혀 없어서는 안 되니, 황조*까지 급급하게 바꿀 필요는 없다. 우선 겨울과 봄을 기다린 뒤에 바꾸어도 늦지 않을 것이다. 헤아려서 처리하거라. 봉급으로 나오는 밀은 좀이 먹고 묵은 것이라 종자로는 쓸 수가 없다. 그러나 칠 팔월 사이에 모두 누룩으로 둥글게 만들어 김천*쪽으로 배편에 올려보낼 것이다. 꼭 사람을 보내어 가져가서 새로운 것과 바꾸어서 종자로 쓰는 것이 좋겠다.

이곳 집에도 매번 비용이 부족하여 부득이 밀을 무명과 쌀로 바꾸어 비용을 보태쓰고 있으니 많이 보낼 수 없어 안타깝다.

연산이와 불비는 매년 받은 밭을 묵히니 정도가 매우 심하구나. 모름지기 죄를 따지고 내년부터는 불비에게 작개를 주지않는 것이 옳을 것이다.

순무종자는 연동이에게 조금 보냈는데, 잘 전달했는지 모르겠구나. 제사 날에는 무사히 잘 치르고 넘어갔다니 마음이 놓인다. 영천에 편지를 드리는 것이 또한 마땅할 것이다.

조정의 일은, 이달 12일부터 대왕대비께서 수렴청정을 거두고 지금부터는 전하께서 친정을 하시는 일이 이미 전령으로 받들어 졌다고 한다. 정부는 안밖으로 명확하게 알리고 있으니 이것은 큰 난관이 아닐 수 없다. 내 귀향 계획은 더욱 어려워졌으니 어쩌면 좋겠느냐? 먹을 오래전부터 보내려고 하였으나 내려가는 사이에 흙비가 묻으면 못 쓸까 봐 흙비가 개이길 기다렸다가 보내는 것이다. 지금은 개었다 하니 세 개를 보낸다. 좋은 물건이 변질될까 봐 염려된다.

마침 의령으로 가는 사람이 있어서 편지를 써 보냈기 때문에 지금은 편지를 부치지 않으니 이 뜻을 공간에게 전하거라.

이말은 매번 군관자리를 구하지만 상황이 어려워 결과를 알 수 없으니 안타까워한다는 뜻도 전하거라. 나머지는 금손이 일행이 돌아가기를 기다리거라.

*지막之莫: 상계본에는 지영之英으로 되어 있다.
*황조荒租: 털이 있는 거친 벼. 이두문자에 도稻를 조租라 한다.
*금천金遷: 충주시 가금면 청금리 창동마을, 탄금대 주변.

書 - 124

8월 29일

준에게

　네가 의령으로 간 뒤에도 두 차례나 편지를 부쳤는데 받아 보았는지 모르겠구나. 일찍이 허 습독의 편지도 받았고, 근래에 또 김중기를 만났는데 모두 장모님의 병세가 좀 차도가 있다고 말하는구나. 그렇다면 너는 속히 돌아오거라. 네 소식이 없으니 언제 돌아올는지 알 수가 없어 걱정이 많다. 나는 한가로워서 고루 조섭을 잘하고 있다만 금지령을 무릅쓰고 휴가를 받기가 어렵다. 올해에 귀향하려던 계획은 이미 이루어지지 않았으나, 여기에 남아 있으려니 마음이 몹시 편치 않구나. 이러지도 저러지도 못하니 늘 답답할 뿐이다. 너는 추수가 끝난 뒤에 올라오는 것이 온당할 것이다. 다만 이곳은 온돌방이 없어서 작년 겨울 같은 경우 두 조카가 추위로 고생했다. 올겨울도 작년 겨울처럼 추울 것이라고 하는데 어떻게 보내야 할지 추위가 두렵다.

　오천의 혼례식은 10월 그믐날로 정해졌고, 그 후 기일이 또 임박하다고 들었다. 만약 이 일을 치르고 오면, 동짓달 보름께라서 몹시 추울 때 길을 나서는 것이니 그 어려움이 클 텐데 어찌하랴? 네 처의 병세가 비록 조금 차도가 있다고는 하나, 혹 재발할까 걱정이 되는데 하물며 혼자 두고 멀리 와서는 더욱 안 될 것이다. 이와 같은 일 등은 미리 상세하게 알고 떠날지 말지를 결정해야 할 것이다.

　특히 시험 날이 다가왔는데 너는 집에서 아예 공부를 하지 않았을 것으로 생각되니, 무슨 기대가 있겠느냐? 전에 네가 말한, "책을 읽는다"라고 한 것은 무슨 책을 말하느냐? 비록 글을 낭송하는 시험에 임한다고는 하지만, 대체로 전보다 쉽지는 않을 것이다. 정독과 숙독으로 느긋하게 해서 얻지 않으면 안 된다. 비록 이렇게까지 되지는 않는다고 하더라도 마땅히 공부는 불철주야로 해야만 한다. 또 『집람』을 구해서 당시 사람들이 강의 규정을 설명한 것을 전부 탐구해 보아야 한다. 이와 같이 해야만 비록 정월 초에 올라와도 도착할 수가 있을 것이다. 게다가 새로 개정된 과거시험 규정은 들어보았느냐? 그 가운데 율·부를 익히는 것은, 너처럼 자질이 무디고 껄끄러워하는 사람에게는 반드시 배우기가 어렵고, 거기에 발목이 잡혀 나아가지 못하게 되는 것이니 결국에는 내 것도 네 것도 안 되는 어정쩡한 상태에 이르게 될 것이다. 또 진사시는 그 익힌 것을 따르기에 율·부에서 모두 취하지는 않으나 너는 익히지 않는 것이 좋을 것이다. 건 등에게도 이렇게 알려 주거라.

 용손이의 무명은 어찌 되었느냐? 아직 춥기 전이니 속히 올려보내거라. 이 뿐만이 아니다. 본래의 봉급이 줄어들고, 지금의 품계가 내려가는 것은 물론, 10월 이후에는 또 수차례의 제사가 있을 것이기에 올겨울 상황은 더욱 곤궁해질 것이 뻔하다. 추수 결과를 보고 만약 큰 흉년 상태가 아니거든, 한두 섬의 쌀 짐을 꾸려서 보냈으면 한다.

 선전관 자리가 본래 비어 있던 데다가, 공보가 늦게 오게 되니 매일 가혹한 독촉을 받고 있다. 심지어 징계하겠다고까지 말하니, 아무쪼록 밤낮을 가리지 말고 올라오도록 즉시 온계에 통지하는 것이 옳겠다.

 명복이가 곧 내려갈 것이기 때문에 온계 등에는 지금 편지를 써 보내지 않는다.

書 - 125

9월 13일

아들 준에게 부친다.

네가 의령에 간 것이 지난달 6일이라고 들었는데, 그곳에 잘 도착했는지와 언제쯤 돌아올 것인지 듣지 못하여 궁금하기가 끝이 없다. 장모님 병세는 차도가 있다고 하던데, 네가 속히 돌아왔다면 지금쯤 벌써 집에 도착했을 것이다. 그곳의 일들은 인편을 통해 자세하게 얘기해 주면 좋겠다. 또 네 처의 병세는 지금 어떠하냐? 사물탕 30첩과 반총산 예닐곱 첩을 사서 보낸다. 약을 복용하고 난 후에 증세가 어떠할지를 모르니 염려된다.

농사는, 또 일찍 내린 서리 때문에 손재를 당할까 우려된다. 영천은 실농한 상태까지는 이르지 않았다고 들었으니 추수할 때는 소홀히 하지 않도록 해야 할 것이다. 나는 비록 별 증상이 없는 것 같지만, 야위는 증세가 조금 나아졌다가도 간혹 더 심해진다. 그래서 사람들이 나를 가리켜 환자라고 하니, 사람들뿐만 아니라 임금도 이미 보아 아시기 때문에 여덟 번 승지의 물망에 오르고, 두 번씩 부제학에 올랐어도 모두 낙점하지 않으셨다. 지금 비록 퇴직하고 떠난다 해도, 평소의 내 뜻에 대하여 남들의 의심이나 비방을 면할 수 있으니 실로 다행이 아닐 수 없다. 그러니, 물러나 엎드릴 수 있는 것이 바로 그때라고 본다. 다만 소분* 휴가가 금지되어 있는데 무단으로 앞당겨 가기가 곤란하다. 조금 더 내년 봄을 기다렸다가 가토* 휴가를 받으려고 한다. 다만, 근래에 조정 신료들이 가토 휴가 신청을 많이 하여 여러 사람의 의견이 다 쉽게 받아들여질지는 모른다. 그나마 앞으로는 가토 휴가마저 금할까 걱정이다. 만일에 이 휴가도 얻지 못하면 강원도의 일 없는 한적한 고을을 구해서 갈 생각도 하고 있다. 올겨울은 당연히 여기서 지내야겠지만 형편이 매우 군색할 것이라는 뜻은 이미 김낙춘 편에 보낸 편지로 말하였다. 무명 한두 바리 짐을 한꺼번에 배편으로 내달 안으로 급히 올려보내거라. 억필이 만약 겨를이 없으면 명복이에게 부쳐 보내는 것이 더 편할 것이다. 상세한 것은 명복이가 알고 가니 물어보아서 처리하거라.

갓금이와 딸 단금이도 같이 올려보내는 것이 좋을 것 같다. 네가 서울에 올라오는 것이 좋을지 어떨지도 상세하게 그 편지에 있다. 상황을 보고 잘 헤아려 처리하거라.

영천 사또님께 올리는 편지도 보냈다. 그 편지는 비록 내 스스로 사과한 편지지만 네가 알리지 않고 사용한 것이 잘못이라는 뜻을 그곳에 담았으니 부끄럽기가 이보다 더한 것이 있겠느냐? 대체로 이름있는 집안 자제라면 당연히 법을 두려워하고 조심하는데 힘써야 할 것이다. 그 곡식은 이미 관의 곡물인데 네가 사또께 어려움을 호소하고 나서 썼으면 오히려 괜찮았을 것이다. 임의대로 취해서 썼으니, 이는 마치 권세를 믿고 법을 능멸하는 자의 소행으로 어찌 글을 읽은 선비 가문에서 의를 아는 자의 일이라 하겠느냐? 네가 만일 이러한 정신 상태를 고치지 않으면, 훗날 향리에서 행세하며 여기저기에 잘못을 저지를 것인데 어찌 걱정이 되지 않겠느냐? 이 때문에 나는 정말로 걱정이 그치지 않는다.

염소 털로 만든 붓 두 자루를 보낸다. 상세한 것은 명복이가 말로 전할 것이다. 일일이 쓰지 않는다.

관교와 편지는 즉시 분천으로 보내고, 승려 설희와 덕연에게는 산초 봉한 것을 명심하여 전하거라.

추신———정사 소식지를 몇 장 보낸다. 지난달 26일에 전하께서 직접 「진산도청택오이위외구표」라는 표제로 시험을 치르게 하고, 네 사람의 생원을 뽑았는데 박순이 장원을 하였다.

*소분掃墳: 경사스러운 일이 있을 때 조상의 산소를 찾아가 무덤을 깨끗이 하고 제사지냄.
*가토加土: 무덤 위에 흙을 더 얹어 보수함.

書 - 126

9월

또 준에게

몽아가 점점 커가니 매번 어린애 이름을 부를 수가 없구나. 지금 좋은 이름으로 부르면 이름자는 마땅히 뒤를 따라서 이름에서부터 점차 성인의 책임이 있게 될 텐데, 의리로서 방외*를 가르칠 만한 것인지 알지 못하겠구나.

자손이 훌륭한 사람이 되기를 원하지만, 도리어 사랑에 끌려 훈계를 소홀히 하는 경우가 많다. 이것은 오히려 모에 김도 매지 않고 벼가 익기를 바라는 것과 같으니 정녕 이런 이치가 있겠느냐? 저번에 보니, 네가 아이에게 엄격하게 하는 것보다는 사랑이 지나쳤다고 생각되기에 하는 말이다.

*방외方外: 세속에 구애받지 않는 자유로운 세계, 세상 밖.

書 - 127

10월 9일

준에게 답한다.

　백영이 오면서 전해준 편지를 받고, 별고없이 지낸다는 것을 알았다. 의령의 병환에 관하여 물었더니 마침 차도가 있다고 하니 매우 위안이 되고 기쁘다. 다만 네 처의 증세가 약을 쓰고 나서는 어떤지를 모르겠구나. 재가 중병이 들어 늘 걱정스럽다. 뜻하지 않게 홍조도 악성 종기가 생겼다고 하는데 지금은 어떤지, 걱정거리가 끝이 없구나. 추수를 끝내고 난 뒤의 소출 상태는 어떠냐? 비록 전과 같지 않더라도 아랫지방에 비하면 어찌 다행이 아니겠느냐? 다만 심히 우려되는 것은, 굶주린 아랫지방 백성들이 사납게 위협할 형세가 없지 않고, 온 나라 안이 모두 평온함을 얻지 못한 것이니 어찌한단 말인가? 억필이나 명복이 중에 누가 출발해서 오고 있는지 모르겠구나. 날씨가 갑자기 추워져서 뱃길이 얼면 길이 막혀 오지 못할까 걱정된다. 잣은 진작 사서 보냈으니 이미 도착했을 것으로 생각되는구나. 네가 오랫동안 내게 와보지 못해 마음이 편치 않겠지만 일의 사정이 마침 그랬을 것이고, 날이 이처럼 추우니 어찌 이를 무릅쓰고 먼 길을 올 수가 있었겠느냐? 그 때문에 내가 시키는 것도 전과 같으니 너는 마땅히 이를 따르는 것이 옳을 것이다. 다만 전에 말한 두 책을 읽는 것을 소홀히 하지마라. 제사가 끝나거든 지체하지 말고, 반드시 강에 관한 규정을 알고 있는 친구와 더불어 절에 들어가서 자세히 읽고, 풀어 놓은 설명을 익히거라. 큰 단락의 처음과 끝까지 주석의 뜻을 모조리 통달해야만 할 것이다. 강하는 날은 정월 17일 사이에 있으니, 같은 달 열흘 전에는 서울에 도착해야 날짜를 맞출 수 있다. 민도는 『사략』

을 얼마나 읽었느냐? 내가 최근에 생각해 보니, 이 아이에게 근 몇 년간을 『고문진보』와 『사략』만 읽게 한 것은 모두 잘못한 것이다. 그 아이에게 『시경』과 『서전』의 원문을 먼저 외우게 하지 않고 이러한 잡문을 먼저 읽게 하였으니 시간만 낭비한 것이 아쉽다. 『사략』이 비록 『고문진보』에 비할 바는 아니지만, 그래도 순서를 뛰어넘은 것 같다. 지금은 마칠 때가 다 되었으니 빨리 마친 뒤에는 『시경』과 『서전』의 원문을 주어 능수능란하게 통달할 수 있도록 협지와 의논해서 하거라.

書 - 128

10월 27일

아들 준에게 답한다.

억필이와 학숭이가 오는 편에 각기 가져다준 두통의 편지를 받고 모든 일을 다 알게 되니 마음에 위로가 된다. 나는 전과 같이 한가하게 지낸다. 최근 정목*에 강원도 감사의 물망에 올라, 구하지 않았는데도 올라 있다고 생각했더니 다행히 나 같은 환자가 낙점을 면했으니 그 분수대로 잘되었다. 네 처의 증세에 차도가 있다니 기쁘구나. 어찌 미리부터 그 약을 계속해서 쓰려고 하지 않았을까 싶다. 재와 응기는 모두 약값을 많이 보내어 일시에 그 약을 구해 보려 하는데 약이 귀해 사기가 어렵다. 그 하인들이 오래 머물러 있는데도 아직 충분히 사지 못했다. 다 사려고 하나 더 겨를이 없어 못하는 것을 어찌하랴? 억필이가 뱃길로 여러 잡동사니를 무사히 가져 왔기에 그대로 받았다. 고을 사또님께 감사의 편지와 소식을 전해 올리는 것이 옳을 것이다. 다만 타작한 상황을 보니 수량이 그렇게 실하지 못하구나. 만일 이런 정황을 일찍 알았다면 쌀 짐을 굳이 올려보내게 하지 않았을 것이다. 먼저 편지에 베를 사서 올려보내라고 했던 말은, 지친 말에게 실려 보내는 폐단을 없애려고 억필이가 아직 출발하지 않았을 때 했던 것이니 지금이야 어찌 다시 하라고 할 수 있겠느냐? 하물며 그곳의 곡물가가 오히려 낮으니 더욱 할 수 없는 일이다.

나는 겨울동안에 외직을 맡지 못하면 내년 봄에는 형편상 관직을 버리고 떠나지 않을 수 없다. 그러니 곡식을 그곳에 보관하지 않고, 헛되이 이곳으로 실어 올 수있겠느냐?

억필이는 바로 내려보내려고 하는데, 늦손이는 휴가를 받아 내려가야 하니 여기에는 하인이 없어서 우선 남아 있게 하였다. 그러나 재의 하인이 약을 아직 다 못 샀지만 서둘러 내려가야 하니 약 사기를 기다려 억필이 편에 부쳐서 내려보낼 생각이다. 하지만 날을 잡을 수 없으니 언제쯤일지 모르겠다. 잣은 사서 고을 사람에게 보냈고, 백영의 하인도 같이 내려갔는데 받은 소식은 없느냐?

영천 사또님께 보낸 편지에, 네게 허물을 돌린 것이 지나치다고 여겨서는 안 된다. 네가 실없는 뜻으로 한 것을 부끄럽고 두렵게 생각해야 하는 것은 심히 마땅한 일이다. 유신*의 벼슬아치도 너와 같은 행위를 한 적이 있는데, 그때 마침 현감 김홍이 그 고을에 갔다가 그가 무단으로 쓴 것을 알고 즉시 그의 집에서 잡아다 볼기를 쳤다고 한다. 세상일은 이와 같으니, 어찌 국법을 두려워하지 않고 경솔한 마음으로 함부로 할 수 있겠느냐? 일꾼들의 품삯은 일러 준 대로 주거라. 특히 수곡정사 짓는 일은 겨우 삼보의 방만 꾸미고 양식이 떨어져서 일을 멈췄다. 흉년으로 부득이하게 형편이 이와 같다만, 이 집이 끝내 완성되지 못할까 걱정된다. 이전까지 만든 공력을 모두 버려야 하는 것인지 밤이면 생각하느라 잠자리가 편치 않구나.

근래에는 만 일 제쳐두고 베를 사 모으는데, 보통 쌀 평 두섬*과 바꾸었다. 이것으로 정사를 짓는 비용에 보태고 싶은데 실어 보내기가 어렵구나. 어디에서 바꾸어 쓸 수 있는지 빙과 건에게 의논해 봤으면 좋겠다.

막실이가 스스로 그 집을 철거하여 들인다고 들었다. 이는 다름 아니라, 소소한 철물 등을 몰래 취하려고 간교한 생각에서 하는 짓일 것이다. 반드시 불러들여 꾸짖고 금지 시켜라. 만약 부득이하게 무너져서 철거하게 되면 네가 직접 하인들을 데리고 가서 지켜봐야 한다. 또 철거하게 되면 씰인 깃을 모아 즉시 실어 내어서 근처의 땅이 오염되지 않도록 해야 할 것이다.

  너는 이미 딸린 식구가 많고, 몽아도 마땅히 머지않아 혼례를 치르게 해야 할 것이다. 나의 성정이 번잡한 것을 싫어하고 조용한 것을 좋아하니, 부득이 작은 집 하나를 곁에 두어야겠다. 애비와 아들, 아들과 손자가 서로 형편을 보아가며 나누어 거주하면 아마 편히 쉴 수가 있을 것이다. 이것은 옛날 사람들이 동서남북에 별채를 두었던 제도가 그런 까닭에서 온 것이다. 그렇다면 이 가옥의 자재와 기와들을 어찌 가볍게 여기고 도둑질당하겠는가? 만일 실어내기 어렵다면 허물지 말고 당분간 그대로 두어 솟동이가 지키게 하는 것도 괜찮을 것이다. 하인들 중에는 천막만 걸치고 지내는 자들이 많은데, 모두 수용할 처지가 못 되는 것이 안타깝다. 신만이네 밭 아래쪽에 의인 사람의 밭이 있다. 비록 척박하지만 하인들이 거처할 집을 지을 만하니 물어봐서 사는 것이 어떠하겠느냐?

  아몽의 이름은 네 생각에 고치고 싶다면 고쳐서 그 이름을 부르지 않는 것이 좋겠다.

  나머지는 억필이가 돌아 갈 날이 멀지 않으니, 여기서 그친다.

*정목政目: 관직자의 임명과 해임 등 인사 사항을 적어 놓은 문서.
*유신維新: 충주의 옛 지명.
*평 두섬〔平二石〕: 말이나 되로 잴 때 위를 깎아서 잰 2섬.
*음취재蔭取才: 조상의 덕으로 인재를 채용하는 것.

書 - 129

12월 1일

준에게 보낸다.

　근래 편지가 오지 않아 네게 별고는 없는지 걱정뿐이다. 나는 그전처럼 피곤한 증세 외에는 별로 아픈 데는 없다. 다만 밤낮으로 봉급만 훔치고 신하 된 도리를 못 하니 마음이 편치 않다. 빨리 떠날 결정도 할 수 없지만 떠날 명분도 길도 없으니 차라리 지방의 군 고을로 나가길 청하려 한다. 당연히 빠진 자리가 없는 시기기에, 우선 좋은 근무 평가가 나오기를 기다리고 있다. 만약 관동지방의 벽지를 얻으면 매우 좋겠으나 만일에 얻지 못한다고 해도 다른 조건을 도모하여 귀향할 계획이지만, 중요한 것이, 내년 봄에는 나가지 못한다는 것뿐이다. 네가 오는 가을에 시험 치는 곳은 어느 곳으로 응시하고자 하느냐? 과거시험의 새로운 규정은 정월 20일부터 시작된다. 『중용』, 『대학』의 강은 2월 그믐까지가 기한이니, 서울에서 강하는 자는 외지에서 하는 강에는 응시할 수가 없고, 마찬가지로 외지에서 강하는 자는 또 서울에서 하는 강에 응시할 수가 없다. 네가 비록 정월에 서울로 오더라도 만약 향시에 응하려면 오히려 내려갈 수가 있으니 외방에서 강할 수가 있을 것이다. 나는 서울에서 여름을 보내지 않을 생각이기 때문에 네가 여기로 와서 여름을 지나 과거에 응시하는 것은 예정할 수가 없을 것이다.

　음시에 관한 일인데, 지금은 음직을 구하는 일이 하늘에 오르는 것보다 어려운 일이다.

　그래서 나는 본래 이런 생각을 해본 적이 없는데, 조송강 같은 아는 친구 한두 명이 내게 그렇게 하라고 권하는구나. 그러니 너는 지금 시험에 응시했다가 그것을 기다려 보거라. 그런 후에 나와 서로 두터운 사이의 친구가 전형관으로 들어가면 오히려 가망이 있거니와, 그렇지 않으면 나는 결단코 너를 위해 권문 세가들에게 분주히 다니며 애걸할 수는 없다. 또 강 하는 과목의 책에 정통하지 않은 사람은 모두 자진해서 들어가지 않고 나온다고 한다. 그렇다면 재능을 시험 볼 때 어찌 된다는 것을 반드시 확신할 수 있겠느냐? 그래서 과거 공부는 더욱 소홀히 해서는 안 되는 것이다. 올겨울은 그다지 춥지 않으니 해가 가기 전에 올 수 있으면 올라오는 것이 어떠냐? 해가 바뀐 뒤에 오게 되면 너무 바쁘지 않을까 염려해서 하는 말이니 상황이 어렵거든 꼭 연말까지 올 필요는 없다. 네가 온 뒤에 몽아의 공부가 더욱 소홀해지고 게을러질까 봐 염려되는구나.

또 수곡에 있는 할아버지 묘소의 제사가 이번에는 우리 집에서 지내야 하는 차례라고 한다. 다만 나는 한식 때 내려가서 참배하려고 했기 때문에, 한식 제사 차례인 댁과 서로 바꾸어 시행하면 어떠하겠느냐고 형님께 편지로 아뢰었다. 그러나 다시 생각해 보니, 내가 한식 때 내려가는 것도 아직은 확신할 수가 없으니 상황이 어려우면 꼭 바꾸어 지낼 필요는 없다. 이런 뜻을 알고 처리하거라.

작은 병풍을 만들고자 한다면 그곳에 황사련이 그린 하도·낙서 등 당지로 낮은 병풍을 만들려던 열 폭짜리가 있으니 올 때에 꼭 가지고 오너라.

새 달력 한 부와 은어 두 두름을 보냈다. 억필이는 두 집의 약재를 빨리 사지 못하여 오래 머물고 있으나 곧 보내도록 하마. 분천과 오천 등에 새 달력을 속히 전해 드리고, 은어 네 두름은 오천에 보내거라.

오 찰방은 와서 이미 사은 인사를 하였다. 오는 7일쯤에 바로 부임하니, 옛 친구의 기쁨이 얕지 않구나. 나머지는 돌아가는 하인에게 듣거라. 여기서 줄인다.

書 - 130

12월 5일

준에게

　오천에서 온 사람에게 편지를 받고, 네 처의 병이 아주 나았다는 것을 알게 되니 매우 기쁘다. 그러나 중손네 집에 병이 들었다니 걱정된다. 조심하고 서로 왕래하지 말거라. 호내인*의 환자를 아직 납부하지 못 했으니 큰 걱정이다. 억필이가 속히 돌아가지 못하고 있는 것은 양쪽 집의 약을 구하는 것 때문이다.

　네가 비록 하는 일은 많다고 하나 진정으로 뜻이 있다면 어찌 공부할 겨를이 없다고 하겠느냐? 그러면서 여유작작하니, 과거 시험공부가 지지부진할 뿐만 아니라 음직도 된다고 확신할 수 없으니 어찌 내 마음이 서글프지 않겠느냐? 만약 자신이 없다면 시험장에 들어가지 않는 것만 못하다. 해를 쇠고 즉시 와서 상황을 보면서 처리하거라.

　신 중장 댁 하인이 편지를 가져오기로 했는데, 지금까지 오지 않았으니 그 댁에 가서 물어봐야겠다. 나머지는 저번에 억필이가 가지고 간 편지에 이미 다 있으니 여기서 줄인다.

　추신———영천 집의 곡식은 봄이 되면 다시 작년과 같은 일이 벌어질 것이니, 속히 실어 보내거라. 만약에 토계 집이나 마을이 불안하거든 우선 다 보내지 않는 것도 타당할 것이다. 네가 서울에 올 때 사또님을 찾아뵙고 작년의 죄를 통절히 사죄하고 아비의 뜻을 간절히 전하거라.
"오는 봄에 고향에 내려가려고 정했는데, 전 식구가 오직 이 곡식만을 우러르고 있으니 흩어져 있는 것을 모아서 쌓아 두었거나 여유 있어서 쌓아 둔 것들이 아니니 제발 잘못을 들추어내지 말아 주십시오." 하는 뜻을 전하는 것이 수월할 것이다.

형님께서 진휼*의 임무를 맡았으니 매우 염려된다. 이 사람이 바삐 돌아가야 하니, 형님께 답장 편지를 써 보내지 못한 일은 네가 아뢰는 것이 좋겠다. 또 경차관을 나는 전혀 알지 못한다. 편지로 통하는 것이 사정상 어렵기도 하고 또 아무런 이익도 없을까 봐 염려되기 때문에 걱정이 되는구나.

*호내인: 같은 집안에 거주하는 노비나 고용인을 포함한 가족.
*진휼賑恤: 흉년에 가난하고 군색한 백성을 불쌍히 여겨 도와주는 일.

갑인년
(1554년, 54세)

書 - 131

1월 3일

준에게 보낸다.

  현의 아전이 와서 전해준 편지와 또 김부의 집 하인이 가지고 온 편지를 받고 모든 일을 상세하게 알 수 있었다. 다만 중손네 집 병이 전염되어 우리 집 근방까지 이르렀다고 하고, 거주하는 하인들을 비록 내보냈다고 하나 황석이의 병이 더욱 심상치 않다고 했으니, 지금은 어찌 되어 가는지 모르겠구나. 게다가 네가 집을 떠나 출타할 날이 임박해졌는데, 만약 네가 길을 떠난 후에도 네 처의 병세가 꺾이지 않는다면 네 처 혼자서 피해야 할지 말지 상황이 난감하겠구나. 어찌해야 할는지, 걱정으로 속이 탄다.

  또 근래에 눈이 연이어 내린 데다 길이 험하고 타고 올 말이 부실하여 출타하는 행로가 어려울 것이라는 생각이 드니 걱정이 그치질 않는다.

  다시 알아보았더니, 합격한 자에게는 『중용』과 『대학』은 강을 하지 않는다고 한다. 또 음직에 선발하는 인재들의 강은 2월 보름 이후로 물렸다고 한다. 과연 그렇다면 네가 오는 것은 우선 천천히 하거라. 네 처의 병세를 지켜보았다가 조처하고, 길이 마르기를 기다린 후에 올라와도 오히려 늦지 않을 것이다. 도리없이 정해진 계획에 얽매여서 꼭 이달 열흘 전에 출발하게 되면, 식구들에게 낭패를 보거나 짐을 챙겨 나르는데도 어려움이 크지 않을까 염려된다. 강에 관해서는 네가 게으르고 태만한 게 잘못이니, 지금부터라도 매일 면밀하고 치밀하게 하지 않으면 시험장에 들어가지 않으니만 못하니 차라리 다음번 7월까지 기다리는 것이 나을 것이다. 또 봄과 여름 동안에는 네가 서울에 머물러 있을 상황이 못 되는데, 만일 내려가서 여름을 지낸다면 한창 농사철에 바쁘고 무더울 때 올라와 강 시험을 치르게 되니 몹시 힘들 것인데 어찌하려느냐?

몽아가 열네 살인데, 이제 『시경』과 『서전』의 원문을 읽기 시작한 것은 이미 늦었다. 그 전에 쓸데없는 책으로 시간을 허비하여 보내게 한 것이 후회스럽구나. 그 나머지 일은 이미 모두 알고 있다.

특히 재산을 경영하는 등의 일은 역시 사람이 하지않으면 안 되는 일이니, 비록 네 아비가 평생 엉성하고 졸렬하게는 하고는 있지만, 어찌 전혀 하지 않을 수야 있겠느냐? 다만 안으로는 문아함을 오로지 하고, 가끔 밖으로 업무에 응한다면 선비의 풍모를 떨어뜨리지 않아 해로움이 없을 것이다. 만약 문아한 선비의 풍모를 전부 잊고 오히려 경영에만 몰두하게 되면, 이는 농사꾼의 일이고 마을 속인들이 하는 짓에 불과하기에 거듭 말해줄 뿐이다.

김씨네 하인 편에 보낸 편지에, 영천의 타작이 이 정도 수량에 그쳤다고 하니 굶주림의 우환을 면할 수 없을 것 같아 걱정이구나. 이는 비록 흉년 때문이라고는 하나, 오히려 이 지역의 작황은 그다지 심한 편도 아니었다. 이는 분명히 연동이란 놈이 성실하지 못한 결과에 기인하는 것이니, 그놈 잘못이 지나치다.

가외란 종년은 도둑놈의 계집으로 갇혀 있으니, 비록 죽은들 아까울 것이 없기에, 연동이에게 남의 빚을 뒤집어쓰는 일을 하지 말라고 일렀다. 그러나 심히 죄만 다스리고 죽이지 않는 것만도 어찌 불가하다고 하겠느냐?

네가 만약 지나다가 사또님을 뵙거든 이런 뜻을 아뢰는 것도 괜찮을 것이다. 사또께서 이 종년을 처단하는 것에 대하여 내게 물었기 때문에 이르는 말이나. 막시가 사는 집은 앞으로 철거를 하든 안 하든, 보호하고 지킬 사람이 없으니 반드시 잃어버리고 흩어지는 것이 많을 것이다. 매우 한탄스럽구나. 나머지는 일일이 적지 않는다.

추신───의령의 큰집 작은 집은 모두 무탈하게 지낸다고 한다. 다식 한 소쿠리를 보낸다. 보내 준 청어 한 두름을 받았다.

書 - 132

1월 24일. 첩재

준에게 보낸다.

해가 바뀐 뒤로 한파가 극심하여 네가 집을 떠나서 오는 도중에 몸이 상하고 피곤할까 걱정이 되어 마음 졸였다. 눗손이가 가지고 온 편지를 받고서야 비로소 네가 오던 길을 멈추었다는 것을 알고 조금 위안이 된다. 네가 더디게 오는 것이 마음 편하지 않은 듯하나, 세금을 실어 나르는 것이 급하여 말을 쓰게 되었는데 걸어올 수도 없으니 어찌하랴. 음직에 선발하는 인재는 비록 2월 16일로 미루어 졌지만, 그 날짜 이전에 반드시 서울에 도착하지 않으면, 온다고 해도 허겁지겁 서두르던 바쁜 마음으로는 강 시험장에 들어갈 상황이 어렵게 된다. 또 일찍이 향시 합격했던 자가 서울 시험에 응하고자 하면 관학*에 이름을 붙여야 하고, 예조에 이름을 대조하러 나가봐야 한다고 한다. 바로 이 두 가지 일도 같이 해야 하니, 너는 굳이 올라오지 말거라. 사월에 파종을 대충 마치고, 아직 제초를 시작하지 않은 틈에 서울에 올라와서 여름을 지내거라. 7월에 음직 시험에 응시하고 8월에 강 시험을 치르고 나서 네 서모를 따라 같이 내려가면 상황이 편할 것 같은데, 너는 어떻게 생각하느냐? 그렇지 않고 막지*에서 응시하면 서울 외에 말을 끌고 두 곳을 왕래해야 하니 지극히 어렵게 된다. 또 2월에 서울에 올라와 여름을 나게 되면, 집안일들은 네 처 혼자 있어서 대부분 조치하기가 어렵고 편치 않을 것이기에 그리 말한 것이다. 게다가 마을의 병세가 어떤지 모르겠으니 매우 염려된다.

보낸 편지에, 하인과 말이 줄었고 쇠잔한 것이 이와 같다고 하였으니,

집안일은 전보다 배가 되었는데 장차 어떻게 집안일을 꾸려나간단 말이냐? 이번 차에 실어나르는 세금 때문에 반드시 군색함이 많을 것이니 걱정되고 걱정된다.

초곡 집의 병세도 심각하다 하니 걱정스럽다. 잇산이와 명복이는 무슨 이유인지 지금까지 오지 않고 있으니 참으로 괴이한 일이구나.

창원에 보낸 돌손이의 일은 언문편지에 자세히 적었으니 미리 잘 가르쳐라. 늣손이는 도착 되었거든 즉시 올려보내는 것이 좋겠다.

이 일은 자질구레한 일 같으나, 늙은 할미가 굶어 죽는다면 네 서모도 여기에서 편안하지 않을 것이고, 또 그 사람과 내가 같이 살면서 그의 어미가 떠돌아다니게 하는 것도 역시 의리에 맞지 않기 때문에 부득이 그렇게 할 뿐이다. 다른 일은 마땅히 잇산이 등이 돌아오기를 기다려라. 우선 급한 것들만 쓰고 나머지는 일일이 적지 않는다.

*관학館學: 성균관成均館과 사부학당四部學堂(四學이라고도 함)을 합쳐 부른 칭호.

추신———본도에서 하는 『중용』과 『대학』의 강 시험을 보리와 밀 수확이 끝난 뒤로 미루면, 시권*과 고준* 또한 미뤄지는 것인지? 만약 미뤄지지 않는다면, 마음먹고 고준하는 것도 무방하겠구나. 붓 한 자루를 보낸다.

*막지莫只: 충북 남단의 지명으로 추정.
*시권試卷: 시험 답안지.
*고준考準: 옮겨 쓴 글을 원본과 맞추어 봄으로써 틀림이 있는지 확인하는 것.

書 - 133

1월 25~30일

준에게 답한다.

안동으로 가는 사람이 있어서 편지 부치려고 했더니 그 사람이 오지 못했기에 지금에야 보낸다. 모든 일은 대략 그 속에 적었다. 오늘 일찍 명복이가 서울에 도착하여 편지를 받고 너와 우리 집, 마을이 모두 편하다니 매우 기쁘다. 나는 요즘 건강이 조금씩 좋아지는 것 같았는데, 형님께서 백성을 진휼하는 소임을 맡게 되었다는 소식을 듣고는 그 일로 무슨 큰일이 생기지나 않을까 몹시 두려워하고 있다.

영천 집의 병세는 정말 의심하지 않아도 되겠느냐? 곡식을 너무 빨리 거둔다는 소리가 들리니 불안하구나. 돌손이는 원래 종의 신역에서 배제될 대상이 아닌데 망령되게 스스로 신역*을 안 하고 있다니 이제라도 당연히 신역으로 돌려야 할 것이다. 황석이도 마찬가지로 신역을 방면해서는 안 되지만 병이 깊어 정황상 어렵다면 억지로 일을 시켜서는 안 된다. 병세를 봐가며 헤아려서 처리하거라. 농사지을 면적을 넓히려고만 하게 되면 농토가 거칠어질까 염려된다. 다만 척박한 밭이라고는 해도 굶주리는 백성에게 절반을 부쳐 먹게 한다면 그나마 버리는 것과 같을 것이니 걱정하지 않을 수 없다. 게다가 가을에 내가 돌아가기로 결정한 계획이면 식구가 배로 많아져 경작지가 적어져서는 안 될 것이니 잘 참작하여 처리하거라. 손님이 묵을 방 두 칸 정도는 올봄에 짓는 것이 좋을 것이니 속히 시행해야 할 것이다.

시권과 고준에 관한 일은 지난 편지에 상세히 말했다. 내가 한식날 내려가는 일에 대해서 사람들은, "가토 휴가는 비록 금하지 않지만 영남지방이 흉년이 들어 전하의 걱정이 심한데 신하 된 자로서 어찌 전하의 마음을 헤아리지 않고, 억지로 그 지역으로 가는 휴가를 청할 수 있느냐." 고 하니, 이 때문에 계획대로 못 하는 것이 걱정이다. 네가 언제 올라와야 하는지 저번 편지에 모두 말했다. 내가 말한 대로 사월쯤 틈을 내어 올라오면, 제사나 농사일, 집 짓는 등 모든 일이 다 순조로울 것이기 때문에 말한 것이다. 비록 오랫동안 나를 보러 올라오지 못해서 미안하다고 했지만, 사정이 또한 그러했고 내가 그렇게 하라고 한 것이니 크게 괘념치 말거라.

  소를 사는 일에 대해서는 알고 있다.

  병풍 만들 종이와 염소 털로 만든 붓, 말린 꿩고기 등은 모두 받았다. 이 사람이 바삐 움직여야 하니 여러 사람에게 보내는 답장 편지는 선상인*이 돌아가기를 기다렸다가 그 편에 부치려고 한다. 박 공보도 그믐이나 초하루쯤에 내려가려고 하기 때문에 우선은 일일이 적지 않는다.

추신———병풍에 쓸 종이를 명복이가 받지 않았다고 하고 오지도 않았는데 무슨 까닭인지 모르겠다.

*신역身役: 집안에서 종에게 시키는 일, 종으로써 해야할 일.
*선상選上: 지방 공노비를 뽑아서 서울 관아로 올려보내는 것.

書 - 134

2월

다시 준에게

늦손이가 금명간에 들어갈 것이니 모든 일은 그 편지에 자세히 적어두었다. 다만 네가 그 전에 서울 쪽으로 출발했을지도 몰라 걱정된다. 내가 가을 되기를 기다렸다가 돌아가면 이미 너무 늦을 것이고, 가을이 되면 돌아가지 못할 이유가 만무할 것이다. 네가 지금 오는 것을 포기한다고 해도 집안일을 주관하는 하인이 없으니 농사일은 전폐할 것인데, 내가 돌아간들 믿을 것이 무엇일까 하는 생각 때문에 이렇게 말하지 않을 수 없다. 돌손이 등은 이미 떠났느냐? 남도 지방에 도둑 떼가 횡행한다고 들리는데, 두 놈 모두 나약하고 미련하여 걱정되지만 부득이한 형편으로 안 보낼 수 없으니 어찌 대처할지 모르겠구나.

특히 의령의 작년 가을 타작이 겨우 두 섬뿐이고, 기장과 보리는 합하여 여덟·아홉 섬만 있을 뿐이다. 이 곡식은 좋은 무명과 바꿔오도록 해라.

전에 말한 신만이 밭 아래에 있는 의인 사람의 밭에 있는 창고는 사두고 하인들의 움막이라도 처할 곳을 삼으려 하는데 네 생각은 어떠냐? 다만 네가 춘궁기에 식량이 부족하니 그것을 바꾸어 쓰려는 것이 아닐까 해서 내가 결정하지 못하는 것이다.

의령에 통지할 것은 네가 짐작해서 그쪽 어머니에게 빨리 통지하여 실본*하게 하거라. 나머지는 다시 말하지 않겠다.

추신———내가 전에 모아뒀던 작은 글씨로 된 『강목』은 본래 59권이어야 하는데, 얻고 보니 단지 51~2권 뿐이고, 그 나머지는 7~8권이 빠져 있다. 다만 빠진 것이 어느 권인지는 기록해 두지 않았다. 권수의 차례대로 살펴서 어떤 책이 없는지 일일이 기록하여 상세하게 적어 보내면 좋겠다. 학적과 예조에서 조흘*하는 일은 이미 도모하여 바꾸어 왔다. 이인이 급가*의 나머지를 감사댁에서 이미 다 바꾸었고, 신중이가 산 붓은 생각한 것에 기대하지 못한다고 전하거라. 분천, 오천 등지에 보낼 편지도 동봉하였다.

*실본失本: 개가改嫁. 개가의 대상은 죽은 둘째아들 채의 처를 말한다.
*조흘照訖: 과거에 응시하는 유생에 대하여 시험 전에 성균관에서 호적 대조를 먼저 하던 일.
*급가給假: 휴가.

書 - 135

2월

준에게 답한다.

　서울에 오는 남귀연 편에 부친 편지를 받고, 다들 편하다는 소식을 들으니 매우 기쁘다. 여기도 모두 무탈하다. 다만 형세를 보니 내가 올봄에 귀향하지 못하게 될 것 같아 마음이 편하지 못하구나. 무단으로 버리고 가면 사람들이 의심하고 노할 것이 염려되어 그럴 수도 없구나. 가을에 돌아갈 계획이기는 하나 아직도 5~6개월 간격이 남았으니 고민하고 있다. 시권과 고준하는 일은 반드시 고강*할 때 그 두 가지를 같이 해야 할 것이다. 다만 예조에서 하는 조흘에 이미 통과했다면, 서울에서 시험을 보게 되더라도 꼭 시권을 고준할 필요는 없다.

　돗손이에게 내려갔다 오라고 시킨 일은, 여기에 있으면서 그 일 처리가 어려울 것이 걱정되어 추가로 언문편지를 써서 사연을 적었다고 하는구나. 차마 그것을 못 하게 말리지는 못했다.

　의령의 곡식이 비록 많지는 않으나, 갑자기 여유가 없는 지경에 이르기야 하겠는가?

　황석이가 병을 핑계 삼아 신역에서 제외되었다고 들었다. 비록 이놈이 게으르기는 해도 다른 종들은 이놈만 못 할 것인데, 네가 또 서울에 오면 올해 농사는 참으로 걱정된다. 내가 만약 내려가면, 황석이는 다시 불러 역을 해야 한다고 미리 귓뜸 해 두는 것이 좋을 것이다.

　손님이 묵을 방을 짓는 일은 비록 두 칸에 불과해도 쉽지 않을 것이니 너도 계획이 있겠지만 완공을 못할까 걱정이다.

　할미가 만일 그곳에 기꺼이 오려고 한다면 훨씬 편한 일이다. 그러나

이 사람이 아직 돌아가지 않았기 때문에, 꼭 마음에서 원하는 것이 아닐 것으로 생각했다. 애초에 계획했던 것이 아니지만 지금은 어찌할 수가 없구나.

  병풍 만들 종이는 때맞춰 보내오질 않는구나. 앞서 염소 털로 만든 붓과 황모 붓 한 자루를 보냈다. 돼지 털로 만든 붓은 큰 것 한 자루뿐이어서 보낼 수 없다. 내가 풍기에 있을 때 매일 사용하던 중간 굵기 붓 한 자루는 아무 상자에 있으니 찾아서 몽아에게 부치면 좋겠다. 끝이 뭉툭한 붓 몇 자루도 보낸다. 이것 역시 큰 글씨를 쓸 때 사용할 수 있기 때문이다. 『강목』 빠진 권수 여덟 책 중에서 지금 또 6권을 찾아서 기쁘다. 못 찾은 것은 이제 3권과 5권뿐이구나. 나머지 말은 언문편지에 적혀 있다.

  추신———한식날 여러 곳 제사는 어떻게 지냈느냐? 올봄엔 너무 군색하다 보니, 제물 하나라도 갖추어 올리지 못해서 한스럽다. 시제는 이달 14일에 이미 여기서 지냈다. 형님께서는 승차*하신 소임을 아직 면하지 못했다고 하는데, 네 편지 내용과 같지 않으니 어찌 된 일이냐?

*고강考講: 과거의 강경과에서 시험관이 지정한 경서를 외는 것으로 치르는 과거시험.
*승차承差: 임금의 명을 받아 지방에 파견됨.

書 - 136

3월

준에게 답한다.

　남구연이 전해준 편지를 받아 본 뒤로는 소식이 끊겨 깊이 염려되었다. 지금 온 소식을 접하고 의령 집의 어려움이 이 지경까지 이른 것을 비로소 알았다. 저 어리석은 것들이 화근을 두텁게 만들어 스스로 천륜을 끊었으니 그대로 두는 것 밖에는 어찌하겠는가? 집안의 명성을 떨어뜨리고 자애로우신 장모님께 상처를 주었으니 어찌하겠는가? 통분함을 누를 수가 없구나. 지금 사람의 도리로는 용납할 수도 없고, 아무리 생각해도 선처해 줄 길도 없으니 더욱 불길함이 지극하다. 어찌하랴?

　창원 할미가 이미 그곳에 와서 그대로 머물고 있다면, 네 서모가 봄가을로 왕래해야 하는 폐단을 없앨 수 있다. 그러나 서울로 올라오기를 고집한다면 여러 곳에 민폐를 끼치게 될 것이다. 이 사람도 이를 듣고 몹시 당황하여 얼굴이 붉어졌다. 이 일이 매우 신경 쓰이는 일이라는 것을 나는 안다. 그러나 상황이 여기까지 이르러 다 죽게 된 목숨을 구원하지 않으면 안 되니, 소위 '어찌할 도리가 없다'는 것이다. 네가 마음을 써서 서울로 잘 모시게 되면, 그 사람도 또한 은혜에 매우 감사해할 것이다.

　동부*와 의령에서 온 물건들은 제사와 집 짓는데 드는 비용으로 쓸 계획이었다. 허다하게 오는 사람들이 모두 짐이 무거웠을 텐데 왜 굳이 다 보냈느냐? 설혹 다음에라도 이런 일이 있으면 보내지 않는 것이 좋다. 보낸 물건은 모두 잘 받았다.

　오천으로 가는 편지는 보내 전하는 것이 좋겠다. 손님 머물 방을 짓는 것은 매우 좋으나 일이 과다하고 비용이 궁하니 다 짓지 못할까 걱정이다.

막지가 사는 집은 단지 집의 자재와 기와 등을 잃어버린 것만이 아니라, 장차 무너져 쓰러질 지경에 이르렀다고 들었다. 지금은 비록 철거해 내지는 못하지만, 아무쪼록 실본한 일 때문에 그렇게 처리했다는 말이 나오지 않는 것이 좋을 것이다.

솟동이란 놈은 처음부터 이접*할 곳을 잘 간수*하라고 일렀더니, 내 말을 듣지 않다가 이 지경이 되게 하였으니 잘못이 크다. 이후라도 혹시 임시 거처할 움막을 짓고 이접 하더라도, 혹 철손이와 솟동이가 힘을 합쳐 간수 하게 시키고, 편의에 따라 처리하는 것이 좋을 것이다.

갓은 가지고 오지 말고, 특히 안장도 모두 해졌으니 그곳에 있는 전에 쓰던 것을 가져 오너라. 나머지는 언문편지와 돌아가는 하인에게 들어라.

추신———안석이네 논두둑이 무너져 우리 논을 갈고 곡식을 심을 수가 없다고 들었다. 그런지 안 그런지 확인해 알려다오. 만일 그렇다면 값나가는 물건으로 변상받든지, 아니면 논가에 있던 농막을 대신 들여놓도록 하여라

*동부同府: 話·受者가 거주하는 官府, 안동 풍산에 있는 처가 권씨 댁을 일컬음.
*이접移接: 거처를 잠시 옮겨 자리 잡음.
*간수看守: 잘 지키고 관리함. 안적鞍赤:안장 위에 덮는 헝겊, 안갑鞍匣이라고도 함.

書 - 137

3월

아들에게 답한다.

사임이 오는 편에 전해준 편지를 받고, 안부를 알게 되니 매우 위안이 된다. 다만 네 처의 건강이 아직도 회복되지 않았다니 걱정이다. 또 오천의 집안 큰댁도 여종을 잃고 임시 처소로 피해 있다고 하니 우환이 적지 않다는 것을 알겠구나. 그 결과가 더욱 걱정되니 어찌해야 하느냐?

의령의 기별은 나도 듣지 못했다만, 성실하게 구황하지 않은 이유로 의령 현감을 파직시켜 잡아들이게 하고 신임 현감 김사근에게 이미 말을 주어 부임하게 하였다니, 전임 사또가 만약 오면 그 기별을 알 수 있을 것이다. 분천 영공께서는 늘그막에 모시던 사람이 죽어서 어려움이 많을 것인데 어찌 대처하실지 염려되는구나. 여러 곳에서 알려오는 부고 소식이 놀랍다. 게다가 이국량이 병을 앓고 있다는 소리를 들으니 걱정이 깊어진다.

이 사람이 바삐 돌아가야 한다고 하니, 약을 구하기가 쉽지 않아서 구제할 약을 보내지 못하는 것이 한탄스럽다.

객실 짓는 일이 완성되지 못할까 염려되었는데, 지금 이미 지붕을 씌웠다니 여름을 나도 걱정할 일이 없어져 기쁘다. 보리 작황이 풍성하여 백성들의 소망을 위무할 수 있겠구나. 비가 흡족하게 내려 기뻐하는 것도 상상할 수 있겠다. 네가 올라오려면 일의 상황을 잘 보고 기간을 정해 올라오거라. 다만 네가 온 후에 농지가 황폐하게 될까 봐 걱정이다. 눗손이를 방면하도록 허락한 적이 없는데, 오랫동안 올라오지 않으니 지극히 미련하고 태만하구나. 올라올 때 잡아서 데리고 오는 것이 좋겠다. 손이 등의 집에 병세가 두려우니 조심하고 더욱 조심하거라. 나머지는 일일이 적지 않았다.

書 - 138

8월 하순

준에게 보낸다.

돌아가는 길에는 별고 없었느냐? 교의 처 병이 재발하여 지난 밤에 갑자기 죽었다고 하니, 끝없이 통탄스럽구나. 그 집은 몹시 가난하니 더욱 더 걱정스럽다. 가외의 서방이 어제저녁 서울에 와서 의령에서 보낸 편지 두 통을 전해주더구나.

다름이 아니라 기병과 충순직에 있는 사람들이 대신 사람을 세웠는데, 병조에서는 비밀리에 봉해 둔 것을 적발하여 잡아들이고 그 죄를 크게 다스리고자 한다고 쓰여 있구나.

전 집안 식구를 국경으로 내 쫓는 것이라고 한다.

9월에는 이빙과 이문량 같은 사람들이 번상*을 해야 하는데, 모두 올라 오지 않았으니 일이 생길까 두렵고 지극히 민망하구나. 주는 비록 이번에 번상 차례는 아니지만, 만약 대리로 사람을 세운 것이 적발된다면, 또한 우려할 일이다. 이러한 뜻을 여러 사람에게 전하거라. 마침 신당동 집 하인이 서울에 왔다가 돌아가는 길에, 문 앞을 지나다가 인사하러 왔기에 급한 가운데, 각자에게 따로 편지를 쓰지 못하니 아쉽구나.

*번상番上: 지방의 군사를 골라 뽑아서 차례로 중앙의 군영으로 보내는 일.

書 - 139

9월 3일

준에게 부친다.

네가 간 뒤로 소식이 없으니 길에서 별고없이 집에 잘 도착했는지 궁금하구나. 나는 전과 다름없이 지내지만, 점점 한기가 들어 부득이 사직해야 할 것 같다.

또 교의 처가 끝내 그 병으로 일어나지 못했다 하니 불쌍해서 가슴이 아프구나. 일찍이 신당의 하인이 돌아와서 알려주었는데, 알고 있느냐? 녕은 편히 남도로 내려간 것 같은데, 가던 길이 어떠했는지는 모르겠다.

장악원에서 치른 시험 합격자 발표는 이미 났는데 인원 형이 알고 갔다. 한성부에서 치른 과거 합격자는 아직 나오지 않았으나 오늘 나온다고 한다. 인원 형이 돌아갈 때, 그것을 전달하도록 보내지 못해서 아쉽다. 전해 들으니 이번 과장에서 많이 떨어졌다고 한다. 하물며 너희들이야 더욱 편치 않을 것이지만 어찌 요행을 바랄 수 있겠느냐 안타깝다.

가을 곡식 여문 상태는 어떠하냐? 서울에는 전달 그믐에 서리가 내렸다. 만일 그곳도 그렇다면, 늦벼 등의 곡식은 여물지 않을까 걱정이다. 어찌하겠느냐?

나는 내려가는 계획을 아직 정하지 못했고, 네 서모를 10월에 내려보내고자 한다. 교의 일이 저와 같으니 호송하여 내려갈 사람도 없구나. 혼자서 간다는 것은 어려운 일일 것 같아서 역시 결정을 못 하고 있다. 만약 형편이 된다면 내가 10월에 먼저 내려갈 생각도 있다. 늦손이는 바로 올려보내거라. 그러나 이놈이 헛된말을 하며 "행차 시기가 정해지기를 기다렸다가 서울로 올라갈 것이며, 분명한 지시를 듣고 떠나겠습니다."

라고 할 것이다. 이놈의 고집이 이와 같으니 뜻하지 않은 시기에 행차를 할 때 수행해줄 하인이 없게 될까 봐 걱정된다. 나머지는 인원 형이 가거든 듣거라.

書 - 140

9월 2일

준에게 부친다.

　김가행 일행 편에 부친 편지는 받아보아 알고 있느냐? 요즘에는 어떻게 지내느냐? 또 초곡에 가서 추수 감농은 하였느냐? 거둔 수량은 얼마나 되느냐? 작년 정도에 근접은 했느냐? 지난 네 편지에 내가 먼저 귀향하고 매 어미는 봄이 되면 내려오기를 바란다고 했는데 이 생각도 좋다. 다만 이렇게 되면 고향 집 살림이 번잡하게 되고, 서울집 양식도 떨어지게 되니 양쪽 다 기근을 대비하는 방책이 아니다. 매 어미에게 먼저 내려가게 하고 내가 봄에 내려가면 아마 굶어 죽을 일은 면할 것으로 생각되어 가행이 편에 보낸 편지에 그렇게 말한 것이다. 네 생각은 어떠하냐? 그래서 부득이하니, 튼실한 하인 5~6명에게 말 세 필을 딸려서 보름 전에 서울로 올려보내거라. 20일 지나 한파가 오기 전에 가급적이면 내려갈 수 있도록 하겠다. 추수도 끝나지 않았고 환자도 시급할 테고 사람과 말들도 굶고 지쳐있을 것인데 그 날짜에 맞추어 서울에 올려보낼 수 있겠느냐? 게다가 너도 오면서 말들을 끌고 온다면 도착시키기 어려운 상황일 것이고, 네가 추후에 따로 오려고 한다면 번거롭게 중첩되는 폐단이 있으니 더욱 어려운 일이다. 이러한 상황을 나는 멀리서 헤아릴 수 없으니 네가 반드시 형세를 보고 판단하여 처리하거라. 여기서는 말을 끌고 올 수 있는지 없는지를 보고 내려갈지 말지 결정하여 짐을 꾸리고 기다릴 뿐이다. 형세가 힘들고 극히 어려워서 올겨울에 하인과 말이 올 수 없다면, 내년 봄에 한꺼번에 내려갈 것이다. 삼동*을 굶주리고 지쳤는데 사람과 말을 준비하여 먼길을 오게 하는 것은 어려운 일이다. 그러니 어찌하겠느냐? 상황이 이렇다면 방법이 하나 있다. 2월 초에 단양으로 돌아가는 배가 있는데, 단양까지 수로로 가면 그 뒤부터는 먼 곳이 아니니 일꾼과 말을 빌릴 수가 있을 것이니 한꺼번에 내려갈 수 있을 것이다. 이 생각은 또 어떠냐? 그러나 휴가를 얻어 가지 못하면 사정은 더 어려워질 것이다. 그러나 이 때문에 매번 내려갈 수 없었으니, 내년 봄이 되면 비록 처벌을 받더라도 남아 있지 않을 것이다. 지금 내가 궁금한 것은 거기서 딸려 보낼 말이 오는지 안 오는지 일 뿐이다.

또 연동이 놈은 어찌 다스렸느냐? 이놈이 온갖 못된 짓을 자행했다는 것을 근래에 자세하게 들었다. 그 죄는 용서할 수가 없는 것이다. 오히려 상전이 듣고 알 것을 두려워하지 않고 독한 마음을 품고 이 종년과 함께 단칼에 죽는 것도 마다한다니, 그 패역됨이 상전의 뜻을 마음에 두지 않고 있다는 것을 알 수 있다. 이 종놈은 너의 유약함을 보고, 더 방자하게 꺼리는 것이 없으니, 어찌 이처럼 괘씸한 것이 있단 말이냐? 또 이 종년의 서방으로서 빚 갚는 일 때문에 초곡에 보내면, 이놈은 반드시 크게 소리 지르며 싸우는 것이 전보다 더 심할 것이다. 또 이번 추곡을 무단으로 쓰지 못하게 한 것에 앙심을 품고, 올겨울에는 다른 도둑을 핑계 대며 저장해 놓은 곡식을 훔쳐내는 등 분명히 그 못된 짓을 멈추지 않을 것이다. 이와 같다면 차라리 황석이에게 집을 지키게 하고, 이놈을 잡아다가 관아에 넘겨 도적질하여 쓴 죄의 전후 사정을 다스리게 하는 것이 좋을 것이다. 그놈의 처를 샀던 문서를 거두어서 겨울이 지날 때까지 가두고, 내 지시를 기다렸다가 처리하는 것이 옳을 것이다.

너는 하찮은 종놈의 못된 짓도 다스리지 못하고, 그놈이 이처럼 패악질로 어지럽히도록 그냥 두었단 말이냐?

네가 만약 서울에 올라오면 아몽은 아예 공부를 덮을 것이다. 어찌하려느냐? 이만 줄인다.

*삼동三冬: 겨울 석달 동안.

書 - 141

                                        10월 27일

준에게 답한다.

　이번에 내려갈 계획이 비록 애초에 정한 것이기는 하지만, 사정으로 보아 끌고 갈 말을 준비하기가 어렵겠구나. 가외가 가지고 온 편지를 보니, 마땅히 보내는 것을 멈추고 생각해 봐야겠구나. 지금 올려보내면 딱 좋겠지만, 말들이 모두 지쳐있을 테니 돌아갈 말 세 필만 있으면 마침 행장을 꾸려 갈 수가 있을 것이다. 이렇게 볼 때 여러 식구가 한꺼번에 내려가기는 더욱 어려울 것이다. 이 때문에 부득이하게 두 번으로 나누어 갈 생각이다. 내년 봄의 내 행차는 비록 유고가 있게 되더라도 어찌 중지할 수 있느냐? 병으로 3년을 보내며 봉급만 받고 살았으니 옛사람에 비하면 부끄러움이 그치질 않는구나. 그러므로 앞으로는 굶주릴 걱정은 생각하지 않고 내려가려고 결심했을 뿐이다. 너는 네 생각대로 올라오는 것이지만, 섣달 보름께 오는 것이 좋겠다. 다만 바로 혹한기라서 건강하지 못한 네 몸이 매우 염려되는구나. 명산이 일행 편에 보낸 편지는 이미 보고 답장했다.

　의령의 일은 전임 감사가 이미 처리했다고 한다. 어제 또 공간의 편지를 받으니 모두 편하다고 하였다. 곡식을 바꾸는 일은 마침 공간에게 통지하였더니 공간이 그대로 바꿀 것이라고 한다. 기분이 좋다.

　그 편지는 보냈고, 네 서모 또한 알고 내려갔다.

　아몽은 나이가 어린데, 추위를 무릅쓰고 먼길을 왔다가 얼마 되지 않아 내려갔고 편한 길이 아니니, 데려오지 말거라.

　행아가 오는 것은 별 해가 되지 않는 일이지만, 혹시 전 주인의 노여움을 사서 욕을 당할 것이 적지 않을 까닭에 나는 처음에 올라오지 못하게 하였다. 그자가 오는 것은 내 뜻이 아니지만, 기왕 출발했다면 어찌할 수가 없다.

계당에 오랫동안 주인이 없어 문짝도 도둑맞았으니, 훔쳐 간 자의 죄가 아니라 모두 나의 부끄러움이다. 그러나 내가 있었을 때 그랬다면 내 부끄러움이거니와 네가 있을 때 그런 것은 네 부끄러움도 적지 않을 것이다. 자손이 있어서 소중하다는 것은 선대에서 이룬 가업들을 허물어뜨리지 않기 때문이다. 그런데 네가 좋아하는 것은 내 학문을 이어가는 데에 있지 않으니, 어찌 허물어지지 않는다는 것을 기대할 수가 있겠느냐?

계당은 위치를 잡은 것이 합당하지 않다면 마땅히 옮겨서 고쳐 지어야 할 것이다. 지금 돌아가게 되면 집 몇 칸을 자하산 기슭에 짓고 그곳에서 머무는 것을 낙으로 삼고자 한다. 그러나 이제 이런 생각으로 후일을 짐작해 보면 그렇게 될지 모르겠다. 나는 매번 이런 일들로 걱정하고 있었으나 대수로운 것은 아니라고 여겨 말을 안 하고 있었다. 그러나 이 일로 인하여 말하는 것이니 마땅하게 생각해야 한다.

전에 말한 금이의 밭을 사는 일은, 사는 것이 과연 합당할 것이다만, 다시 생각해보니 올해는 모두 흉년의 구렁에 빠져 있는데 어느 겨를에 후일을 생각하며 곡식을 내어 밭을 사겠느냐? 내 생각에는 천만 가지 방책을 세워 함께 죽음을 면할 생각부터 하는 것이 마땅한 것이라고 본다. 나머지 일은 신중히 미루는 것이 옳을 것이다.

나머지는 돌아가는 사람에게 듣거라. 여기서 그친다.

書 - 142

11월 5일

아들 준에게 부친다.

　돌아간 뒤로는 편지 한 통도 오지 않았구나. 들리는 말에는 가는 도중에 말이 지치고 너무 군색하였다고 하니, 그렇다면 양식도 떨어졌을 것인데, 더군다나 마음에 걸린다. 또 애초에 억필이에게 말을 끌고 즉각 오라고 하였는데 어째서 지금까지 오지 않는 것이냐? 매우 괴이하고 걱정된다.

　너와 백영이가 같이 올라올 때 편할 것 같아서, 억필이와 말을 그때까지 기다리게 하여 끌고 오려고 머물게 한 것이냐? 눈과 한파가 근래에 극심하니 먼길 오는 것은 매우 어려울 것이다. 어찌하랴.

　나는 때로 조섭하지 못하게 된 적이 더러 있었다. 그러나 그것은 연례적으로 생기는 증세이고 지금은 이미 평상시처럼 회복되었다.

　공보네 어린 계집종이 심한 돌림병을 앓는다고 한다. 이 동네의 이웃들도 그 병을 많이 앓는다고 하는데, 시골집의 안부는 어떤지 모르겠구나. 먹을 것이 없어 굶주리는 까닭에 종들이 무리져서 모두 흩어지는 형세라고 하는데, 지금은 어떠하냐? 이것저것 생각이 가라앉지 않는구나.

　남광필이 떠나기에 앞서 와서 인사하는 정황이라 상세하게 적을 수가 없구나. 언문편지는 보내지 않았다. 알아서 살피거라.

書 - 143

12월 6일

　준에게 보낸다.
　근래에 소식이 없어 안부가 궁금하구나. 또 네 서모가 내려갈 때, 이곳 가까이에 돌림병이 있었으므로 먼저 집의 아이들을 오천으로 피신시켜 가 있도록 해라. 집에 도착한 후의 소식을 지금까지 모르겠으니 근심하지 않을 수 있겠느냐? 네가 백영과 같이 온다고 생각했으나, 지금 이용이 전하는 말에 의하면, 네가 백영과 함께 오지 않는다는 것을 이제야 알았다. 그렇다면 언제 떠나기로 정했느냐? 나는 올겨울에 추위로 고생하여 때때로 감기가 들었다. 그러나 심하지 않아 바로 차도가 있었지만, 바깥출입은 못 하고 있다. 새 달력을 얻을 때마다 나누어 보냈으나 고루 나눠드리지 못해 아쉽다. 여종이 말을 타고 갔으니 안장은 잊지 말고 가져 오도록 해라. 공간은 초곡에 왔느냐? 사언에 관하여는 근자에 간관의 입에서 다시 다스리려고 하였으나, 한 친구가 힘써 막아 겨우 그쳤다고 한다. 그러나 끝내 재발하지 않을지는 말할 수 없을 것 같다.
　또 단계 류씨 집안의 일이 드러나, 여러 사람이 이러쿵 저러쿵 말들을 한다니 부끄럽고 가슴 아픈 일이다. 어찌하리요? 일마다 이와 같으니, 내가 어찌 얼굴 들고 다른 사람들을 볼 수 있겠느냐? 네가 이미 출발하여 도중에 있을 것 같으니 대략 전한다.

　추신———새로 태어난 아이의 이름은 아순으로 지었다.

書 - 144

12월 8일

아들 준에게 부친다.

몽아가 내년이면 열다섯 살이니, 매번 어린애 이름으로 부를 수는 없을 것이다. 편지의 별지에 적어 보내니, 이것에 따라 이름을 정하고 아울러 시의 뜻을 해석하여 가르치도록 해라. 또 잘 간직하여 잃어버리지 않도록 해라.

대체로 이름에 있는 이 '도'라고 하는 것은 인륜의 일용할 양식이나 옷과 같아서 잠시라도 없어서는 안 되는 것은 물론, 평상시의 '도'가 아닐 수 없다. 지금 사람들이 자칫 '도'자를 말하면, 바로 특이한 일로 여기지만 힘써 학문에 이르다 보면 후에 이 뜻을 알게 될 것이다. 그래서 시에 그렇게 말한 것이다. 어린애 이름은 아순이다. 이전 편지에 작게 썼으므로 분명치 않은 것 같아 다시 쓰는 것이다.

네가 올 때 단양에 이르거든, 뱃사공에게 내년 봄 언제쯤 서울에 오는지를 물어 돌아올 때 배를 타고 가겠다는 뜻을 약속하고, 확실히 어기지 말 것을 일러두어라. 불러서 물어볼 형편이 안될 것 같으면 믿을만한 사람에게 이런 뜻을 전해 달라고 하는 것도 괜찮을 것이다. 나는 2월 보름에서 20일 사이에 출발할 것이다. 두 가지 일이 겹치지 않게 맞출 수 있겠느냐?

書 - 145

12월 8일 밤

아들 준에게 답한다.

　백영이 와서 전해준 편지에, 재암에 가서 공부한다는 소식을 듣고 많이 위안된다. 다만 네 서모가 돌아갈 때 말에서 떨어져 입술을 다쳤다는 소식을 지금 알았다. 군색한 일이 많고 그렇게 어긋난 일도 있었는데 무사하다니 다행이다. 나는 평소에 앓던 천식이 때때로 발작하여 답답하고 몸이 건조하고 열이 나서, 추위가 두려워 외출은 하지 않지만 대부분 잘 지내고 있다. 지난 2월 15일 자 정목에 첨지로 제수되었을 때 사양하지 못했다.

　의령의 일은 되돌리기는 되돌려 졌다. 세상 물정이 더욱 격렬해져서 서울 외에서도 시끄럽게 비등해지자, 근자에 사간원에서 거의 고발 상태였으나 류중영 사간의 노력에 힘입어 겨우 중지되었다. 그 뒤의 일은 아직 가늠할 수가 없다. 이 가운데는 비단 사언 뿐만 아니라 생원이 더욱 염려된다. 그것은 소위 '논밭과 노비를 빼앗은 것'으로 문서를 작성한 일이니 대단히 무례한 짓이다. 나는 전혀 알지 못하다가 근래에 박사신을 통해서 처음 들었다. 이 일은 내게는 더욱 뼈에 사무치는 아픔이다. 지난날에 내가 생원에게 보낸 편지에, "양자를 쫓아 보낼 수가 없다면, 장모님 돌아가시기 전에 가문의 어른들과 같이 의논하여 양자로는 제사를 지낼 수 없다는 뜻을 성문화 해두면, 가문에 난처한 우환이 후일에 없을 것"이라고 말한 바 있다. 공간은 내 이런 편지를 근거로 크게 떠들며 말하기를, "사언에게 채의 몫으로 토지와 노비를 줄 수 없는 것은, 대사성* 형이 편지로 통보했기 때문"이라느니, "문서로 작성했다."느니 따위로 말한다는구나. 천하에 어찌 이같이 상서롭지 못한 일이 있는가! 내 편지를 만약 집안사람들이 본다면 걱정할 바가 없을 것이다. 저들이 속이는 말을 했으니, 분명히 그 편지는 숨기고 어디에 둔 곳이 없을 것이다. 내가 어찌 상대하여 드러내고 밝히겠는가? 저 사람들과 똑같이 악명을 받을까 심히 두렵구나. 어찌한단 말인가? 대체로 공간의 소행이 이와 같으니 여론에서도 사언과 다를 바가 없다고들 한다. 마땅히 누구의 허물이겠는가? 네 편지에도 그 일은 매우 옳지 못하다고 여기니 내 마음이 좋구나.

단계에 대한 일은 저번 편지에 이미 다 말했다. 가슴 아픈 일이구나. 이말의 언문편지와 곡식의 장부를 보니, 곡식을 바꾸는 일은 종자를 제외하고는 모두 바꾸는 것이 좋겠다고 하는구나. 다만 그쪽의 일은 급한 것이 아니지만 사람을 보내어 시도는 해보는 것도 좋을 것이다. 올해는 집에서 쓸 것이 너무 급하다 보니 이것은 결코 작은 일이 아니구나.

종과 말이 어쩐 일로 오래도록 오지 않아 형편이 이 지경이 되었으나, 어쩔 수가 없구나. 네가 올라올 때 빌린 안장은 잘 가지고 왔으면 좋겠다.

금손이의 일은 놀랍기도 하고 가련하구나. 순이의 일 역시 걱정스럽다. 호내에서 납부해야 할 곡식을 대다수 미납한 것은 말할 필요도 없다.

전답을 사고 안 사고 하는 일은 다 알고 있다. 이후에 비록 부득이한 일이 있어도 사지는 마라.

시제는 모두 벌써 지냈다고 하니 걱정을 놓았지만, 보름에 가는 일을 어겨서는 안 된다. 마땅히 춥고 먼 길이니 조심해서 오너라. 나머지는 구간이 가지고 간 편지에 다 있다. 이만 줄인다.

*대사성大司成: 퇴계 자신.

원문은 퇴계학연구원에서 지원사업으로 이루어진 중간 성과물로 교감, 표점 등을 그대로 전재하였음.

● 경자년(1540년, 40세)

書 - 1 (8월) P.10

【答寫[庚子○以下先生十二代孫中英家藏]】
【彷叱孫來傳書, 知爾無恙讀書山寺, 深喜深喜. 余依舊, 兄主今爲司僕判事, 無事從仕, 爾婦製送團領受納, 喜慰喜慰. 但窮中何必爲此? 反有未安. 且爾行止. 今冬余不下去, 無事在家, 汝若與赴試諸友偕來, 則仍留過冬爲可. 白貼扇二柄·漆扇二柄·眞梳五介·墨一錠·筆一柄送去. 貼扇·眞梳, 爾婦處傳與爲佳. 只此.】
【爾聘翁龍宮訓, 已下批, 速往赴任事, 傳白爲可. 適因忙出, 未修別狀, 并告補卿, 則自宜寧隨其叔父直來于京, 爲計.】

書-2 (8월) P.11

【答寫】
【伯榮之來, 得見爾書, 知爾好在, 喜慰喜慰. 余頃者以暑痢爲苦, 今已差歇矣. 但爾若來京, 當與赴試諸友偕來, 見試後仍留過冬, 可也. 何獨遲留而以九月上來乎? 且其處若與完輩上寺好讀書, 則三冬苦寒, 不必來此經過也. 若無聽講勤讀之處, 則須速來, 至可至可.】

書 - 3 (8월) P.12

【答寫[以下六代孫守淵輯錄]】
【金仇知等來, 得見爾書, 知爾無病, 深喜深喜. 余前患痢疾, 今已平復. 但騎馬出行, 則兩脚時時浮腫, 爲慮爲慮. 且汝於別試, 雖及來見, 固知無益, 然同接諸友, 皆來赴試, 四方之人, 雷動雲合, 汝獨退坐鄕村, 無感激之心可乎? 以此, 前書欲令與諸友偕來觀光後仍留過冬云云. 今見汝書, 自知無益, 而不欲及來見試. 此無他, 汝素無立志, 當此士林鼓舞之時, 亦不起激昂奮發之意也. 余甚失望失望. 然今則諸友皆已發行, 汝不及來矣. 然則九月望時, 不須上來也. 且京家苦寒, 過冬亦難, 故宓姪及曹允懼等過試後皆欲下去, 汝雖來此, 無與同學, 不如不來. 然汝本不篤志於學, 若在家悠悠度日, 尤爲廢學, 須速與完姪或他篤志之友, 負笈上寺, 三冬長夜, 勤苦讀書, 來年春宓等皆欲上來, 汝其時偕來于京, 同接過夏, 甚善甚善. 汝今不勤苦做業, 隙駟光陰, 一去難追, 終欲作農夫隊卒以過一生耶? 千萬刻念, 無忽無忽. 至於秋收等事, 雖云虛踈, 學者不當掛懷也.】

書 - 4 (9월) P.14

【答寫】
【昨見爾書, 欲以望時決意上來, 心喜. 但宓侄等今皆下去, 汝雖來此, 獨處無伴, 講業爲難. 且無溫房, 過冬亦難, 故前書勿來事通之矣, 何以必欲上來乎? 雖已發行, 姑且停行還家, 速結勤學之友上寺, 過冬讀書, 明年春上來過夏事, 依前書爲之, 至可. 只此.】

書 - 5 (월일 미상) P.15

【與子寫[庚子]】
讀書, 豈擇地乎? 在鄕在京, 惟立志如何耳. 須十分策勉, 逐日勤苦做工, 不可悠悠浪送日月也.

書 - 6 (월일 미상) P.16

【寄子寫[庚子○以下六代孫守淵輯錄]】
【傳聞汝自宜寧還來, 未知路次何以往返? 如有來京人, 何不修書附送? 難待難待. 余證漸覺向差, 尙未如常. 汝勿以余在遠而放心嬉遊, 須逐日勤苦讀書. 且在家若未專業, 須與篤志朋友, 栖於山寺, 堅猛做工, 不可悠悠度日, 或飮酒荒思, 或釣魚廢業, 終作不學無知之人. 余朝夕不忘, 汝寧不知之耶?】

● 신축년(1541년, 41세)

書 - 7 (신축년 1월) P.18

【答寫[辛丑○以下先生十代孫彙廷家藏]】

【書來, 喜知無病上寺讀書, 甚善甚善. 汝上來事, 二月望間未晚也, 須與宓侄同約偕來. 春來, 想道多艱梗, 不可無伴而行故也. 且草谷前秋取出朴賢逢受租上下春正米一駄, 來時船卜而來, 甚可. 餘詳後歸人, 只此.】

【阿蒙母前所送針粉, 領納. 送來足巾三事喜受之意, 幷告爲可.】

● 임인년(1542년, 42세)

書 - 8 (1월) P.20

【寄寫】

【知來時送物皆領納. 已答書付還人, 想已到矣. 秋場臨迫, 切不可浪度光陰. 二月望間, 須與宓侄同行上來, 爲可. 來時榮川家米一駄備來事, 前書云云, 須毋忽. 餘在完行, 姑此.】

書 - 9 (월일 미상) P.21

【寄寫】

【汝等歸後, 連日雨潦. 聞宓侄無雨具, 行路窘可知. 今聞富仁氏遭艱, 驚怛驚怛. 適因忙未修吊狀, 亦恨恨. 黑毛筆一柄送去.】

書 - 10 (12월) P.22

【答子寫】

【宋兒婚事, 彼家以今月晦日爲定, 不可進退, 故二十日定向宜寧. 但初意自彼還時, 定向禮安, 拜省先塋而來. 今則人皆曰, "掃墳受由, 國禁未解, 不可以禮安地掃墳之意上達而受由." 旣不受由, 則又不可枉道而行, 事勢甚難, 不勝痛恨. 然到境內當量勢處之. 適爲臺官, 故如此勢難, 尤恨尤恨.】

書 - 11 (월일 미상) P.23

【答寫[壬寅]】

【得見爾書, 知好在, 深喜深喜. 余依舊在京. 但前日汝夫.】

● 계묘년(1543년, 43세)

書 - 12 (1~7월) P.26
【答子寯[癸卯先生十二代孫中協家藏]】
【近得琴弛等持來書, 知爾上寺讀書, 深慰深慰. 但雖上寺, 不勤則何益? 且忠順兄主以無情之事, 終至大發, 現與不現, 事勢皆甚難, 家門不祥之厄, 莫甚於此. 吾等繫官在遠, 不得奔走共患, 日夜痛切于心. 傳聞差使員入官取招之時, 子姪輩無一人往見云, 子弟衛父兄之道, 固如是乎? 尤痛尤痛. 汝不識事理與公事輕重, 雖往見亦無益. 然汝身所可爲之事, 不避艱險, 盡心盡力, 可也. 只此.】

書 - 13 (7월) P.27
【寄寯[以下先生十一代孫晩悏家藏]】
【□欲下歸, 緣勢難姑停, 來月望間欲歸定計. 奴漢孫持哲孫卜馬來, 初十日不違入京事, 敎之爲可. 餘具完等書, 不一.】
【汝書冊衣物付送.】

書 - 14 (8월) P.28
【答寯】
【從馬人來, 又得書, 凡事知悉. 余之不得下歸, 漢孫齎書已悉. 余旣停行, 順伊不來何妨? 李叔樑持書已見耳. 曹允懼以三下高中, 李叔樑亦中, 深喜深喜. 常恨汝學業不勉, 見人家子弟占得慶事, 益深歎慨之懷. 汝獨無奮起策勵之心耶? 阿蒙童靴, 漢孫歸時, 未及貿送, 恨恨. 今與耳環幷送, 知悉.】
【應賓處孟吐, 從當問而推之.】

書 - 15 (9월) P.29
【寄寯】
久未聞汝安否, 深慮深慮. 兄主事, 因吳進士簡知. 奴輩納招則似爲無妨, 未知其後官人等何以納招乎? 深用慮悶慮悶. 余證似減而未得如常, 黽勉來書堂, 未能盡力於讀書, 徒費廩餼, 甚不自安自安. 終番在今月晦來月望, 過忌祭後, 欲受由下去, 見兄主之事, 但兄主時未現身云, 以是爲疑耳. 且汝近日讀何書耶? 無乃頓廢學業嬉惰度日耶? 歲月如流, 爾兩兒憒無所就, 其終何以藏身耶? 爾獨念及此耶? 汝叔以事歸富平云, 來月初下榮川, 仍下宜寧作計. 只此.

【石粉等至今不歸耶? 須督送爲可.】

● 갑진년(1544년, 44세)

書 - 16 (월일 미상) P.32

【答寓[甲辰]】
□不可出去, 故姑停過試後, 九月間下去, 爲計. 余亦以焚黃大事, 不可不同時下去, 而時未定計矣. 近得宜寧信, 汝叔時無來京之意, 想必纔及試期而來矣. 宜寧病氣則寢息云云. 知望知望.

● 을사년(1545년, 45세)

書 - 17 (1월) P.34

【寄寓[乙巳先生十二代孫中協家藏]】
汝今安否? 余近則少平安. 但大憲兄傷寒未盡差息, 緣務强仕, 慮慮. 豊山葬事, 余未往見, 雖因事勢而然, 心甚未安. 汝未往見耶? 來朔亦有祭, 其勢亦然, 汝若無故則往見爲可. 且奴哲山·仲孫等處, 歲前兩次牌字, 其奴等頑不回報, 汝若到溫溪, 招問處之, 可也. 汝舅翁今付縣訓矣. 余三月欲下去, 汝待我行而上京耶? 無乃太晚乎? 量宜處之, 亦可.

書 - 18 (1월) P.35

【寄寓[先生十一代孫晩轍家藏]】

【汝在途安行則知之,到家後何如也? 余比汝在此時又似減歇, 惟氣虛畏寒爲慮, 未敢爲出仕之計耳. 就中朝廷未靖數三宰相得罪遠謫, 人心危懼, 雖余病縮, 亦豈安心? 汝輩常時愼口爲佳. 且聞農事不實, 可悶. 然不可以此爲歇後計也. 故旣遣汝, 又遣芿叱山, 須一依面敎收藏, 惟謹以爲明年活計, 可也. 且孫伊牽其馬, 彥石某牛馬中牽持, 氷凍前往平海, 貿塩藿以來事, 亦敎之, 爲可. 餘事芿叱山知去, 不復一一.】

書 - 19 (7월) P.36
【答子寯[乙巳○以下先生六代孫守淵輯錄]】
【順伊來, 又得爾書, 具悉. 但余之行止, 當初無奴馬, 遲徊之際, 忽有復敍之命, 勢難去矣. 而前月念八日政, 拜司僕寺正, 當此之時, 擧意徑去, 尤難, 故姑留. 此意, 前書已通之. 同知兄晦日入京, 必柩卄九來到, 寓殯於門外南陽邸, 以待從馬之來, 送歸于鄕爲意, 哀哉哀哉! 余則近日殊似平安, 但微有虛熱證, 方深愼護耳. 行計則當正二月間處之, 吾雖未往之前, 明春瓦窯不可不爲, 預敎奴輩, 爲可. 餘詳前書.】

書 - 20 (1~9월) P.37
【寄寯[烏川]】
【前日適値客來, 且因日暮, 凡事殊未盡, 恨恨. 明日定發耶? 近觀日氣, 必大熾熱, 何堪道苦? 慮慮. 且路糧不得少補, 恨萬恨萬. 留京糧則加隱非牌字內亦敎之, 知悉而去. 忠州求舡簡, 前見汝意不甚倚切, 且行次下來時, 必多煩累, 不當重疊, 而彼之厭煩, 如汝所言, 則所資毫末, 而受侮如丘山之勢, 故今不修簡, 汝必知吾意也. 京中及各處行次書簡, 則芿叱山上去時付送, 故今不爲也. 榮川城主前謝意及石手斤重事, 修簡而送, 傳上爲可. 阿蒙始知學字云, 深喜. 『千文』隨當書送, 但無好紙, 恐易破耳. 草谷來書簡送去. 朴賢等昨來云. 汝叔言內宜寧求芥子, 無乃汝可得乎? 以此朴奴等當往烏川, 適有歸人, 故直還而予告此意耳. 申遲簡亦去, 脯二貼送去. 且舡路多危, 千萬愼重愼重. 餘在前言.】

書 - 21 (10월 6일) P.39
【寄寯[先生十一代孫晩悏家藏]】

【近日汝身安否? 就中昨日先來通使入京, 宓侄行至通州病死, 不勝驚痛悲號之至悲號之至. 入歸時留館時無病, 臨發患濕證, 行步蹇滯, 然不爲重證, 乘車以行, 出一日程, 至通州, 上氣發熱兼作, 其夜三更奄至不救云, 世上安有如此悼痛不堪之事乎? 此乃九月初十日也. 死者已矣, 爲兄主傷痛, 恐至生病, 尤深痛慮痛慮. 通事言時則無恙而來云云. 弘祚及朴公等他餘一行人, 則皆無事云. 醴泉及榮川訃告人之歸, 忠順兄主前已修狀, 故今不更修, 幸此簡先到, 則卽白于兄主前, 亦可. 心亂不一.】

【行次則今月念三四有入京. 弘祚落後護柩而來, 來月初當入來云.】

書 - 22 (10월 하순) P.40

【答寓[先生十一代孫晩禧家藏]】

【彷吒山·義山來, 連得汝兩書, 知悉. 今日李閏樑到京, 同知兄主行次月十五日發義州, 晦朔間入京, 宓柩十四日先發, 然必後於行次而到此矣. 其柩, 兄主則欲經冬於此而下送, 其婦則卽欲扶轝下鄉, 此願甚苦, 恐不可違也, 然時未定矣. 余服平胃煎, 頗得效向蘇, 素食不難, 殊幸殊幸. 但覺稍熱, 故近日暫停其藥耳. 亡侄之慟, 苦纏不堪, 然豈不念病軀乎? 汝知此意, 勿以遠離爲憂也. 余奪職後, 朝議皆以爲黯黙被罪, 左相聞而悔之, 乃以誤聞誤啓待罪而請還敍用依允矣. 然奪職時余心安, 而今則大大未安, 且奪官, 卽當下去, 而無奴馬, 待兄還之故, 遷延濡滯, 而遽有此事, 尤爲未安. 今則旣聞敍命, 而棄去未便, 故今冬勢未下去, 奈何奈何? 然明年正月二月決去也. 餘望過汝母忌後, 卽上寺猛奮做功, 切戒悠悠度, 只此.】

書 - 23 (11월) P.42

【答寓[以下先生十一代孫晩恊家藏]】

【近日汝安否如何? 慮慮. 余則無事. 但以亡侄悲痛之餘, 又聞周村李別侍嫂氏之訃, 此亦家門喪患厄會之一, 不勝驚怛驚怛. 其喪在八月, 汝在其處, 非不聞之, 何故不告訃乎? 有服之親, 至於死喪之際, 邈不相聞, 其可乎? 宓侄之柩, 欲於初十日有發送, 朴奉事領去, 其婦一時下去, 寓也當護行爲計耳. 餘望勤勤不懈耳.】

【『讀書謾錄』則更覺得於此矣. 溫溪家藏『性理大全』不帙者, 僅存八卷, 其八卷內自第幾卷至第幾卷存而不帙者某某卷耶? 汝到溫溪之時, 詳細

考錄以送, 可也. 仲孫處馬太帖字, 忘却不送, 今乃成送.】

書 - 24 (11~12월) P.43
【答子寯[乙巳]】
【汝之寄食於聘家, 本非好矣. 以余勢難, 故因循累年, 今則汝勢尤難, 奈何奈何? 然貧窮, 士之常事, 亦何介意? 汝父平生以此被笑於人多矣. 況於汝乎? 但當堅忍而順處, 自修以待天, 可也. 余今雖復職, 病難從士, 明年下去, 因欲乞得外任. 若得此願, 則汝可隨之, 不得則父子共窮以送餘生, 此余志也. 明年別試進士三月初七, 生員初九日已定. 但汝廢業奔走, 今年秋冬尤甚, 此莫大之憂也. 汝須痛念加工, 至於區區齟齬之歎, 千萬勿留胸次, 可也.】

● **병오년(1546년, 46세)**

書 - 25 (1월 4일) P.46
【寄寯[丙午]】
【昨以豊山探問安否事, 奴七山委送于豊山, 旣以付書兼送名紙矣, 猶有未盡, 故再修此書. 余говорить下去, 則欲見汝婦, 計踈年險, 凡事草草, 可知. 然不可每每延拖, 故暫設爲計, 想在三月間矣. 訓導前, 忙未別狀, 其朝謝改下批事, 方圖之未成耳, 傳告爲可. 餘具前書, 只此.】

書 - 26 (1월 13일) P.47
【答寯】
【近見汝初二日書, 知無恙, 其前諸書, 皆見皆答矣. 就中汝無所歸, 贅寓艱窘云, 每見汝書, 輒數日不樂. 雖然, 爲汝自處之道, 尤當堅苦自守, 安分俟命, 不可遽生戚嗟嫌恨之意, 以至於作過取譏也. 吾嘗知贅居之難, 亦窮之勢使然耳. 父窮而子窮, 何足恠乎? 吾下去, 凡事面言之. 大低吾若從仕, 則祿非甚薄, 當擧汝米. 但自今仕宦之心, 益少, 如之何如之何? 訥叱孫事, 吾非不知. 捉來使喚, 只以此奴等事, 方有爭端. 雖云別給, 其事不

固, 何以傳給於汝乎? 前者因汝之言, 以古溫之女, 給阿蒙. 今聞榮川家起
訟之人, 兼指此婢爲遺漏口舌喧喧, 吾甚悔之, 況又給此奴乎? 非徒此也,
凡爲同生者, 每事平均然後, 家道不壞. 至於不均而能平其心者, 人所難
也. 汝於此, 當反而思之曰 "吾弟見得奴婢, 尙欠於我, 我若加得, 則吾弟
又加欠矣. 兄弟一體, 爲一體亦當一心, 吾弟之欠, 猶吾欠也." 則友愛之心
油然, 而他念自消釋矣. 且他奴皆有故, 則連同者雖詐可帶行矣, 未可入役
耶? 鄕試前年定於義城云, 意必仍定. 今定於昌寧, 汝之見試, 果爲有弊,
奈何? 京見試甚好, 但汝婦來溫溪之事, 若如計爲之, 則此時汝不可在他
處也. 此間事勢, 難於預料, 汝須量宜爲之. 天使先運, 念一入京, 後運則
今發遼東云. 兩使皆過後下去, 瓦窰山等凡事皆晩, 奈何? 且赴試無卜馬,
則仲孫等受馬持去可也. 餘具前書, 不一.】

【針粉送去. 且五升木三疋, 今欲付送於汝. 無乃欲用於京, 故姑置于此,
知之.】

書 - 27 (1월) P.50

【寄寫[丙午以下豊山金宗杰家藏]】

【□□養馬馱去可也, 雖馬付七山而送, 則便矣. 而其時不及, 今若無可付
送之人, 則不可專人付送. 旣不上送, 而汝行無馬, 則此馬亦可騎去矣. 但
吾行只以羸馬一匹, 不足可憂, 不得已雇馬以歸, 其勢爲難, 然村務漸急,
何可專人來乎? 故如右云. 訓導朝謝, 近因朝中多事, 時未出來, 今未及送,
恨恨. 然新監之到, 豈必二月內考準耶? 從當銘送. 忙擾不一. 爾庶母處,
亦不付書.】

書 - 28 (1~2월) P.51

【寄寫[宣城金輝在家藏]】

【今聞豊山聘母氏訃音, 驚痛罔措. 前喪迨未往見, 心常未安. 今又拘天使
之行, 未卽奔赴, 尤深痛慮. 苅叱山卽督還送, 天使旣發, 吾當卽去爲意.
汝赴試, 竟定何處耶? 漢孫馬汝可駄卜赴試, 則雖馬付苅叱山上送, 可也.
且事出不意如此, 吾之下歸, 時務亦急, 前日所計, 恐未得事事如意, 深悶
深悶. 然今難遙度下去, 當量勢處之. 餘具寧海人持書, 不一.】

書 - 29 (5월 초순) P.52
【答寓[烏川]】
【書來爲慰. 予無事下里, 病則近似向熄疫. 億守家畢行, 盲女兒又好行, 而時無繼者, 然必不中輟矣. 銀唇, 可以薦新, 爲喜. 日和, 汝可來此, 但蠶事方殷無容處, 吾亦厭此, 欲往淸涼山, 計定而昨聞山庵多病氣, 故姑止. 李庇遠·吳謙仲亦欲入山, 聞病而止. 汝十五日來此, 行十六日忌祭於曹咸安家, 仍與庇遠輩往龍壽孤山等處讀書, 爲可. 近檢藏書, 『論語』「先進」一卷·『孟子』「滕文」一卷·『聯珠詩格』末一卷無之, 無奈在汝處乎? 大抵在汝書冊, 無遺書來而校其存否, 可也.】

書 - 30 (7월) P.53
【寄寓寀[以下先生十二代孫中英家藏]】
【事至於此, 驚慟罔措罔措. 非徒我在此, 汝等皆不及見, 終天之痛不可云云. 汝等奔喪, 當此苦熱, 恐生疾病, 煎痛深極深極, 未知何如何如? 家中掃如, 喪窘可知. 速圖發引, 定日預通, 爲可. 餘心亂不一. 惟望愼持, 千萬千萬.】

書 - 31 (7월) P.54
【寄寓寀】
【汝等千里之路, 觸熱奔喪, 身氣其無恙否? 余身在此, 而心在汝等之傍, 晷刻不釋, 痛念痛念. 發引日期, 度在何時? 須速辦, 秋收前下來, 可也. 而發日預通, 則從馬發送爲計. 且船隻及曳船軍等事, 兄主可指圖耶? 告稟幷通可否. 忠州·淸風·丹陽以下, 則余欲圖之也. 且文記入盛箱子, 無乃虛疎耶? 須看審前封之完否, 而汝等加封不輕, 藏護持來, 可可. 餘詳別幅及前書, 今忙不一. 發引時奴子加送乎? 此處亦多事而乏奴, 黃石到京卽時下送如何? 若發引時, 使喚爲要, 則不送擧來亦可.】

書 - 32 (7월) P.55
【寄寓寀】
【帶去人還, 知寓免患得達. 但未知寀於雨水何以奔赴, 何日入京? 深慮深慮. 且念八日發引與否, 至今未聞, 無乃因雨水退發耶? 未知發日, 故從馬發送亦難定日, 尤悶尤悶. 須卽令一奴先走來報待報還送爲計. 近者連雨江漲, 逆水船行, 恐不如計程之恨. 且汝等冒險艱辛, 慮生疾病, 煎念不已不已. 大抵在京在途, 凡事必窘, 何以濟來? 此處事多人少, 旣未連續, 使人探知, 尤增歎慮歎慮. 余亦欲往見于中路, 從馬之外, 人馬俱無, 亦難如意, 奈何? 餘付仲孫, 只此.】

書 - 33 (월일 미상) P.56

【告寫·宗[丙午]】
喪主於哀, 每事考『家禮』, 兼問時俗通行之宜, 勉力操心, 勿取譏議於人, 至可至可. 況汝等皆不及行汝母之喪, 此喪卽汝母之喪. 以此爲心, 則自不容於不謹矣. 或云"與親母有間", 此乃無知率意之論, 陷人於非義, 不可聽也. 今京中士大夫喪禮, 雖未盡合禮, 亦多可觀. 汝等若不及於古, 而又取譏於今, 則其何以立身乎? 但毋使過用氣力而至於生病耳. 以一節言之, 凡吊客至, 則喪主及哭婢皆哭而待之. 及發引時哭不絶聲等事, 皆今俗之合禮者也. 如此等事, 以類推之, 問人而行之, 千萬母忽母忽.

● 정미년(1547년, 47세)

書 - 34 (1월) P.58

【途中開見】
汝今此行, 殊似未穩. 余當初未及熟思而許之, 今欲止之. 但從馬遠來, 且有立祠之事, 不爲無名, 故勉令一行. 汝往宜寧[缺]後, 卽速立祠, 刻期造畢, 二月內還上來, 可也.
一, 途中及到彼之後, 凡持身處事, 切宜日日謹愼, 毋敢怠忽, 常以文公「訓子帖」之言, 念念不忘, 庶幾不至於有過之地. 此意, 平時猶當勉勉, 況汝爲喪人乎? 汝讀『家禮』, 豈不知喪人之道乎? 千萬千萬.
一, 宜寧之事, 本是不好. 今若又不能善處, 非徒汝陷於非義, 亦吾之恥也. 須審度事勢之可否, 隨宜順理, 遜言恭色而處之, 陳其情懇而請之. 若如此而猶不聽, 必欲奪之, 則無可奈何, 不如任其所爲, 勿懷忿心, 勿出悖言,視棄其物, 如棄草芥, 要不失子弟之道, 至可至可.
一, 所讀『中庸』已讀處, 熟讀成誦, 未讀處, 求得吐冊, 且質於友人畢讀, 而皆熟讀背誦後, 又讀『孟子』. 大抵勿接雜人, 常常閉門獨坐, 堅苦讀誦, 愼勿虛度光陰. 且丹溪乃路傍, 賓客雜遝, 尤爲未安, 勿恆處於彼.

書 - 35 (1~6월) P.60

【答子篤】
【余往溫溪殯所, 參望奠, 見爾書, 卽還于家. 溫白元有兩樣, 故兩囊都封而送. 但皆經霆, 恐失藥性也. 幸兩試用之, 爲可. 今審證勢, 進退如此, 至爲可慮, 煎悶不已. 就中】 汝有非輕之病, 【雖是重服, 已過旬朔, 不可固執.】 況瘧疾本因脾胃受病而作, 【人皆云, "千方萬藥, 竝不如酒肉保脾胃." 此言甚當理.】 今送乾脯數脡, 令汝從權開素, 不可違吾悶懇之意, 今日爲始, 卽用肉汁. 凡憂患之事, 勿過攖懷, 多方保護, 以慰老病父也. 【餘忙只此.】 雖開素, 仍帶絰帶不妨. 但不可對人飮食, 或與衆坐, 當有飮食之事, 則起避之. 此非飾僞諱食而然也, 乃自貶以示不敢齒人之意也. 蓋爲病開素, 不得已從權故耳.

書 - 36 (9월 중순) P.62

【答子篤寀[丁未]】
【且中遞期, 至今不來, 傳聞'吏曹不坐, 故未呈所志'云. 然則我之在此, 乃無緣退坐, 甚爲未安, 故不得已進去, 今向豊基. 路中若聞罷職則下來, 若付京職則仍上去爲計. 雖然, 我之仕宦, 不可恃, 家中秋事, 不可忽也. 且汝等學業, 切不可以我不在而慢廢, 更須十分勤讀奮勵, 以期成功, 日夜望之. 汝等見有志之士, 豈皆父兄從傍督責而後做工耶? 汝等皆近見效之地, 而志氣怠惰, 悠悠度日, 自棄孰甚焉. 古人云 "不進則退", 汝等不知日進, 恐日退而終爲庸衆人也.】

書 - 37 (9월 하순) P.63

【寄子篤[丁未]】
汝以一身, 奉饋奠修學業, 而旁理家務, 想未免有撓汨之時, 正當隨宜順處, 不廢素志與恆業, 爲可耳. 若牽俗務而廢志業者, 終爲鄕里之陳人而已, 可不戒哉? 余與汝弟, 時無他苦, 但余虛勞等證, 有時而發, 勢難久於經幄, 行當觀勢辭遞. 人知我病如此, 宜不至深怪也.

● 무신년(1548년, 48세)

書 - 38 (1월) P.66

【寄子寯[戊申]】
【余今日已署經, 時無雜言, 人皆知我實病, 故不以疑怪, 殊爲幸也. 從馬及來, 則十八日發京, 二十四日上官, 爲計. 且爾庶母之行, 春分前可及, 則及來爲當, 不及則差退五六日, 亦恐無妨也. 汝婦行止, 亦須預稟于烏川而通示, 爲佳.】
【更料汝婦前者於初喪及小祥, 以喪服爲喪事來則當矣. 今之來也, 非爲喪事, 似爲新行, 則其名與事, 旣不相應, 又身雖著白衣, 凡行裝有屋轎等諸緣, 豈能變爲素裝乎? 若諸行具皆用吉, 則亦甚未安, 此意如何如何? 汝須持吾此書, 親往烏川, 叔材及綏之前商議, 若僉意皆以爲不當, 則姑停五六朔, 以待秋成除服後來, 則事事皆順矣. 余之初意, 人事不可知, 每每延退, 慮有後悔, 故欲其來也. 夜來審思之, 甚有妨礙, 奈何? 此事吾不能獨斷, 必稟彼處尊意而可決, 若以爲掃萬可行, 則吾亦不止之也. 若來則又有一事, 與汝庶母各行, 則似有弊, 若一行則會於榮川而作一行, 可也. 而其會見於客次, 亦殊草率無文, 如何如何? 此亦稟議而通之.】

書 - 39 (2월 4일) P.68

【寄寯[戊申○以下先生嗣孫中懿家藏]】
【初一日遣書, 已見之, 凡事具於其書中, 時未見報, 未知汝來與否也. 予餘證猶在, 幸未甚耳. 且汝庶母及婢子等, 執馬人, 皆當用奴子, 其餘引路人及馬後從人領卜駄人, 亦皆奴子爲之, 量宜勿過多也. 且奴婢輩, 到處操心, 毋爲妄作事, 丁寧敎勅, 爲可.】
【汝若來, 則寯亦素食, 可也. 但亦有琴君, 勢不可皆素, 則當食時, 汝須別處食之, 不當與肉食之人對食也. 內廳則皆素食事, 敎之矣.】

【偛率來婢加叱今,此婢本直,故初欲留付家事及祭事.更料之,則其夫素名偸竊,且騎船軍之役,亦甚難當,不如率來于偛,因去其夫之爲善,故欲率來,於汝等意何如?此意默知,不可使下人知之.克非此婢迷頑,不可任事.然加叱今旣率來,則凡成造祭供等事,無人可付,無乃不得已付此婢乎?但其往來不謹之事,至爲過甚,予欲治其罪而留付凡事,如何?介德·燕粉·趙非皆當率來.石眞此婢當留其處,成造凡事炊春皆使爲之.大抵偛婢不可多率,故欲止此四人.莫非此婢無依據所,當率來,然不可多食口,故不欲率來.須招范金·范雲等,使擇其可信百姓之人有父母可依生業者嫁之,使來居竹洞則尤好矣.】

【種種事,不能盡言.汝等亦細量,隨宜處之.】

【汝雖來,與琴君皆落後,則隨行無人,且從馬有餘,騫須偕來,可也.汝之騎馬則不送,須騎汝馬而來,則歸時亦無從馬之弊也.且家有用餘牛皮,幷持來.】

【一,瓦窰事,道僧本殘劣,又値寺病,不可專倚,令爲供養而自家爲之,甚可.但前燒瓦處,土性不佳,家基洞則土佳,又近於竹洞,易於運瓦.今可移燒於基洞,只恐運吐木爲難耳.此須問奴輩而之可也.且前燒瓦,打泥不熟,作坏不精,又夫瓦太少,今如是也.】

【一,神主祔處,不可於奴家,故欲姑安於溫溪家外房.又有一計,予旣有專城之奉,從權享先人,不可不行也,則汝兩母亦當從享,故兩神主皆欲來安於郡齋.然此事當更詢酌而爲之,未可率然也.】

【一,石乙·金伊已下去耶?其事汝舅亦通于我,其間事勢如汝所言,然亦無如之何矣.吾意若不至太甚則當聽其所爲也.】

【一,莫金伊事內隱孫已畢下去.假使未畢,京家無餘物,固不可爲矣.】

【一,此郡極少錢穀,唯人吏差備所納資用.去年飢歉,差備皆不納,官事甚窘,民飢難活,憂深.恐妨於養疾,奈何奈何?】

【一,汝婦行止,烏川之意,如何?或云"有屋轎有采飾者,未安於喪行,只乘純黑漆轎子,則無妨"云.況汝婦旣曾見我,而於此又無姑母及一門之會,則固非新行之比,何必乘有屋轎耶?且因年凶,國禁甚嚴,有屋尤未安故也.若彼宅意必欲乘有屋,則亦當擇其純黑漆無采飾者,可也.大抵錦繡紅紫金珠之飾皆不可用也,切須詳審,毋得罪於名敎也.】

【一,國典,郡守偛率奴婢幷五口而成雙,子息亦在禁例.今吾之奴婢已六七口, 過於法典. 汝婦若更多率婢, 則尤不可也. 初來率四五口, 留率二口, 餘皆還遣事, 預知敎之, 爲可. 若紡績之事, 則衙婢不少, 何必冒禁而多家婢耶? 若必欲違我意, 則寧不來也. 范文正戒子婦之言, 甚嚴, 汝當知之.】

書 - 40 (2월 26일) P.72
【答子寗】
【人來見書, 具知廬里皆安, 爲慰. 衙中亦安. 但予以前證時時不平, 蒙兒似得鼻證, 今已永差矣. 瓦窰

·盖屋兩事, 皆不可中止, 而草谷病勢如彼, 用度必窘, 種子亦難, 深可慮也. 姑當貸用, 徐觀勢處之, 可也. 昨文山來此, 汝舅書簡送之, 汝弟則無卜馬不來云, 汝之獨處, 可恨可恨. 動令事, 雖罪重, 豈欲置之死乎? 但當使之知懼而全其性命事, 城主前已陳之. 城主豈不量宜治之乎? 但其罪則實爲極重, 以義裁之, 亦無不可. 田稅米, 兄主書中, 只四斗九升云云. 汝書則六斗六升六合云, 何其相異耶? 無乃下人所傳幷加數言之, 而汝以爲本數耶. 以禪祭事, 遣億弼于豊山, 送牌字于龍孫處, 令速舂正, 與動山·仇叱·非夫等上納事, 敎之矣. 但其數不知何的, 且溫溪諸宅稅米持納人, 何日定發耶? 須知其日與其斗升之數, 爲遣人于龍山, 使之同日發行, 一時准納于倉則尤好, 毋忽毋忽. 欲於明明日衙中行時祭.】

【白紙一卷十八張送去.】

書 - 41 (3월 22일) P.74
【寄子寗】
【前日人還, 見書知悉. 但因連雨, 播種燒瓦等事皆緩云, 恨恨. 近日晴霽, 凡事如何? 予雖無他恙, 每一念至, 心如抽割, 元氣傷損日甚. 然亦奈何? 勉自裁抑而已. 但孫伊至今不來, 未知何故? 憎慮難待難待. 辛甘菜四束送去. 且和劑等冊, 便人之來, 銘付送來, 爲可. 餘心亂不一.】

【月十四日忠州判官病死, 寗也蒼黃隨衙眷, 水路上京, 人事之不可恃, 類如此, 可嘆.】

書 - 42 (3월 26일) P.75
【寄子寗】

【頃因孫伊齋書, 知汝患眼疾甚苦, 雖云向差, 不知其後遂差與否, 深慮深慮. 汝弟自爲促壽, 死非其命, 而馴致此禍者, 由我當初不善處之故也. 尤爲痛割, 不可言不可言. 予近覺困殆之甚, 恐遂不支, 力加寬抑, 乃得延保度日耳. 知汝在彼, 几奠之餘, 成造瓦窰, 農作等事, 交關於心, 想多憂窘. 又榮川穀尙未輸去, 尤可慮, 不知何以處之? 前患雨潦, 近則開霽, 燒瓦播種, 庶可不廢矣. 予秋來歸計已決, 三事皆不可忽也. 漢弼爲牛觸大傷云, 驚恨驚恨. 其牛性惡如此, 恐至殺人, 不殺則當賣之. 但當農時不可卒得他牛故姑忍, 然須速令奴輩鋸斷其角可也. 前來醫方等冊, 皆受之. 前因烏川人歸, 付送辛甘菜, 其能傳否? 今又送十二束, 李知事宅四束, 習讀宅三束, 溫惠比安宅·察訪宅各二束, 轉送上, 幷白予憂傷中未遂各狀之意, 爲可.】

書 - 43 (5월) P.77

【寄子寯】

【近日平安否? 其處雨澤如何? 兩麥所收幾何? 黃石等其已還耶? 盖瓦尙未爲耶? 予比前別無加減. 今以汝澣衣持去事, 遣人人還, 凡事具報. 訓導兄前畧將粮物, 別送人矣.】

【蒙兒『抄句』畢讀已久, 欲訓『孝經』, 汝前持去烏川『孝經』, 若來廬所, 須付今去人, 爲可. 如在烏川, 則勢難出送, 故當訓『小學』爲計.】

書 - 44 (6월 14일) P.78

【寄子寯】

【庚暑甚雨, 汝守廬安否? 在此渾衙無事. 昨日忌祭, 察訪兄主不來, 想必阻水停行. 醴泉辛參奉兄主, 亦以其姊氏患瘧痢, 故不來, 獨予與騫姪過行於此, 殊爲索漠, 恨萬恨萬. 傳聞黃石還來, 宜寧·丹城安否何如? 亡兒葬事何以爲之云乎? 其書簡今去人付送爲可. 正當農月, 奴子二人遠行廢耘, 必田疇盡荒. 且種木麥之時, 黃石不須來此, 有關傳言, 則書以送來, 亦可. 且其處農事何如? 盖瓦事, 前聞欲待右奴之還云云. 然則今雖還, 除草方急, 恐無暇爲之, 盡爲腐黑, 奈何奈何? 大祥亦迫, 祭床則此處備送爲計. 米糗則勢甚爲難, 家中某條可備則欲勿送之, 但恐無儲, 如何如何? 來書細陳爲可. 神主初欲陪來于此, 更料之, 先神主不來, 後神主獨來, 不可, 而二主俱來, 則此非久留之處, 又不可也. 故姑欲安於仲孫家西房何如?

臨時婢莫德送之爲計. 且吾笠子·靴子等物皆破, 不可不改, 遺在好品木四五疋, 今去人付送亦可. 素物官中亦乏, 不可專恃於此, 亦須知之. 餘不一一.】

【莫德, 二十日間欲送, 同令借著衣冠, 送來帶去, 爲可. 完等諸姪欲赴此道試則不可違法爲之之意, 幷預告之.】

書 - 45 (7월 23일) P.80
【答子寯】

【黃石來, 得書, 具知此郡人乘桴者居遠村, 使人招之, 未及來, 故黃石先送, 郡人明日卽送矣. 安東流下人預約待之, 結桴卽下, 爲可. 各官書簡, 亦於郡人之歸修送. 黃石粮食三斗, 自衙中備給送之. 但中聞'刈草全不爲之'云, 蓋瓦等事, 益以遲緩, 奈何? 餘具還奴.[馬皮事, 黃石知去.]】

書 - 46 (8월 2일) P.81
【寄子寯】

【汝近日眠食如何? 黃石等已乘桴下去耶? 安東以上何人同去耶? 乘桴危道, 心恒未安也. 蓋屋其已爲耶? 饋餉不足, 何以爲之? 榮川還上受去乎? 新稻亦已打去耶? 兩事皆遂則可矣, 不然則窘可知矣, 奈何? 就中秋夕墓祭臨近, 尤慮尤慮. 衙料米五六斗, 謹爲封置, 初十日間欲送助用. 予呈病受由, 今將數旬, 近當還出仕矣. 以勢料之, 歸計當在秋收之後九月晦間, 默知之, 可也. 封餘松耳二十四箇送去. 只此.】

【溫溪祠堂時祭, 久未行, 至爲未安. 欲待完還來助辦行祭于廟, 故酒米先送于莫三處, 此人爲送耳.】

書 - 47 (월일 미상) P.82
【寄寯】

【末叱同來, 知宜寧安問, 爲喜. 但丹城宅事, 書中不言, 問之末叱同, '尙未區處'云, 此意未可知. 然雖使今春夏間, 仍置不分, 吾不當一毫與於其間, 況汝乎? 今來諺白是末叱同云, 玉石乙厔白是未知爲某事. 雖稟某事, 汝當答以"自今以後非吾所知, 當稟於叔主"云云. 可也. 大抵汝於亡弟家事, 當以悲慘不忍之意爲主, 於其所遺之物, 則不可先有得之之心, 必至於不得已而後受之,可也. 前聞汝以代輸其田稅之故, 徵其奴某人身貢云. 若止此一事則猶可說也, 若他田民等皆依此爲之, 則彼未改適之前, 汝先占其物也, 其可乎? 況我在, 尤不可不稟而徑爲之也. 且歐公詩選云, "推在今日則無妨, 在前日則非吾意", 而汝爲之, 無乃未安乎? 汝意必以爲'此小事何害?' 然事有大小, 理無大小, 積小成大, 尤不可忽也. 前日公簡書云, "其婚幣等物, 推來隨後送之", 余答以"此物吾何忍見之? 但告於篤, 勿告於我"云云. 今復思之, 此物則汝受用亦所不忍, 當留置其處, 他日某條用於亡者之事或遷葬或作齋舍等事之需, 則庶幾無憾耳. 孔子云"見得思義", 禮云"臨財毋苟得", 本國崔瑩之父, 戒瑩云, "視黃金如土塊", 如此等語, 爲士者眞當佩服終身. 在他猶然, 況於至親死生之間乎? 久欲語此, 發言無便, 今恐此人之還, 汝見其未分而復有預於其奴婢等事, 故因悉言之, 汝其念之則善矣. 宜寧來薑種一斗送之.】

● 기유년(1549년, 49세)

書 - 48 (8월 21일) P.86

【寄子寯】
【昨內隱孫付書, 見否? 昨烏川送人來云, "蒙母之行, 念五行, 則恐與敬差官之行相値, 欲於來初四退行"云云, 敬差官時未入郡, 若於四五間入此, 則此言果當. 故依烏川所示, 退定於初四, 汝於初一二間來此, 爲可.】

書 - 49 (8월 27일) P.87

【寄子寯】
【近未聞信, 慮慮. 汝眷之行, 初四定矣, 初二汝須來此率去, 爲可. 就中億守則時未還, 而昌原人來報推尋云, 不得已自此直送爲計. 他從馬等事, 亦當自此給送矣. 流里山其女子等率去次治裝, 初二汝須率來爲可. 其者生疎, 不無稱頉之弊, 嚴敎率來亦可. 且綿花拾取事, 甚不可忽也.】

【其行持去次其洗手大也及沙用等物, 毋忘持來. 綿花切有用處, 先拾者全數, 今去人付送.】

書 - 50 (9월 8일) P.88

【答子寯】

【人還, 知好行, 爲慰. 予昨送辭狀, 但聞監司入于臣濟等處. 人之往還, 動經旬月, 若一呈不受, 至於再呈, 則勢難速去, 空舍寥寥, 夜寐不安, 可慮可慮. 草谷打作, 更思之, 億弱者非徒殘劣爲人所欺, 連同者亦必妬忌多般, 搆陷欺隱, 反不如付之連同之爲愈也. 連同姦詐, 不可任使, 然今年則初度, 無乃不至甚乎? 汝意何如?】

【苦待之, 至今知好還, 且得南中親舊書, 皆好在, 深慰.】

書 - 51 (9월 13일) P.89

【寄子寯】

【頃日人還, 見書, 凡事具知, 成造停役亦當矣. 予證如前. 但辭狀未知欲待其人之還更呈卽去之際, 昨得監司兄主書, '來月初旬間, 到惟新, 十三日抵此郡, 過忌祭後, 向禮安爲計'云云. 當此之際, 欲徑去, 似爲未安, 欲留待則不得已過冬之勢, 正如去年丹山之事, 奈何奈何? 衙中空曠, 暮夜無人在傍, 於病人, 甚不當不可說也. 十五日所用片脯卄·乾魚二尾署送, 此亦未安, 非徒官儲之乏故也. 只此.】

書 - 52 (9월 하순) P.90

【答子寯】

【昨見書, 知悉. 來物衣數受納. 常木一同, 汝有用處, 則伻來持去用之, 爲可. 今欲送之, 或用於此處未可知, 故留置耳. 昨行溫溪, 祭於孤山庵, 今行此處祭矣. 末巖祭, 黃石時未來, 未知何日行之也? 但此處平復已久, 且有看事, 汝明早入來爲可. 大口魚三尾·卯古之幷一罨, 送于大宅, 傳白可也. 白紙二卷送之, 用塗寓舍.】

書 - 53 (10월 1일) P.91

【寄子寯】

【汝近者如何? 秋務幾何? 汝叔二十七日來宿于此, 翌日歸草谷, 念間欲下宜寧云, 而初九日十日間, 欲奠于末巖淸風墓, 汝須來見, 可也. 奠物則自此備送矣. 予望後監司兄主一時往溫溪爲意, 但今冬官中煩擾多端, 力

不能堪, 慮慮.】
【汝全廢讀書, 嘆恨空多. 雖世務之中, 豈不可讀乎? 且務畢後須來此過冬. 書院儒生稀少之時, 亦可往彼而讀也.】

書 - 54 (월일 미상) P.92
【答子寗】
【昨豊山人來, 傳烏川訃音, 雖甚驚怛, 未敢信聽, 方欲馳人揆問, 豊孫適至, 彼此家門喪禍連日, 痛甚不可言. 又聞宅內有不安之氣, 事必有難處, 憂煎尤劇. 汝雖情切, 不可以外人冒入其中, 千萬戒之戒之. 倉卒遣人, 從當更伻爲計. 汝之來此, 當此農時, 無乃難乎? 不須强也. 五月忌祭, 某條其處過行, 六月則在此設行爲計, 前已通之, 已知之乎? 只此.】

書 - 55 (월일 미상) P.93
【答子寗】
【郡人回來, 得書具悉. 喪葬大事, 借資營辦, 勢必極難, 猶幸依蒙慈恤, 及汝兩舅之力, 免棄道路, 悲感不可言. 但卜日適用大寒, 大風雪苦寒. 因此想彼發引及營墓艱苦必甚, 役人凍傷, 恐不能盡意成事, 哀痛益深. 山所無比屋, 護喪之苦亦倍, 奈何奈何? 一喪甫葬, 繼以遷葬, 奔走勞傷, 慮至生病, 爲悶爲悶. 宜寧·三嘉·山陰不遺故舊之急, 賴以濟事, 其義感極. 當修書謝之, 亟遣此人, 未果, 隨後修謝爲計. 爭山事, 厥終如何? 打作止於此數, 虛疎可知. 喪祭所用必窘, 處之實難, 姑待汝來出. 汝十三日欲發行上來, 故率人二名委定急送, 若疾走則可及矣. 凍天短晷, 恐或不及而相違於中路, 慮慮. 祭廳無席, 亦爲憐痛. 但時無儲席, 此人未及送之, 恨恨. 卜馬亦欲送之, 急行牽馬, 其勢尤遲, 故只令人往耳. 餘望路次萬加保愼上來. 只此.】
【栢子餠十四片送去, 祖母氏母氏前分呈.】

書 - 56 (월일 미상) P.95
【寄子寗】
【昨日風冽, 何以行歸? 就中許聞兵使之行, 端午前不來, 故初四日鵲庵祭, 余親往行之, 汝若可來則來叅爲好, 如有事故不須來也. 兄主及完·憑來叅事, 通書送人矣. 且中史草竆探得來, 若無則乙巳丙午年間私日記, 或於曆書, 或以草冊書之, 在亂帙中, 須探出以來, 至可. 以其因此亦可畧修故也. 然有史草則何用此耶? 餘不具.】

書 - 57 (월일 미상) P.96
【寄子寯】
【淸蜜二升·石耳二斗·柿子五十箇送去, 領用爲可. 生薑一封來自宜寧, 故送去, 分其半用之, 其半送于退溪. 且退溪山役事, 初生爲之, 初五六來此過忌亦可. 餘忙不一.】

書 - 58 (월일 미상) P.97
【寄子寯】
【億守來云, "其府無事處之", 又持掌隷院了公文而來, 故姑停下送. 然吾之歸計已決, 不可每退以至歲寒, 故初四日亦當先送于退溪. 奴輩明日洗服明明皆來事, 敎之. 汝則明日來此爲可. 前來綿花, 受之耳.】

書 - 59 (월일 미상) P.98
【寄子寯[己酉]】
【聞退溪家病, 尙未寢熄, 雜穀種上下事, 何以爲之? 可慮. 汝叔等明雖下去, 汝則明明下去草谷, 猶未晚也.】 聞小白諸刹多病氣, 浮石亦然云. 吾不爲遊山, 明夕當返官, 汝可留待聽言而去也. 且中書院有司等, 明日欲請汝來參飮福會, 吾雖禁止不聽, 恐汝誤料以爲無妨而來赴也. 此會, 鄕中父老亦來參, 以外客來參, 似亦無妨. 然汝則以儒者不預入院之列, 徒以衙子弟之故, 枉參斯文之會, 可恥之甚也. 勿來爲可.

● 경술년(1550년, 50세)

書 - 60 (8월 1일) P.100
【問寯[八月初一日曉]】

【昨昨見書, 知汝患證可疑, 深慮深慮. 不知昨日何如? 大抵汝血氣本虛, 前者寢處冷地, 於心未安. 無乃因是而致然耶. 近雖來此, 無甚緊事, 苟叱山家, 亦必齟齬, 須勿入來, 千萬愼保爲可. 右尹兄主被推, 未知厥終, 方深虞悶. 昨已遣人, 探知于京矣. 然回報必遲, 奈何?】

書 - 61 (8월 5일) P.101
【與寯[初五]】
【汝於昨昨, 何如而過? 前雖差歇, 計日而至, 恐是日者, 深慮深慮. 右尹兄主推事, 憲府捉問營吏, 營吏又推於維新色吏, 色吏被捉而去, 未知厥終, 可慮. 然維新人皆謂 "不關監司"云, 擬是奸吏所爲, 兄主似有得免之理, 少慰耳. 嫂氏行次阻水, 留金遷四五日, 昨乃當抵于黃江驛. 但黃江遷路, 亦阻水, 粮物甚窘, 而追送之粮, 未及至, 艱行可知, 奈何? 令漢孫奴, 走探于中路而還, 所傳如右矣. 加仇伊·朴忠贊叔母宅問安事, 遣此奴, 兼問汝.】

書 - 62 (8월 5일) P.102
【答[卽日]】
【今聞座首證向歇, 深喜深喜. 今日爾證何狀? 慮萬慮萬. 榮川之行, 念後卽往, 不可緩也. 但須量氣力, 不可强作耳. 瓮二坐, 捨元持納, 受之. 餘不一.】
【石今·線花·全利, 至爲姦濫, 嚴敎爲可.】

書 - 63 (8월 6일) P.103
【寫寄書[初六日夕]烏川】
【汝近日何如? 訓導證, 想已復常矣. 葬事, 自初四日, 始殯幕役, 明日祠后土. 然役重力弱, 奈何奈何? 奴億彌受由歸家, 兼修問于金忠義處, 汝亦修書爲可. 其葬事, 無乃已過否? 吾雖患難, 汝亦病瘡, 然宜寧旣無一人護喪而來, 吾與汝及榮川親族, 皆不往繞葬事, 非徒不往, 亦不伻問, 甚爲埋沒, 愧恨何極何極? 吾書不封而送, 見後, 外面書其字封送爲可. 國霖改字之後, 吾每忘其字, 可笑可愧. 聞慶申參奉處, 了簡亦修送, 因金樂春氏家往來人, 銘神送傳, 毋致遣失, 亦可. 此家葬事, 亦未伻問, 挽詞見囑, 而未

【及製送, 皆可恨, 故書達其意耳. 宜寧歸人, 至今未來, 可悵.】

【前云沙鐵, 今可貿耶? 五升木一匹, 給幾斗石耶? 勢可則要貿, 爲來年諸用.】

書 - 64 (9월 11일) P.105

【寄寓[十一日初昏]烏川】

【訓導證, 今何如也? 久未永差, 向慮向慮. 如前否? 漢孫今日始來, 宜寧諸簡及封送, 送去. 但中宜寧葬事, 前得之山, 爲人所沮, 未定他所云, 可恨可恨. 固城田畓, 汝叔欲買云, 而不送其物, 李末亦無如之何云云耳. 漢孫與公簡伴奴, 作伴而來, 歷入金仲起處, 捧簡而來, 故幷送. 又云 "仲起護喪來時, 龍宮曳船軍人, 仲起奴子暨打, 其人適有他病而死, 其族類等來侵"云, 此亦可駭. 漢奴伴歸者得病, 故留滯不得, 待差置之. 宜寧困極而來, 然不歷入烏川而來, 是亦迷劣也. 十四日汝雖來孤山, 未可參祭, 若氣困, 不須强來. 榮川如有往人, 連同畢作卽時入來事, 敎之爲可. 汝亦一往封庫, 恐汝勞倦與忌祭時兩次往來爲難也.】

【今聞孤山有僧化去, 故欲行於閔生員家.】

書 - 65 (9월 12일) P.107

【答寓 烏川】

【訓導證, 雖未永差, 稍稍進食, 乃是永差之漸, 不勝喜慰. 忠義宅喪, 時未永葬, 則葬時雖因病未可往見, 猶可通信諭意, 是爲幸也. 大抵吾常抱病, 於人事每多有不盡

分處. 項日當大禍變, 亦以此永愧, 幽明之痛, 極天無涯, 反躬自責, 無路補新. 汝適得病, 其不盡分之痛, 與我皆同. 彼忠義家喪事, 特其中一事耳. 汝不可不知吾意, 故聊言之. 燕谷葬事, 汝病不能董役, 然不可不一往見. 十四日直來孤山庵, 明日過忌祭, 因往燕谷役所, 見窆等後, 自彼迤歸烏川, 可也. 漢孫等來時, 必歷入其處, 若固城田畓價物持來, 全數姑置其處, 以待買田之用, 爲可. 來此則非徒虛用, 恐啓偸者之心, 家無扃鐍之固故也. 監司所送素物各種, 略送. 汝病來全癈書耶? 日間少有氣力, 隨分看讀, 不至損氣, 則無妨無妨.】

書 - 66 (9월 12일) P.109
【答寯[卽夕]烏川】
【葬地定於燕子谷, 嫂氏及寯等之意皆向于此山故也. 然則搴芝洞當遷葬無疑. 但以氣虛畏寒, 時未往見兩處耳. 叔材大病得差, 喜賀之意, 昨日汝去時, 未及致言, 恨恨.】

書 - 67 (9월 13일) P.110
【答寯[庚戌九十三日]】
【昨兩書, 皆見訓導證往復尙然, 未可以少愈而忽之, 須勿煩心慮, 愼護待差, 甚善甚善. 延守今朝來到, 其所賚書簡二封送去, 其診簡則丹溪來云. 粟打作事, 皆知之. 余痰嗽虛憊, 餘如前日耳. 殯所久未往, 欲於望日往參奠.】
【今日汝苦何如? 聞十日緊痛, 慮悶慮悶. 前日綾之欲試灸僧人, 其效何如? 若驗之, 則汝亦灸之甚當.】

書 - 68 (9월 28일) P.111
【問寯[卄八]烏川】
【比苦無閑, 闕信累日, 未知訓導證何如? 傳聞今已大差, 猶未遽信, 喜慮交深. 汝證亦何如? 前云"不寒而熱", 其後一樣耶? 飮食如前否? 細示望望. 今聞城主捐沒, 不勝驚怛萬萬. 就中奴億弼, 以買耳掩事, 委送于京, 明當發去, 令去告辭, 知之. 吾苦痰嗽羸憊, 餘如前耳. 看山人今不來, 葬事太緩, 深慮深慮. 餘在診簡.】

書 - 69 (10월 10일) P.112
【與寯[初十日]】
【座首證卽今差復幾何? 頃見汝書, 不勝憂悶之至. 證候細示破, 慮切慮切. 予漸向差調, 但心氣太損, 虛冷痰嗽等患不除耳. 兩生員皆曾有簡, 今脩答付去, 傳之爲可. 汝眠食及所苦, 尤慮萬萬.】

書 - 70 (10월 12일) P.113
【與寯兒[十二日]】

【昨書來, 知座首證數日苦極, 今向差復, 驚且喜甚. 今聞秦玠得遂其事, 可幸. 但城主疑玠實非吾家婢夫, 而欲託言圖免者云云, 玠之爲婢夫, 誰不知之? 然吾當此之時, 不敢以姓名輒通於官府, 故不修狀. 汝於親中修狀, 更告其實, 似無妨也. 且玠所之望者乃其族屬, 依願定給則尤好之意, 幷云. 餘在進口.】

【宜寧來書及吾答書, 不封幷送, 見後, 封授送之.】

書 - 71 (10월 15일) P.114

【寄寯[望日]】

【兩日連聞兩訃, 世間安有如此極慘事乎? 不勝驚怛驚怛. 汝以病骨奔走兩間, 何以支堪? 千萬自保, 莫例平人, 以謹他患, 切切. 又聞其里前有疫氣, 此尤大患, 奈何奈何? 然但謹之而已, 勿過爲畏惻周防諸事, 可也. 家無物, 只白楮二束, 送上. 餘忙撓不一.】

【里不平, 成服事, 何以爲之? 幷示.】

書 - 72 (11월 5일) P.115

【寯兒寄書[至月至日]烏川】

【至日盛寒, 病人何以往還? 毛裘送去, 用以禦寒衛病可也. 予今曉往奠家廟歸來, 畏寒縮坐, 尙免他患, 爲幸耳. 到彼, 凡事倍加詳悉處之, 所用之數, 一一書送, 受押還授, 以憑他日之計, 依前日所敎爲之. 去年所用, 不分明多術, 故云云. 就中汝於今冬有各處護葬設祭等事, 又於一朔內, 再度往來于彼, 甚非保病之道. 若有祭酒, 則祭肉等猶可畧備, 初九日間, 仍留曁設奠而來, 何如? 汝若常時則雖一朔三往, 吾何云云? 恐妨愼疾故也. 須隨宜處之. 且末同何時下歸? 挽詞分送處, 未畢製來, 則須送人于笠卿處, 以吾意懇叩, 畢製受來, 卽來此受簡下去事, 丁寧敎之可. 余偶思之, 金獜家田庄在茝伐, 其所出穀石及藁草, 無乃欲互換乎? 須使可信奴往叩其宅, 若欲之則與之約日定數而來爲可. 藁草之換亦緊, 毋忽毋忽. 大任‧奉化農所藁草, 亦無乃換乎? 金宅不願, 則問于大任亦可.】

書 - 73 (11월 15일) P.117

【答寯[望日]】

【昨自溫溪書來, 聞榮川遂不起疾, 何其門禍之極耶? 方在喪中, 遂至於此, 尤可痛也. 參奉來, 及見耶? 吊狀修送, 有便, 銘付送傳爲可. 且中孤山讀書, 居僧雖少, 不久之間, 有何不可? 但諸君所以捨他而欲來于此, 無乃爲我故也? 我病倦, 自不能讀書, 尤不能有益於人. 近有靑松申馮遠來龍寺, 徒步往來, 知其徒勞無益而遂去之. 又琴生蘭秀來寓命福家, 以其懇篤, 故雖不能拒之, 於我養病有妨, 於彼學問無益, 亦將必去矣. 且吾方習學業, 尙生踈, 況今日乎? 吾所以欲令諸君及汝, 往榮接者, 彼有明眼諸先生, 又資朋益必廣故也. 其與諸君議處之.】

【『東坡』, 已抄點, 今恐遇雨, 不送耳.】

● 신해년(1551년, 51세)

書 - 74 (1월 20일) P.120
【與寯兒[念日]】
【昨奴傳山芥, 因知汝歸烏川. 就中昨見浩然寄憑姪書, "族會事, 以其家慶宴多事, 故退定"云云, 且云 "此意已通于退溪", 而吾不見其書, 故伻人, 更探虛實. 若實退定, 則近間必不爲矣. 故卄四日欲往西村廬所. 奴還, 所持浩然答吾之書, 汝須坼見, 則以彼族會之退, 可知吾定往西村矣. 且其日當早往及還爲計. 且中馬羅再從兄希淸氏, 歲前捐世, 溫溪諸親, 其時皆聞, 而吾獨不聞, 昨始聞之. 於汝, 亦爲緦服, 恐不聞, 故言之耳. 曹允懼來, 已三四日, 昨與昨昨, 會話于淸吟石, 頗相款洽. 完亦來見, 恨汝不在耳. 念五六間, 當向京云, 未去之前, 一來見之爲可.】

書 - 75 (2월 16일) P.121
【答寯[十六昏燈]烏川】
【書來, 知悉. 蹔見卽去, 非不欲汝之來此, 知汝看事無暇, 故不令來也. 榮川之往, 不得如意, 亦固然也. 億彌昨昨往榮川, 時未回來, 連同病愈與否, 未知也. 彼此收歛, 皆付奴輩, 失農之中, 又重失農, 可恨奈何? 板子事, 監司了狀, 前聞送付安東工吏, 令持牒人齎呈云, 未知其人還來與否.

須待監司許還給, 然後板可流下, 故難待難待. 因便以生員之言問于安東吏處爲可. 余明日以過忌事往溫溪.】

書 - 76 (2월 17~26일) P.122
【復】
【書來, 具知之. 宜寧疫氣雖熾, 不似病氣耳. 其城主事, 可恨可恨. 宙之番, 予曾以不換告之矣. 此姪自以欲換之切, 不計吾之許否, 而中間堅欲換之, 可知其無意也. 同令若歸, 則牌字當成送. 忌祭則行于孤山, 但汝奔走多日, 又來于此, 費日未便, 雖不來, 可也. 榮接退延如此, 必是端午後聚會, 然須審聞見, 勿後他人也. 雖製隨後考送戱, 事實在『韻府』, 但未記出某字之下, 後當考示. 然若以爲未詳, 不須製此題也. 縣校官邀知事及城主, 設酌分川江邊, 昨親到懇迫, 故不得已今刻向赴, 忙草.】
【白紙二卷·扇三柄送去, 一柄付蒙.】

書 - 77 (2월 27일) P.123
【與寯[二月十七]】
【昨得浩然書, "先祖墓傍葬人, 卄三日已掘遷其柩"云, 可快幽明一時受侮之憤, 爲喜. 致奠似不可緩, 但恐或有無酒之家, 不及卒備, 故以來月十七日會奠事, 昨出回文. 彼時我若無故則當往, 切切, 有故則汝當代往, 預知之. 榮川人昨夕僅以四駄來矣, 其餘託稱隨後, 金松亦不輸一駄, 慮其終不輸來, 而此處人畜俱困, 事勢多艱, 奈何? 張壽禧處, 居接定日, 卽須通示事, 書囑矣. 來通則卽往爲可. 運瓦盖瓦等大事, 皆在數日之間, 幾無食息之暇, 可笑.】

書 - 78 (3월 14일) P.124
【寯[十四日]烏川】
【看山等事已了, 卽可上寺讀書. 若待人事應接盡後, 專業讀書, 則日復一日, 無時得盡也. 汝思得三春九十日中, 幾日在寺讀書, 幾日汩沒人事耶? 所讀未知幾書, 所製則只詩賦各一篇而止耳. 本以不美之質, 求變其舊習, 而鹵莽滅裂如此, 何望其能變耶? 今有安德儒生申溤來栖龍壽寺, 其所期友人不至, 索然孤居, 深有麗澤之望云. 此必有志之人, 汝若魚呑無友, 則何不與如此益友相從乎? 不爾則魚呑雖無友, 豈不可孤居猛著工夫耶? 余明明往宿于今音地等處, 翌日十七拜奠于先祖丘壠, 與族人敍話而後來, 則勢必晚暮, 宿于中路某所, 十八日乃到烏川先虛, 拜殯靈, 次見綏之如前約, 爲計. 其日, 知事携伎樂以往云, 一日之間, 弔喪與宴集, 甚未安心, 奈何? 但事適相値, 欲辭則又有作恠異常之嫌, 處之甚難, 故不得已如右爲之也. 就中近見『朱子書』, 以弔喪受酒食之饋爲甚非禮, 況本宅及殯所, 皆以俗忌廢饋奠之禮, 吾亦不得獻一杯於靈前, 當此際, 何更有設飮食之禮耶? 汝須以汝意預白吾必不受之意於本宅, 勿設一勺漿飮, 可也.】

書 - 79 (4월 1~22일) P.126
【復[卽日]魚呑寺】
【獨知往魚呑, 甚善. 但諸秀才文會, 何故遲遲至此耶? 近見庇遠自榮川來云"榮川居接事, 金廷憲輩預爲色掌, 方經營, 而時未定日."此必來朔初間, 始接矣. 須若諸君通書于張祐及金廷憲等, 知其始日, 卽往赴之, 甚當甚當. 汝於來初七, 有豐山之行, 若諸君先往, 則可預書汝名於接錄而待之, 無失無失.『東波』, 依抄送還, 詩賦題出送. 且中宜寧婢子事, 果爲綢繆如爾計爲之, 似當. 且慮只結縛推問, 必不直告, 欲加苦捶, 則飢困者恐殞斃, 尤不可也. 如是則不審其逃來與否. 且送于榮川, 吾音同若在則告于城主, 拘留獄中, 而令公簡等奴, 善爲養獄, 以待捉去之便, 可也. 若吾音同歸金遷, 空付榮川家奴等, 則亡失之弊, 亦無可奈何. 此等曲折, 處之實難, 如何? 須更從宜善處, 勿妄疑打爲可.】

書 - 80 (4월 1~22일) P.128
【答[卽日]】
【玄沙之往, 甚佳, 而榮川衆接, 尤不可失也. 玉只事, 知悉. 豐山只奠壺果, 果爲草草. 但龍孫者, 吾歸安東時乘間來, 只納穀四石而云 "更無餘儲."必是偸食. 雖欲懲之, 勢不可得, 而家用他無所藉, 可悶. 如此之際, 凡事何然如意? 雖不備餠米, 可也. 吾亦欲送壺果, 但奴僕無閑, 恐不能也. 綿花種事, 雖有見偸之慮, 此甚猥冗小小之故, 學者何可以是關念奔走乎?】

書 - 81 (4월 23일) P.129

【寄寯[卄三]】

【昨來卽還, 殊多未悉. 榮接事, 汝邑同來報, 未知如何? 若十五定會, 則汝須右日往會, 不可失也. 昨見汝必欲偕諸君之去, 此汝無遠志之一端也. 予於癸未歲, 西入泮宮, 子無路伴, 困馬羸僕, 間關水陸, 尙無兒女子之戀. 其行, 雖未必有得志, 士之志當如是耳. 且汝不見李庇遠事乎? 家徒四壁, 妻子飢餓, 家事不可只付頑奴, 審矣. 但以父命不可違, 遠圖不可沮, 故決然西邁. 此人若如汝志, 則何能及此耶? 今汝一日之行, 必欲結路伴淹時日, 雖予言諄懇, 猶不決意, 何耶? 汝所製, 猶不大劣, 吾喜而不寐. 汝無自畫, 千萬勉之. 正草紙十五張, 送之, 乾魚脯等物, 送去, 齎往爲可.】

書 - 82 (4월 25일) P.130

【寄子寯[辛亥]】

【昨見諸君和章, 皆若見錄於狂言, 幸怍交幷. 彥遇不垂和, 尤荷尤荷. 鳳停接製, 畢評送去, 幷汝持去者爲卄四張, 同封託置琴君廬所而去, 則吾當令彼處來僧, 往索廬所而去, 爲意. 秀卿等藁, 幷送爲可. 以其書亦不可不答, 毋忽.】 到接, 凡事千萬畏愼, 所業第一勤篤, 其有狂蕩憤狠及徵索酒食等事, 切須歛避爲佳. 但被人徵索, 則不可有吝意難色. 草谷有用餘, 可隨宜措處. 其上下記, 恐汝欲見, 故送之耳. 朴重甫大祥, 未知六月何日耶? 到彼聞知, 因書示之. 【琴大任·黃司諫, 不可不卽往拜之, 因曲傳阻戀之意.】

書 - 83 (5월 7일) P.131

【答寯兒書[辛亥五月初七日]榮川夏課所】

【昨見爾初三日書, 知無事課業, 爲慰. 所製不入等, 在汝所當嘆恨. 然是汝平日游惰之效, 亦復何答? 但當加勉以圖進步, 不宜自沮以挫鋒穎也. 吾所以欲令汝往參大接者, 固欲其知己之短, 取人之長, 庶悟井蛙之見, 冀免遼豕之譏也. 況吾藝果優, 則雖置下列, 無妨, 吾藝若劣, 雖幸參高等, 亦不足喜, 以此處心努力, 可也. 且會接諸生幾員而欲作幾朔計乎? 糧饌鹽醬自備乎? 或官給乎? 餘物或可官給, 糧必自備, 而草谷無儲云, 何無言及此耶? 今欲送米斗, 時無汝送糧之云, 意必草谷猶有小儲, 可取給, 故今姑停耳. 凡事細報爲可. 草谷, 計雜用外, 猶當有五六石, 何云無餘? 試一檢看推用亦可. 該簡卽送于烏川矣. 詮聞汝寓私家, 然否? 所與同寓者何人? 汝年將三十, 始與衆接, 已居堂長之列, 與年少氣銳之人, 事體不同, 千萬不作狂妄事. 同接中, 不幸有喜導人爲非敗羣圮族者, 切勿陷於其黨, 汩沒以同歸也. 其中益友, 尤當切偲慕用以思齊, 未可鹵莽菲薄以見絶也. 安東都會, 諸人必往, 汝亦往見, 奴馬, 可備於草谷耶?】

【乾文魚·乾獐片, 送去.】

書 - 84 (5월 14일) P.133

【答寓[五月十四]烏川】

【連壽來, 見書, 知來烏川, 仍向安東. 且所製詩賦中「桐鄕祠」爲實等, 其他則似爲歇等. 然燭刻就此, 亦不易也.「浩氣賦」則非徒紛擾之過, 元不識浩氣, 是汝常時不讀書, 讀亦不子細之所致, 因可自反警省圖改也. 粮物送去, 但十六日, 自彼直返榮耶? 還家復叢耶? 凡事不詳報來, 何耶? 彼接久近, 前亦問之而不答故云爾. 榮川用餘, 尙有存者, 汝不暇細考故也. 若還烏川, 可來此, 今不一一. 十五六乃忌日, 不無忘却妄失之弊, 切須銘心持戒.】

書 - 85 (5월 16일) P.134

【答寓[十六日昏燈]】

【聞汝得參都會, 不覺展齒之折. 吾所以責汝勉强則無不得之理者, 爲是故也. 往不往, 從當計之, 但汝不平云, 慮慮. 微恙不可不調, 今日不須來此, 待調平而來, 爲可. 且知姙身無事, 深喜深喜. 非男, 雖若可恨, 女亦豈可無乎? 但得母子俱安, 是爲慶耳. 騫妻, 不意至此, 驚怛不可言. 騫時在其家, 今方出避云, 亦甚可慮, 奈何? 餘不一.】

【魁者爲誰? 近處何人得參?】

書 - 86 (5월 25일) P.135

【寄子寓】

【二奴及行具遣去, 照數收納. 但日極熱, 遠道行, 實艱苦, 要常堅志耐辛, 愼加保檴, 如遇水漲, 千萬勿貪前途, 勿蹈危險, 至可至可.】 到彼, 如前所戒, 見善思齊, 見不善知懼, 至於得失, 只責在己, 勿以一毫計較爭競也.
至宜寧所處, 尤須勿違吾意, 其文記, 必對衆燒壞, 超然以處之, 勿生戀著
靳惜之意. 不如是則非徒無益, 反爲人輕賤鄙笑也.【在宜寧, 亦必毋忘讀
習, 待奴輩, 務稍歇. 七月望時, 不違發來. 試事不遠, 廢業奔走, 至爲未
便. 勢出不得已, 隨處毋忘此意, 連續做工也. 宜寧來書信物幷送, 吾音同
特來云爾. 榮川挽章二幅封送, 屬琴君速傳爲可.】 「伴鷗亭」詩, 雖不登
覽, 少時嘗歷遊其地, 實爲勝區, 亭名亦好, 不能無言, 無乃太輕率乎?【
前來唐牋, 亦書還, 皆勿令遺失也.】 凡所不言, 在汝審思而處之, 毋爲老
病憂也.

書 - 87 (6월 27일) P.137
【復寫[六月二十七日早]】
【祭祀等事, 俱不得已, 固宜下寺, 但其後去試期尚遠, 何罷接之太速耶?
做功之日少, 應俗之日多, 所得旋忘, 比如磨劒者纔見銛鋒, 遽輟工而多
用, 其鈍也立至矣, 其可乎? 患暑減食, 汝自前而然, 今雖向差, 切須愼保.
宜寧書來, 審具安穩, 喜深喜深. 但其事尚不區處, 因又多言, 可怪. 聞汝
行殯所朔祭, 當此窘乏, 何以爲之? 此中無以補之, 徒爲慮耳. 初二日忌祭,
欲於家中畧行, 汝初一日行祭後, 其可及來耶? 量氣力處之可也, 毋爲強
作添病.】

書 - 88 (7월 3일) P.138
【再與寫[初三夕]】
【赴試事, 以書問於汾川, 則大成·架虛所答云云, 此意汝亦知之耶? 所謂
校生業儒中, 名付本貫者皆錄者未可細之, 其如何也? 若前雖不付戶籍,
不付儒案者, 今乃付業儒案而錄於都目, 則汝名無乃亦錄送乎? 然則似可
赴於此處. 明日早發入縣, 考見都目草, 若果錄之, 則不赴京而見於此, 如
何? 大成等簡幷送, 細考, 與惇敍諸君議處, 爲可. 雖然, 禮安不見禮曹行
移而爲之, 則雖錄送, 亦不可恃也. 幷悉此意, 審量處之, 毋忽毋忽. 大抵
赴京則似易圖, 恐阻水未及, 故審此處可赴與否而處之事, 通之耳.】
【赴京則還程到丹山, 京來書冊, 某條輸來亦何? 勢難, 不須強也. 昨修此
簡, 幷分川來簡, 令介孫持去, 路遇延守等而還, 故今幷送.】

書 - 89 (7월 4일) P.140
【寫[初四朝]】
【雨水阻滯之患不無, 而諸君所圖如此, 不往京而赴此試爲可. 但無戶籍, 終必有礙, 可慮可慮. 然亦無如之何. 宜寧行所持雜物, 明日使延守特去.】
【東堂似未及, 可恨, 亦無如何矣.】

書 - 90 (8~9월) P.141
【答寫[卽日]】
【送來誌草, 披閱愴怛. 若不別爲敍述, 則只依『家禮』如來草, 似無加減, 然當留更審之. 石若送來, 則何辭之有? 但彥遇諸君, 皆可書之, 何必余也? 餘在還草之日詳之. 不一.】
【沙鐵, 後當遣人取來.】

書 - 91 (9월 14일) P.142
【寄寫[十四日]知禮】
【麻骨一駄及軍人饌酒一盆送去, 告傳爲可.】
【安東·榮川兩官軍人已來役否?】

書 - 92 (9월 25일) P.143
【寫[卄五日早朝]】
【予於右脇下, 初如豆片腫起, 已爲偶然, 自十九日靑松來, 過飮酒後, 加大如栗子, 不痛亦不膿, 以雜方治之, 又灸之, 似漸消縮, 自昨又似加發, 其赤痕如梨葉大, 夜來又似小減, 然時時微痛, 意其從此膿出, 而遲速繁歇, 未可預料. 前聞僧言 "誌石, 欲更造送來."云, 雖來, 未差之前, 何可用力正書乎? 今旣日迫, 恐未及事, 故報此緣故. 彥遇雖未來, 喪主書品, 亦可書也. 追後穿地而藏, 未安, 不如及葬時爲得禮而心安也. 欲針破而無針人, 坐待自消自膿, 以致多日耳. 其證本不大段, 勿爲驚慮.】
【誌文內 '寓居禮安縣烏川里' 八字, 當在 '奉化縣人' 之下 '某朝某公' 之上.】

● 임자년(1552년, 52세)

書 - 93 (1월 1~27일) P.146

【寓寄寁 烏川】
【昨暮何如而往? 宜寧來物, 依黃石所言送去, 其目在別紙, 其小封送, 皆徑納云耳. 其書簡亦來此, 故再送之. 且此處所送之物, 亦有別紙. 南判校前, 汝不可不往拜, 故予亦不可無書問, 今送簡, 須親持進呈爲可. 今日雨作, 恐路中難苦, 念之不已. 餘惟千萬勉力, 愼戒愼戒.】

書 - 94 (1월 28일) P.147

【寓[廿八]烏川】
【初六日趙穆輩亦行云, 右日發行爲可. 訥叱孫來不來, 未知, 故守雲預備待令事, 敎之矣. 哲孫今日由宜仁, 舟渡迂往, 明日當達彼矣. 蒙兒瘧證已已, 深喜. 近必來此, 姑此不一.】
【金生員證, 可慮, 而今已向差云, 爲喜. 明當伻書, 故今姑未耳.】

書 - 95 (2월 6일) P.148

【與寓[卽日]】
【朝行何如? 事出遑遽, 雨勢復作, 行道想多艱阻, 恐有不及之弊, 深慮且悶且悶. 然與其趁急而蹈不測, 寧不及. 古語有之, "千金之子, 坐不垂堂", 堂之邊垂, 尙以危而不坐, 況冒涉大水乎? 千萬以是爲戒. 水雲者欲稱頉, 强而遣之. 德萬換率事, 可諧計歟? 中途奴病, 甚不利行, 須換率爲善. 其他行具, 亦多踈闊, 何以遠去? 然亦寒儒常事, 以我昔日之事觀之, 汝則差完, 不須屑計也. 南判校處書簡, 見後謹封而傳上. 餘唯戒愼萬萬. 不多及.】
【弘祚及朴奉事諸處, 忙未修簡, 傳告.】

書 - 96 (7월 27일) P.149

【寄寓兒[壬子七月二十七日]退溪】
【水路行何如? 幾日登陸, 奴馬能不相違否? 恐致多窘, 慮慮. 予依前從仕, 但未得移寓之家, 馬困路遠, 殊非養病之宜, 奈何? 爾庶母之行, 來十八不違發程, 庶可秋收前, 奴馬往還矣. 且如不得全舡, 千萬勿乘幷載船, 某條從陸爲可. 但多病如此, 不如速去, 而拘牽事勢, 知不可而强爲過冬之計, 良可嘆恨. 公簡行計, 時未定, 而且與隣人爭代地之界, 隣人呈于漢城府, 其勢似未速去, 未知終如何也. 汝讀詩未了, 又以奔走, 恐遂廢業. 世事漸難, 男子藏身, 實不易. 近聞朝議, 雖朝官子弟, 無屬處者, 皆當從軍云, 汝之得免, 何可必乎? 若不可免, 圖付業儒可也, 而經書一四書一考講豫防, 不可忽也. 諸姪等, 亦以是告之. 餘不一一.】

【書堂花竹, 須護之勿傷. 去年刈草時, 堂前溪柳芟刈, 可恨. 其日若不堅禁, 恐甚於去年, 知之. 弘祚板子流下事, 欲遣黃石助力之意, 曾已通之. 其後無可否, 不知何爲也? 今則京行多事, 黃石勢難他送. 但弘祚若專恃吾言, 不爲他計, 而臨時來告, 則不可負也. 須令哲孫進去, 同力流下可也.】

書 - 97 (8월 1일) P.151
【寄寄書[壬子八月初一] 退溪】
【去後, 不聞行之遲速善否. 意逢雨於黃江·丹山之間, 無乃有阻滯之患耶? 念之不已. 予欲移寓近館, 而未得可處, 時在舊寓耳. 田家秋務亦繁, 加以京行, 想多騷騷, 隨宜好處. 又恐寄姪有故, 無人來, 如何? 近書續續, 不一.】

【金孫稱其妻老, 不能作畓, 明年九受白雲田云, 依願授之可也. 戶籍多入奴子, 必有後弊, 不緊可去者去之.】

書 - 98 (9월 7일) P.152
【寄兒寄書[壬子九月初七日] 退溪】
【芿叱山下去後, 未聞音信, 未知汝無恙否? 奴馬無事下去乎? 予及在京諸姪家, 俱依舊. 秋收, 今已始耶? 其處事, 汝在, 不須云也. 問之連同, 病甚殆不運身云, 然則榮川打作, 何以爲之? 汝須隨宜好處, 不須待吾言也. 此處用度似窘, 然卜馬難得, 且億必亦須綿花畢採後, 舡卜嶺來, 其前舡卜之勢, 必難矣, 不須强爲. 許生員行次, 無事去否? 遷葬事, 似持兩端, 未知何決, 問而報之. 書冊無乃蠹破乎? 今年不曝云, 雖晚, 曝藏爲佳. 知事宅

『懷麓堂集』一卷來吾家, 未及還送, 須銘心還送爲可. 餘詳范石, 不一. 暇則勤讀勤讀.】

【近以弘文館箚子, '金舜皐·金秀文等, 罪同於金忠烈等'云, 金舜皐等拿來事, 都事去已久, 必受大罪. 此意幷弘文箚子, 通于金生員處爲可. 但范石若他條難免, 則以伴人爲之, 如何?】

書 - 99 (9월 29일) P.154

【答寓書[壬子九月二十九日]退溪】

【戀餘, 因金奉事傳書, 知汝無恙, 喜深喜深, 亦喜溫溪闔安. 但三奴俱瘇, 方秋務劇, 何以收穫? 況連同又病, 兩處皆難處之, 尤深向慮, 奈何奈何? 早知如此, 憶彌姑勿上送, 留看一處打作畢後, 猶可舡卜矣. 今云"念後定欲上送", 若已發來, 則必無及矣, 可恨. 如未發, 須依此爲之可也. 京家用度果窘, 然料必馬匹甚難, 故祿前不須舡卜事, 前書已喩之, 汝其知乎? 此處隨宜經過, 毋憂也. 就中明春親耕別試爲之, 而依戊申年例, 來十一月初七日初試事, 已判下奇別送去. 然汝之來京甚難, 見於本道爲可. 但恐本道都會, 無乃遠定, 則困殘馬匹, 何以往還? 深用憂念. 亦未知遷葬事如何? 尤慮尤慮. 然以勢料之, 似不可爲也. 爲則須速通于此, 豈無圖措之事耶? 伴人事, 問于兵曹, 則須本官無役取招上送, 乃可置簿行移云. 順伊·凡石難免, 則取招上送事, 可圖則圖之. 辛參奉兄葬事, 吾未見之, 汝往見, 甚善. 時祭行之, 亦喜. 但恨不及仲月, 爲未盡耳. 座首改差事, 一鄕皆已知之, 今豈可還停? 況軍籍終不當於鄕所, 何可必乎? 故禹義賢處, 差帖成送矣. 憶必近雖上來, 卽當下送, 汝赴試時, 帶行爲可. 只此.】

【汝前者或不見東堂矣. 然如今之時, 以儒名不赴試, 亦未安, 若無極難之事, 往見可也. 況初場之賦, 可望, 次場之策, 猶可成篇乎? 但試日, 適値汝大忌, 可恨. 且此忌祭, 汝雖不在, 使阿蒙暫行爲可. 時祭則吾欲此處設行, 預知之. 伯榮所送琴應夾氏造靴次, 乃及期之事, 須速傳.】

書 - 100 (10월 3일) P.157

【寄寓[初三日]】

【冒寒董役, 安否? 予證, 昨昨瘡根始出, 瘡口猶未合, 又時時熱中, 肩背之間, 似拘緊微庠, 心甚疑慮. 昨灸騎竹穴, 今覺平安, 然不無畏患. 發引日迫, 騎馬方出入, 恐致他虞, 當觀數日調候處之, 爲計. 香亭送去挽詞, 情不能已, 僅綴絶句四章, 片紙書送. 每一幅二首式書用, 爲可. 畢軍請出事, 生員已圖否? 前日汝云云, 故書狀成送, 或以圖則不須呈也. 餘不一.】

書 - 101 (10월 6일) P.158
【寄子寗】
【審奴齎書, 尋當見矣. 今得烏川人持書, 知無事, 爲喜. 但奴輩之症如彼, 秋事方急, 所窘必多. 又未知榮川打作, 何人監之? 遙念不已. 又況別試往來之弊, 馬匹尤難, 何以爲之? 慮慮. 且億弼至今不來, 想必右奴頑不速發之故也. 然此處已臨受祿之日, 不須憂也. 但右奴到京還下歸而後, 汝可率行, 此則不可太緩耳. 李直長士彦氏月初二日得眩證暴卒, 子弟奴僕皆散, 賴金伯榮盡力護喪, 僅以親舊及兵判之賻歛襘矣. 此後發引等事, 何以爲之? 人事如此, 益無意於客宦也. 習讀前, 未及修慰, 詮白爲可. 餘具諺書與前書, 不復一一.】

【汾川·溫溪等書簡, 速急傳上, 不可遲滯.】

書 - 102 (10월) P.159
【寄子寗】
【曾見爾書, 患痢證云, 行日已迫, 當此寒月, 遠路之行, 至爲可慮. 至今未知停行與否, 深慮深慮. 差復而行則善矣, 萬一不差强行, 或致加發, 豈保攝之道乎? 來人速示爲可. 公簡欲來京云, 而竟不來, 必歸下道, 亦未知如何, 幷示可也. 遷葬則停矣. 石物欲爲, 而監司等處, 請軍書簡, 脩送事云云. 然時未知定爲與否, 故不爲耳. 此處時未出榜, 諸人得失未知矣. 汝在家與否未必, 故只此.】

【簡紙難繼, 其處貿在冊紙, 後來人五六卷送來.】

書 - 103 (11월) P.160
【寄子寗】
【初聞汝忠河魚, 意不赴試矣. 續聞竟赴淸道, 必自彼仍往宜寧, 則其還遲速, 亦未遙度. 常時知汝身不甚健實, 況當此苦寒大雪, 跋涉遠途, 恐別生疾(虫+恙), 不勝憂念憂念. 宜寧闔宅安否何如? 公簡何故不赴試耶? 京試, 子弟及鄕人皆不中, 未知鄕赴得失如何, 亦以懸情. 汝常時惰業, 難望僥倖, 無事還家, 是爲幸矣. 但中軍籍事, 當初泛然爲之, 今則敬差官下去, 必大加嚴急. 且云, "儒生無遺考講不通者, 不計蔭子弟, 皆充軍"云云. 奈何? 但聞'曾入格者, 考試卷, 免軍役'云, 汝則似可得免. 然當講之書, 須不計晝夜熟習待之爲可. 烏川大宅瘧證, 今則如何? 仰慮仰慮. 汝耳掩, 以試場時, 物價騰貴, 且無好皮, 莫同者每每督之, 尙未貿來, 今未及造送, 恨恨. 姑少待之. 余自前月望時呈辭, 今月初三得遞, 爲上護軍. 杜門臥調, 似爲得所. 從此漸爲明春歸計, 時未知得遂與否, 預慮預慮. 衣裝全未准備, 而馬匹亦將僵仆, 貿資全無出處. 宜寧打作不爲, 葬用則春來貿木來用之意, 曾通于宜寧矣. 正月初旬內須爲遣億弼于宜寧, 貿木兼收銀夫貢, 與銀夫偕持直來于京事, 預敎億弼, 毋違爲之, 至可. 大抵京家用煩而物貴, 事多艱窘, 可笑. 前觀打作之數不多, 鄕家亦必終至於不足, 又可虞耳. 樹谷齋舍, 今年必不成. 但其瓦久未充納, 至爲未安. 正月內須計數輸入事, 預白僉前, 爲可. 餘在謙仲, 不一.】

【明日將行時祭, 多事草草. 敬差官李壽鐵, 未嘗見面, 余又病未出入, 故本縣事亦未稱念而送, 恨恨.】

書 - 104 (12월) P.163
【寄子寯】
【自汝南行, 絶未聞信, 冒寒遠路, 宵寐無忘. 近公簡奴自榮川來京, 自云, "隨公簡至宜寧而回", 傳汝好到宜寧, 且云, "至月念五, 將發還禮安", 其還行安否? 至今未聞, 念之不置. 京外試子弟, 皆不得名, 乃汝等常時懶惰之效, 然未免慨嘆也. 汝等其亦有意乎? 宜寧大小安否如何? 烏川禫禮, 汝必挈家往見, 其已還退溪否? 聞豆乙彥之死, 甚驚且憐焉. 此何病耶? 三奴瘧疾, 今則如何? 若不差, 則明年農作, 不可說也. 余前月初三遞成均爲上護軍, 今尙閑臥, 似幸. 但京師大雪苦寒, 柴炭絶貴, 病骨畏寒. 調攝甚難, 以此度日如年, 春來切欲下歸, 但恐不得受由, 預慮預慮. 汝耳掩, 以試場時價高稱之, 莫同者延拖不卽覓來, 過試後, 又以冬深, 毛物稀少, 絶無好品, 往復不得, 最後改令林永守艱求稍好者造送. 知汝苦待, 如此稽緩, 又非甚好, 可恨. 然凡服用之物, 必求好品, 此乃大病, 止此不妨, 知之知之.

只給三匹牛, 其牛匹遺在矣. 歷書一部幷送. 歲後億必送于宜寧, 以打作貿木上來事, 曾已書喩, 想汝已知之, 正月望前卽送, 毋忽毋忽. 余章服衣, 時未備一領, 欲成此, 且欲買馬故云耳. 孫芡等近欲下去, 當更付書. 夜深氣困, 草草不一.】

【軍籍事, 想必騷擾, 奈何?】

書 - 105 (12월) P.165
【答子寓】
【得書始知回自宜寧, 苦寒遠途, 無病還家, 何喜如之? 宜寧大小安穩, 亦深喜. 但烏川大宅痁證尙未差, 不任憂煎. 汝家眷, 已過禫後, 卽還退溪, 可也. 但事勢所拘, 亦且無如之何矣. 姑留烏川, 觀勢還家爲當. 其婚若成則甚好, 只以醴泉孀婦失望爲哀悶. 然嫂氏之意如此, 則莫非天也, 奈何? 三奴瘴病皆未差云. 食煩而無使喚, 不是小事, 億必則不須來京, 留家役使可也. 但宜寧貿木雖不送, 億必只令銀夫輸來事, 已敎之耶? 如是則除弊爲好. 但銀夫者汎濫, 必不操心輸來, 如何? 頓非無依, 何可逐去? 置之亦可. 豆乙彦, 初聞病死, 今乃知不無人事之失, 憐怛不已, 憐怛不已. 順伊·流山等事, 不可說也. 順伊若以伴人定給, 則乃兵曹案付法當之事, 甚好. 然城主若不許則奈何? 流山無牛馬無田地, 事目內"如此之人勿定"云, 以此白活可也. 然本縣無人丁, 何能盡免乎? 所可悶者, 此輩不支而逃, 皆爲戶首之憂, 若留者俱不免, 則尤爲莫大之弊, 奈何奈何? 宜寧來木十五疋, 姑待貿木之來, 一時上送, 爲可. 晝婢貢木, 家有用處, 則不須上送, 姑置之. 遷葬急遽, 則必多苟且, 停之, 善矣. 石灰預備亦好耳. 銀丁事, 至爲過甚. 近日孫芡等下歸時, 書簡成送, 須使人捉來論罪後, 仍留使仰役, 而申石·延守中病深, 願放者一人, 放役亦可. 冊紙及生雉, 依受矣. 黃毛筆一柄送去, 又黃毛無心大禿筆一柄送于阿蒙, 使書大字可也. 此兒每寫細字, 甚不可. 餘詳前書, 姑此.】

【爾庶母適有故, 諺書未及答, 孫芡等歸時, 當答云. 吳謙仲及金樂春等歸時, 書信及送物皆
否? 彦遇諸君皆不利, 可歎. 爲我問安.】

● 계축년(1553년, 53세)

書 - 106 (1월 10일) P.170
【寓兒寄書[癸丑正月初十日]退溪】
【進奉吏來京後, 更未得信, 未知安否, 向戀悠悠. 孫芃等歸時付書, 得見否? 烏川大宅證候, 今則如何? 深慮深慮. 今年京師, 苦寒太甚, 然尙賴投閑, 僅保病骨. 寒食前, 欲受加土由下去, 但以親耕大事未過, 下去未安, 其後歸計, 亦未知諧

遂與否, 預悶預悶. 然其處農事等, 不可只付奴輩, 汝則今春勿爲來京之計, 可也. 但其奴輩瘧疾, 今亦未差耶? 宜寧貿木之來, 遲速未可知也. 前來五升木, 縣衙眷從馬來京時, 可以上送, 則招吏房敎授送來, 何如? 若未可信, 則范石彼從馬一時起送, 同力輸來亦當. 烏川婚事, 定乎? 汝家在彼, 看事勢, 固不得已也. 退溪家凡事虛疎, 奈何? 其中愼火事, 常常毋忽毋忽. 丹木二斤二爻·銀魚三冬送去, 新曆一部亦送. 前亦送一部, 一部送于琴君處. 時祭則此處定行, 其他祭事, 依前書所云, 預知行之. 溫溪行時祭事, 知悉矣. 畫婢木已來, 故受之. 但順伊伴人事, 不可爲, 私伴陳省, 須速出送, 爲可. 流里山, 何以爲之? 若不免則專是戶首之憂, 不可說也. 然戶內人人求免, 則非徒鄕情可畏, 城主亦必非之, 千萬勿强逃避爲可. 莫只家買得事, 其主聞之, 不知移造之難而妄以大喜, 可笑. 瓦輸入事, 僉議如何? 吾意今春不可不爲也. 忠順嫂氏葬事, 何以過之? 遙念不已. 餘在歸人, 不一.】

【汝雖多事, 讀書不可不勤勤, 要在工夫接續, 記誦製述, 兩修其功可也. 琴君及烏川諸金皆篤志, 汝須相資相益亦可. 阿蒙所讀全不熟, 一過便忘, 竟何益乎? 須連讀前授處爲可. 近見求仕之路極難, 汝不思無名之患耶?】

書 - 107 (1월 20일) P.173
【與寓兒[癸丑正月二十日]退溪】
【命福等歸時付書, 應已見之. 但未知近日安否何如? 烏川大宅證候, 今何如也? 徒深遠慮. 汝已率家來退溪耶? 聞奴婢等, 率皆怠慢不事, 至爲過甚. 擇其尤甚者, 撻而警之可也. 但糞田之具, 全不備云, 種麥必難, 奈

何? 金仲起處, 吾簡送之耶? 銀丁雖不願仰役於退溪, 若歸宜寧則猶可姑置. 若如前隱避, 則當稱念捉囚其兄而治之爲計. 後書細報其所爲, 幷報其兄之名也, 忘其名故云. 流山·億守等皆未免耶? 必欲皆免, 甚未安, 須依他例爲之, 可也. 但厥終之事, 必爲大患, 然亦無如之何也. 公輔·騫姪等, 念五間欲下去. 金孫則其選上未能充納, 恐其逃去不現, 不可信, 故姑略此耳.】

【安東府使金鎧以朝望外任, 未便啓遞. 武臣嘉善, 宋孟璟爲之矣.】

書 - 108 (1월 26일) P.175

【答寫書[癸丑正月二十六日]退溪】
【億同等持書來, 喜汝無恙. 但烏川大宅證候, 經歲尙未差復, 不勝憂悶. 汝家在彼, 退溪家事, 尤以齟齬, 然事勢所拘, 無如之何矣. 婚事已定則善矣, 然人事不可預料, 納采之後, 累朔不迎, 無乃未安乎? 然又非汝所得爲也. 搜軍之擾, 至於此極, 從此士族, 皆將失業, 非細事也, 奈何奈何? 然隱匿之罪, 尤爲可畏者, 叱同等未逃者, 多般曉諭, 勿今逃避, 依衆例處之爲當. 凡石曾不知其爲水軍之逃, 今聞之, 可驚. 今旣下去, 不可復來于此, 亦不可接置于鄕家. 吾意其面色掌一同, 捉告于官, 押送于寧越, 則可絶後患矣, 須毋忽. 萬一未捉, 則千萬更不許容跡於戶內爲可. 順伊·陳省來矣. 其不付兵曹事, 本官若不以伴人見付, 亦不報都監, 則不付兵曹可矣. 若有見報之處, 則必以中間隱漏生事, 不可說也. 此意, 密問于色吏處報來, 爲可. 吾當觀勢處之. 銀丁事過甚, 依來書處之. 輸瓦及齋舍等事, 知悉. 祠堂材事, 汝意亦當, 但據禮 "父在, 母神主不得先入廟, 姑置別處, 俟後俱入" 云云, 有廟者亦不許先入, 則則無廟者何必汲汲立廟耶? 故吾意神主姑在其房無妨. 但阿蒙等無房, 今秋大廳必難造成矣, 姑於神主房之西, 接起二間, 一溫一廳造成, 可矣. 此二間材, 可伐則伐, 然力不暇, 則不可强爲也. 凡年事, 新接婢僕, 尙無容地, 已居者, 何必遷來乎? 黃石等欲出役之計, 至爲過甚, 堅勿搖動.『春秋』, 近將畢云, 吾亦欲買切買切, 但時無價物耳. 二三月間, 欲歸切計, 但時未定. 然予雖不歸, 汝不可上來也. 宜寧後來木幾匹乎? 其內三匹, 齋舍造成送上, 又四匹留家, 爲役民等之用, 其餘上送, 爲可. 餘金孫等持書盡之, 只此.】

【黃·羔筆各柄送去, 羔筆給阿蒙.】

書 - 109 (3월 19일) P.178

【答寄寓兒[癸丑三月十九日]退溪禮安】

【億彌等昨久入來, 見書具悉. 汝身安穩, 兒奴輩亦無事還入云, 深喜深喜. 就中余行又退於來閏月旬望之意, 曾因分川 李亨樑姝夫奴子下歸時, 附書于汝. 今見念四欲送從馬之言, 乃知其書尙未達于汝處, 深慮其相違有空往空來之弊也. 加土受由, 勢難爲之, 不得已呈辭解官而後去, 則必至於來旬間, 故前書已言此意耳. 今方始呈, 來月初八初十日間, 水路發去爲計, 從馬預備而待之. 此間豈無歸人? 當更通某日人馬幾許送來之意, 然後送來, 庶無相違也. 木, 依受. 但初諭以'七匹留置, 其餘皆送', 何至倍數留之耶? 非不知家用之切, 然此間事勢, 尤不可闕於資用故云耳. 稅米, 禮安所納, 當以某條自此持納于倉爲計. 假使有不足, 猶可追備納也. 榮·宜兩處之稅, 措置上納, 可也. 孤山墓加土不爲事, 當依術人之言, 可也. 宜寧事, 又至於此, 不勝驚悶驚悶. 但公簡書, 二月初一日所修, 然則其後事勢, 豈止於此而已乎? 疑此書乃三月初一日所修而心亂誤書也. 公簡書中, 望余無下鄕, 在京圖救云, 此意亦切, 但吾雖在此, 何能措手? 只益恐懼耳. 雖然, 緣此事, 吾行又多猶豫, 必至發行之日, 乃知定行耳. 不意聞夫羅本人有下歸者, 草作此簡, 他未暇悉, 諗書亦不報, 知之.】

【喬姪處, 忙未修簡, 但其振威農舍, 盡燒種子, 出處無由, 其家渴悶無告. 此姪之事至此, 奈何奈何? 如見喬, 姑傳之.】

書 - 110 (3월 22일) P.180

【寄寓[癸丑三月卄二日]退溪禮安】

【吾行未定之意, 曾於李亨樑壻其之奴下歸時, 附書, 幷奇別同封以送. 其奴今月初二日發京, 初九日間, 必到分川, 而億彌等十二日來時, 汝尙未見其書, 欲以卄四從馬發送云. 如此則空往空反, 弊甚不貲, 奈何奈何? 聞其奴乃分川人也, 萬無不傳之理, 無乃失之耶? 須速推問于其家可也. 如今旣未得受由, 而以病解職, 時亦未敢預必, 故雖以來月初旬間爲行計, 而未知如計與否, 悶慮悶慮. 臨時當更伻人, 須待的報, 然後從馬送來爲可. 禮安稅米, 欲自此備納, 但用窘, 恐不能畢納也. 權發宗之歸, 已附書, 凡事具言之. 慮其不傳, 故復修此書, 因遽草略.】

【伯榮, 昨政爲宣傳官, 可喜.】

書 - 111 (3월 23일) P.181
【寄㝢[癸丑三月二十三日]退溪】
【億弼等來後, 兩次修書, 皆付權發宗之歸, 大槩具於其書矣. 但李亨樑壻奴子齎書, 竟未推見耶? 從馬, 念四發送, 則空爲勞費, 可慮可慮. 就中吾行受由下去則順矣, 而從馬兩次爲難, 故未果, 恨恨. 今方再度呈辭, 猶未解職, 故未敢率意徑歸, 亦未定發行之日. 來月初旬前, 若得解職, 則當卽走一奴, 報知行期, 然後人馬送來, 爲可. 吾發行前, 如有及來之人, 木二三匹, 加送來. 行裝百具多闕, 資用不周, 可笑. 且㝢姪家, 振威農舍, 火燒種子, 一石無餘, 此姪家, 從今生理益艱, 吾以自窘, 不得一助, 恨且愧焉. 此木若及來, 則欲給一匹, 如無及送之勢, 汝可送一匹於㝢處, 令其隨便自送于京, 以補一畝貿種之用, 爲可. 李文若得免, 則何幸如之? 加隱孫, 雖使不免, 卽可除軍, 若逃則雖老死, 猶不除軍, 永爲其子孫隣戶之患, 須以此意曉諭, 勿復逃計. 餘不一.】

【近處諸文士, 皆不中, 唯鄭聞咸得中, 可恨. 今觀伴人事, 果爲多事. 榮川出伴人事, 連同處, 曾敎之, 千萬勿爲之意, 右奴銘敎, 爲可.】

書 - 112 (윤3월 3일) P.183
【答㝢[癸丑閏三月三日]退溪本家】
【奉事來京, 得書, 凡事細悉, 爲慰. 前日雲同等病, 心常疑慮, 今已無患, 何喜如之? 嫂氏永葬, 無礙已了, 少以爲慰. 但孤山·末岩等三處火事, 一時竝作, 雖塋域得免, 其驚動神宅, 至爲恫怛恫怛. 出火之人, 不可不推治, 且當以壺酒往奠慰安, 可也. 未知何以處之? 旱勢如此, 又天雨草穀之實, 考古傳記 "必有飢荒禍亂之變"云, 上下憂惶, 罔知所爲, 奈何奈何? 自吾家事言之, 口衆費煩, 雖如常歲, 不免凍餒之虞, 況此凶歲, 將何以支須? 預知此意, 凡用度, 痛自節儉, 以備窘乏, 甚可甚可. 汾川人不時傳書, 果爲迷頑者, 從馬猶不起送, 是爲幸矣. 吾亦以兩次從馬尤難而吾病通國皆知, 故欲顯爲辭去, 徐察物情, 不無駭恠, 不得已停行, 已具訥叱孫持書矣. 處世之難如此, 未知來秋能遂願否. 順伊事, 恨悶之已晚, 恐不及圖之. 稅米, 依數授送, 但未知奴輩田畓, 幷入計否? 幷計則其處受之亦可. 餘在歸奴.】

書 - 113 (윤3월 10일) P.185

【訥叱孫與書[癸丑閏三月初十日]退溪】

【訥叱孫則想已到矣. 但中孤山火起之由, 今見朴奉事, 始知之, 不勝驚駭, 尤劇尤劇. 且奉事臨發之際, 寺僧來報'其火再起', 雖云已滅, 然未知塋域得免與否. 假使幸免, 若其主峯近處不免, 則人子之心, 安可不亟往見之安然遠在乎? 以此, 命福委送, 奴億必·訥叱孫及卜馬二匹, 今月晦前發彼, 來月初五日前不違入京次起送, 爲佳. 然則吾於初九初十日間, 發程下去爲計. 爾庶母則農時不可下去, 仍留過夏, 七月下去亦計. 石伊幷送爲可. 上下今方憂旱, 百事皆除弊, 恐朝官受由外方下去者, 近日必有禁令, 然此事非尋常之比, 宜若可受由也. 前日若知此事, 則豈有停行計乎? 爾書不言其由, 想家門之意, 不欲喧播其事, 此意亦然. 然吾不知而不往, 則吾過不小, 吾何可不知乎? 其兇徒從何來, 今在何處? 姑須勿喧. 然欲速知之, 故問之耳. 此輩結怨, 後禍亦可畏, 僉須善處. 餘在命福. 不一.】

【此意, 須往稟於兄主前.】

書 - 114 (윤3월 21일) P.187

【寄寫[癸丑閏三月二十一日]退溪家】

【寯姪奴來, 見書後, 更未聞信, 戀戀. 傳聞其處得雨, 未審信否? 京師尙今不雨, 四方亦然, 上下遑遑, 莫知所爲, 奈何奈何? 命福, 想已到矣. 命福去後, 得見兄主書簡, 亦云 "孤山火災甚切逼", 余不往見, 至爲未安. 從馬難待難待而正此農桑務劇之時, 何以備送? 深慮深慮. 且中金順伴人事, 未及圖寢之間, 已爲啓下, 不可漏落, 故差帖出送, 須卽呈于官爲可. 本曹旣已置簿, 而本官無去處, 則於官於私, 皆恐生事, 故不可忽也. 餘具前後書, 只此.】

【奇別政事數張送去. 從馬, 來初五日前, 不違入京次起送. 汝母適以病臥, 未修諺書.】

書 - 115 (윤3월 22일) P.188

【答寫書[癸丑閏三月二十二日]本家】

【有歸人修書將授之際, 莫失齎書來, 因幷付莫失之歸耳. 書云 "尙未得雨", 而莫失言 "十二日夜, 得雨水生, 稍可付種." 若然則豈非大幸大幸?

但已枯已虫之兩麥則更無望矣. 家用之當窘, 固所預料, 而他無計策, 只宜痛爲節儉, 耐辛苦以待天命而已. 麥種雖無儲, 還上時, 以稻求換, 如爾庶母之計, 則可矣. 今以直受至六石而無麥如此, 何以償納? 不可說也. 木匹, 今何必上送耶? 前書已諭勿送之意矣. 但買田, 今後亦勿爲可也. 瓦則其時但計訥數, 不計張數, 訥數則憑·完諸姪及雪熙, 皆當知之. 大抵其瓦体大多殘缺, 每訥似有緖數, 應無溢數也. 若有溢數, 而吾之所償, 未滿其數, 則隨當補滿償之也. 就中以時勢及家事計之, 吾之歸實爲非時, 但以火灾如彼, 不歸未安, 故欲歸也. 未知兄主之意以爲如何? 及此人未到之前, 從馬想已發來, 來則吾當歸也. 梅竹多枯死, 可惜. 大竹已行醮禮, 何喜如之? 但未知成於某人也. 宰證非輕, 今又聞閔應祺病重, 子弟之有將來者又如此, 深恨深恨. 聞億必已離可興, 而不到其處, 無乃歸其家耶? 又聞竹嶺等處, 盜賊縱橫云, 榮川等處稅米, 何以輸納? 吾行亦以是爲憂耳. 餘具前書.】

【孤山忌祭當次, 曾已知之, 謹而行之. 笠子欲送, 而時樣簷廣太甚, 笠家皆不容入, 姑留置, 吾歸時以某條持歸.】

書 - 116 (5월 13일) P.190

【寄寓書[癸丑五月十三日禮安李大司成本宅]】

【近來頓無消息, 未知安否? 雨澤至今未洽耶? 兩麥所收幾何? 晚穀付種立苗, 如何如何? 口衆食匱, 無乃飢困罔措耶? 不勝念悶念悶. 前換金伯榮家米石, 送來耶? 今年之事, 不可以常例處之, 須極圖撙節, 爲連命之計, 至可至可. 予時未免胄學之重, 亦未移寓仕遠, 尤悶. 且中宜寧姑母氏, 頤下生腫, 大如鷄卵, 公簡不知某證, 而治療失當. 適以書通于此, 問于金遂良, 答云 "凡頤頷之腫, 皆瘰癧也." 乃買其三種藥送之. 其後又得公簡書, 付藥後膿出, 雖未合口, 勢已向差云, 深喜深喜, 而猶以未知永差與否, 爲慮. 恐汝未知, 故言之耳. 寓家奴子, 近當下歸. 凡事其時細通, 姑此草告.】

【官物刷還事, 又起, 此則以法當侍丁當免云, 然未免有疑. 聞仇叱屎等上來, 而猶未到, 難待難待.】

書 - 117 (5월 22일) P.192

【寄子寓】

【阻信近甚, 昨昨宏姪到京, 傳冲也所傳消息, 始知鄕閭門族, 皆無恙, 又自得雨後, 農事亦有可望, 喜劇無涯, 然猶未得其詳. 仇叱同·命福, 何久不來耶? 收麥幾何? 田畓不至陳廢耶? 榮川付種亦何?】 詮聞'榮川家穀五六石, 官封後, 汝以種子用之. 榮川城主以旣已報, 使之數, 雖欲除, 勢不可除, 處之爲難'云云. 此言信否? 若已官封, 乃非我所擅之物也. 無端用他, 此汝妄料失宜處, 奈何奈何? 若不能無事, 須爲來謝罪於城主前, 庶幾隨宜善處爲可.【昨昨得公簡書, 外姑氏腫證非輕, 深慮深慮. 其治藥則金遂良處三次貿送, 不知卽今差否如何? 農時遠處, 汝難往省, 尤爲未安, 奈何奈何? 公簡書幷送. 且中爾庶母事, 以法當侍丁當分揀, 而其立案而在本官法司推納, 故訥叱孫今日發送于昌原, 取立案而來, 兼問安于宜寧事, 送之矣. 今雖得免, 不無後慮, 殊悔厥初之不審也. 扇二柄送去, 一與蒙兒. 適無餘數, 應熏氏昆季處, 不得送之, 可恨可恨. 余欲寓館近處, 而時未得空家, 冒暑遠仕, 可慮. 餘具縣人等賚去書中, 不復一一.】

【修書後, 仇叱同等入來得書, 始知門中各安, 麥猶可食, 而他穀得雨皆蘇, 庶免溝壑之憂, 喜幸不可言. 此處果亦多窘, 七月忌祭, 其處行之, 則此可不行如爾言矣. 其時所用素物一封送去, 考納用之. 宜寧證患, 書中已具言之. 今見送來簡, 乃四月念四日所修而來此之簡, 則五月初十日所修. 其間十六七日而證勢無減, 其證之非輕可知. 此專爲不肖子悖理之事, 憤鬱過極所致, 天下安有此事乎? 汝之行止極難, 奈何奈何? 繅絲之事, 前書已言之耳. 雪熙於精舍, 不爲無功, 但未畢事而舍去, 恨恨. 戶內水軍三名, 何以堪當? 不可說不可說. 榮川封穀事, 克良之偏疾吾家, 不知何意? 然旣封之穀, 不可擅用, 汝之所處, 甚違理. 今聞多囚次知, 其爲受辱, 何所歸咎乎? 但未知其穀何以充納? 深慮深慮. 城主前修書亦甚愧, 不欲爲也. 然恐其報于敬差官, 則罪不少, 故不得已書送, 量其事勢而呈之爲可. 其書不封而送, 其別幅辭緣四家分施之事, 於汝意如何? 若汝可充納其穀, 不須分施, 則別幅去之, 只呈本書, 亦可也. 政草奇別, 送于溫溪轉送矣. 見後, 幷書狀等, 送于汾川.】

書 - 118 (6월 2일) P.195

【寄兒子寯[癸丑六月初二日]退溪】
【縣吏來京, 得書, 知好在, 又知雨澤周洽, 秋望可冀, 深幸. 但京師, 近日酷暑不雨, 未知嶺外如何耳. 仇叱同持來書, 見而已答, 付審奴之歸矣. 但榮川穀事, 何以爲之? 次知雖放, 詮聞城主之意以不納穀甚不快意云, 此不足恃, 已報之穀, 何可無置處耶? 此汝不知義之故, 不覺墮於罪咎, 若城主發怒, 而報使請罪, 則不可說也. 須依前送書內別幅所云 "四家攤分徵納", 則庶可易償, 而汝亦免飢免罪, 此正所謂一族分徵之法也, 須母忽圖之. 宜寧安否, 吾亦近不聞之. 前日訥叱孫適病, 哲金代送問安, 初旬前當回來, 來則可知矣. 豊山祭事, 龍孫則已矣, 動山不爲作介, 以至於此, 過甚過甚. 未知今年亦然耶? 須撿擧, 母更如是爲可. 餘具前書. 適仕罷而還, 困倦草草.】

【隣家廣州宅, 有病忌, 不得已擧家, 以前月卄八日移寓於於義洞上邊具別坐循家. 其家四無遮蔽, 可恨耳.】

書 - 119 (6월 10일) P.197
【與宲】
【審之來, 見書, 知無恙, 深喜. 在京亦皆依舊, 仍寓移舍. 汝母雖免驅逐, 豈爲美事? 深悔初不量事勢也. 宜寧安否, 自哲·金伊等還後, 更未聞之, 恒用焦灼. 證勢非輕, 加以憂鬱, 難望速差, 奈何奈何? 雨澤, 今則如何? 聞黍麥俱不實而晚穀永向焦, 然則民命何賴? 封穀事, 汝雖云無事, 傳聞城主不以爲善. 汝不達事理, 初旣失之, 後又不呈吾書, 城主豈知吾愧悔之意乎? 若不更問則已, 如其追微, 則雖月日稍遠, 須呈其書, 依小幅備納爲當, 千萬勿作逋免之計. 聞阿蒙來退溪, 其所讀, 須追一二日, 次次溫誦, 每畢一卷, 亦溫習前讀, 至可至可. 向見此兒, 專不熱讀如是, 雖讀千卷書, 終何得乎? 餘具殷弼持書, 不復一一.】

【習讀前, 承問感仰之意, 若見則傳白爲可. 禮安城主, 不意居中, 何恨如之?】

【菁種, 求之已晚. 以木二匹遍求, 不得而還, 可恨. 詮聞有處, 明將更求, 貿得則公輔奴歸付】

【送爲計, 亦必不多, 奈何?】

【改科擧法, 奇別送去. 汝業不進而時法更難, 奈何? 所可幸者, 進士試不用律賦, 又不講占文選, 是稍爲喜耳.】

書 - 120 (6월 26일) P.199

【答寯[癸丑六月二十六日]退溪】

【李忠順來京, 見書, 無恙, 深以慰喜慰喜. 余亦依舊在移寓處, 汝母事, 前書已言之. 其處雨澤周洽, 禾穀向成, 何喜如之? 但農奴多故, 除草失時, 亦非細事, 可慮. 麥收, 償債無餘, 非徒缺食, 種子亦難, 奈何? 聞宜寧收麥四石有餘云, 須與某家互換, 爲來年種子事, 圖之爲可. 眞麥, 七月祿出, 欲以某條圖補鄕家之窘, 但求之者衆, 京用亦繁, 恐未如意耳. 宜寧消息, 更未聞知, 憂(忄+悶)何極? 吾係職事, 汝關農務, 迄未往省, 心極未安. 汝於來月念晦間, 勢不可不往奉問也, 如何如何? 吾之行止, 濡滯已甚, 今秋歸計, 尤不可緩, 而以凶年限明年秋成, 不許朝官受由下鄕云云, 此言若信, 則下去無便, 至爲可慮可慮. 且汝宜寧往來, 則奴馬亦似無隙, 尤慮. 朴公輔不意爲左道兵使軍官而去, 其家人不得留此, 七月念間, 欲由水路下去, 汝母同時下去甚好, 而吾計未定, 似未相諧, 可恨可恨. 公輔家行期通報事, 其奴近當下去, 故姑此.】

【改科擧法, 奇別送去. 汝業不進, 而時法更難, 奈何? 所可幸者, 進士試不用律賦, 又不考講古文選, 是稍爲喜耳. 菁種, 求之已晚, 以木二匹遍求, 不得而還, 可恨. 詮聞有處, 明將更求, 貿得則公輔奴歸付送爲計, 亦必不多, 奈何.】

書 - 121 (6월 29일) P.201

【寯寄兒[癸丑六月晦日]禮安退溪宅】

【近日安否何如? 成茂持去書, 已見否? 蕪菁種, 遍求僅得貿一升有半, 適有榮川人之歸, 送付于連同, 使傳之, 恐有閪失滯傳之弊也. 適以獻官在齋所, 草草.】

【餘具該書.】

書 - 122 (7월 7일) P.202

【寯寄書[癸丑七夕]退溪】

【餘熱異常, 汝與眷口, 皆無恙否? 在此, 俱幸安, 但吾之久仕於館未必, 故爾庶母今還西小門家, 予則姑留於義洞借家耳. 吾病雖無增加, 思去年經冬, 寒苦之弊深, 欲及秋下去, 而受由之禁, 旣妨於前, 汝若歸宜寧, 則從馬難分兩處, 此故又掣於後, 遷延未決, 恨萬恨萬. 朴公輔旣失祿, 其家人不可留京, 今月十九乘舡發行, 竆姪護去爲計. 以此其奴下去報期, 汝庶母同時下去, 則甚好而相違, 何恨如之? 農事結實之勢, 如何? 傳聞下道赤地無禾, 民命哀痛哀痛. 吾鄕雖粗熟, 一方如彼, 恐同被其患, 不得寧帖, 奈何奈何? 汝雖下宜寧, 不可久留, 卽須還來, 以見秋收後, 吾之行止亦當隨宜處之也. 就中姑氏瘡處, 前聞成穴不合, 而又向耳後加浮云, 深慮深慮. 近日則絕無來人, 未聞證勢, 尤悶尤悶. 汝之下去遲速未知, 故宜寧書簡, 則不修送矣. 別幅知去, 告于生員而圖之爲可. 書冊等物, 經霪生蠹, 可慮, 須曬之. 餘未一一.】

書 - 122-1 (7월 7일) P.202
【寄子寯別紙】
【前日菁種, 無付送之便, 有榮川下番軍士, 付送于連同, 使傳之, 未知到否? 莫只家, 須令小叱同堅守.】 聞蒙兒尙居宿於內. 禮云, "男子十年, 出就外傅, 居宿於外." 今此兒已十三四歲而尙不出外可乎? 速出外房可也. 聞巫女頗出入, 此事甚害家法. 自我慈氏以來, 專不崇信, 吾常禁絕, 不許出入, 非但欲遵古訓, 亦不敢壞家法. 汝今安可不知此意而輕變乎? 【古人不云乎? "務民之義, 敬鬼神而遠之"近見】 吳察訪以其子守盈不專學業, 務爲服飾之華好, 大怒訶禁, 守盈奴持價來貿之物, 或不得貿去. 吳兄此意甚好. 予則從前不能如此之嚴, 使汝失學而徒事俗習外累, 此非獨汝之過也. 大抵士君子當以風素文雅恬淡寡慾自處而餘事及於生業則無害, 若專忘文雅修潔而埋頭沒身於營産服飾之末, 則此乃鄕里俗人所爲, 何有於儒家之風乎? 汝平時專不曉吾意, 今聞此言, 未必能信. 所以發此言者, 似聞書堂蕪廢, 專不往來, 而於生業等事則專力爲之, 吾之豫憂, 不亦可乎? 其念之.

書 - 123 (7월 14일) P.205
【答寯書[癸丑七月十四日]退溪】
【命福等來, 見書知悉. 但蒙母非徒舊證, 兼發他證云, 深以關念. 針灸雖若可爲, 恐點穴失宜, 非但無效, 或反生患, 尤不可輕易爲之. 四物湯, 當否未可知, 亦非率然劇得, 從當問圖. 汝宜寧之行, 勢不得已, 若未速還,正如汝言, 秋事盆踈, 須速去觀勢, 若不至甚不得已, 旋卽告還可也. 如其勢難辭退, 則不暇計他矣. 宜寧消息, 則在此亦絶未聞知, 何悶如之? 受由之禁, 傳聞有之, 時未的知, 當更聞見. 雖使無禁, 從馬亦難, 姑未決耳. 讀書事, 前日所云, 出於不得已苟且之計. 以大成事觀之, 此豈易事? 故科學新規雖難, 不可先自沮縮, 須更加勉强可也. 應祺之病・之莫之喪, 皆可念也. 宜寧換麥事, 如所言, 無妨. 但更思之, 人事未可知, 彼處不可全無儲穀, 荒租之換, 不須急急, 姑待冬春之後換之未晚也, 量處之. 眞麥祿出者陳蚛, 不可爲種, 然六七斗間, 幷麴圓舡行, 上送于金遷, 須遣人取去, 易新爲種可也. 此處家用每窘, 不得已以麥貿木與米補用, 不得多送, 恨恨. 連山・佛非, 每年陳其所受之田, 至爲過甚, 須論罰, 而自來年, 佛非不給作介爲可. 菁種少許, 送于連同, 未知卽傳否? 忌日無事過行, 爲慰. 榮川簡, 呈之亦當矣. 朝中事, 今月十二日, 大王大妃撤簾歸政, 自今殿下親政事, 已捧承傳令, 政府曉諭中外, 此是大關事. 余之歸計, 因此尤難, 奈何? 墨丁久欲送之, 路間著霾則不用, 故欲待霾齊而送, 今云無之, 故三丁送之, 恐變其眞品也. 宜寧適有歸人, 修送書簡, 故今不付書, 此意傳于公簡. 李末每求軍官, 勢難未果, 恨恨之意, 亦傳. 餘竢金孫等之歸.】

書 - 124 (8월 29일) P.208

【[癸丑八月晦前一日]】

【自汝去宜寧後, 兩次附書, 未知得見否? 此中曾得許習讀書, 近又見金仲起, 皆云"姑氏證向差." 然則汝必速還矣, 但未聞音信, 猶未知何日回程與否, 念念. 予則得閑調平, 但難於冒禁受由, 今年歸計已不遂, 而在此又多未安, 兩難爲處, 居常鬱鬱耳. 汝於秋收後上來爲當, 但此處無溫房, 去年冬, 兩姪寒凍甚苦. 今冬又恐如去冬之寒, 何以經過? 以是爲慮. 又聞烏川醮禮, 定在十月晦, 其後忌日又迫, 若過此而來, 則在至月旬望極寒之時, 路艱亦甚, 奈何? 況汝婦證, 雖云向差, 恐或復發, 則尤不可獨置而遠來. 凡此等事, 須預知細度, 隨宜決去留爲可. 就中來試又近, 汝家居想專癈業, 其何有望? 前日所云讀書之事, 未知讀何書? 雖云臨講大不如前之易, 不可不精熟而謾得也. 雖未來此, 亦當晝夜不輟其功, 且須求『輯覽』, 盡究時人講規之說可也. 如此則雖正月初上來, 猶可及也. 且科擧新規, 聞之耶? 其中律賦之習, 如汝質鈍文澁之人, 必不能易學, 而爲其所縛束, 其終必至失邯鄲之步. 況進士試, 則從其所習, 不必皆取律賦, 汝則勿習可也. 鴌等處, 亦以是告之. 龍孫綿花何如? 未寒前, 須速上送. 非徒此耳, 本以減錄, 今又降品, 十月以後, 又當有數次行祭等事, 今冬勢必益困, 看秋收, 若不至大欠, 一二石米卜, 幷量備以送爲可. 宣傳本厥以公輔遲來, 日日侵督甚苛, 且欲徵罰云, 須不分晝夜上來事, 卽通于溫溪爲可. 命福近當下去, 故溫溪等處書簡, 今不修送耳.】

書 - 125 (9월 13일) P.210

【寄子寯】

【汝宜寧之行, 但聞去月初六去, 而到彼安否及回來遲速, 皆未聞知, 念念無已. 外姑氏證向差云, 汝必速還, 今已到家矣. 彼處凡事, 人來細報爲可. 且汝婦病, 今如何耶? 四物湯三十服.蟠葱散六七服貿送, 不知服藥後其證如何? 慮慮. 農事, 又恐爲早霜損灾, 可慮. 傳聞榮川不至失農云, 打作勿令虛踈爲可. 予雖無別證, 羸悴則或少蘇或尤甚, 故時人皆指余爲病人, 非徒時人, 天鑑亦已洞知, 故八擬承旨, 再擬副提學, 皆不落點. 今雖退去, 可免人之疑謗, 於余素志, 實爲幸矣, 則退伏此正其時矣. 但以掃墳受由之禁, 無端引去爲難, 姑待明春, 欲受加土之由. 第又近因朝臣多托受加土由, 物論未便云云, 恐將來又禁加土由也. 若又不得此, 則欲於江原道內, 求得無事郡府而去, 亦計. 今冬當過於此勢當窘乏之意, 金樂春付書, 已言之. 一二駄船卜綿花, 一時來月內, 急須上送. 億弼若無暇, 命福付送尤便. 其詳, 命福知去, 問而處之. 加叱今 女丹, 今幷上送亦可. 汝來京便否, 亦詳於其書, 觀勢量宜處之.】 榮川城主書簡送去. 其書雖自謝過, 而歸咎汝不告徑用之意, 自在其中, 慙愧何勝? 大抵人家子弟當以謹愼畏法爲務. 其穀旣爲官穀, 汝若訴悶於城主而後用之猶可, 乃任然取用, 似若恃勢蔑法者之所爲, 此豈儒門子弟讀書知義者事耶? 汝若不改此心, 後日居鄕行世, 到處作過, 豈不爲憂? 此余所以丁寧不已也. 【羔毛筆二柄送去. 餘詳命福口報, 不一.[令送官敎一張及書簡, 卽送于汾川 雪熙.德淵兩僧處, 掫封亦銘傳.]】

【奇別政事數張送去. 去月二十六日親試 「晉山濤請釋吳以爲外懼表」, 取四人, 生員朴淳居首.】

書 - 126 (9월) P.213

又

蒙兒漸至長大, 不可每呼兒名. 今命以嘉名, 字則當隨後. 但從此當漸有成人之責, 不知稍可敎以義方否? 欲子孫之佳, 人之至願, 而顧多徇情愛而忽訓勅, 是猶不耘苗而望禾熟, 寧有是理? 向見汝於兒子, 愛愈於嚴, 故及之.

書 - 127 (10월 9일) P.214

【答寯[癸丑十月初九日]禮安退溪】

【伯榮來, 得書, 知無恙, 且審宜寧證候的已向差, 喜慰喜慰. 第未知汝婦證, 用藥後如何? 宰之重病每念, 而不意弘祥又得惡腫, 未知今則如何? 慮慮無已. 秋收畢後所出如何? 雖不如前, 比之下道, 豈不爲幸? 但所甚慮者, 下道飢民, 不無群起剽劫之勢, 則闔境皆不得寧靖, 奈何奈何? 億弼·命福中, 未知已發來否? 日氣陡寒, 恐水路氷阻未及來也, 如何如何? 栢子, 曾已貿送, 想已達矣. 汝之行止, 久未來見, 殊未安. 但事勢適然, 又日寒如此, 何可冒此遠來乎? 故吾命如前, 汝當依之可也. 但前云兩書之讀, 毋忽毋忽. 須與知講規之友, 過忌後卽上寺, 極力細讀, 熟習解說, 上其註意於大文, 首尾該通爲可. 講日在正月十七日間, 同月旬前入京, 乃可及也. 敏道讀『史畧』幾何? 余近日思之, 此兒近數年間, 讀『古文眞寶』·『史畧』, 皆爲失計. 恨不令先誦『詩』·『書』大文, 而先讀此雜文, 浪費日月也. 『史畧』雖不比『古文眞寶』, 然亦似越序. 今則臨畢, 須早畢後, 卽授『詩』·『書』大文, 令極爛熟事, 與宓之議處之.】

書 - 128 (10월 27일) P.216

【答子寯】

【億弼及鶴崇齋兩書, 備知凡事, 慰念慰念. 予依昔在閑. 近日政, 江原監司望, 不求而入, 幸免受點於病人得其分矣. 汝婦證向差, 可喜. 豈不欲預圖繼續其藥? 宰及應祺皆送重價, 一時來求藥, 藥貴難貿, 其奴久留, 尙未充貿, 不暇. 竝擧未果, 奈何? 億奴船卜, 無事持來雜物, 竝依受納矣. 城主前謝狀及奇別, 傳上爲可. 但觀打作數, 大爲不實, 若早知如此, 米駄不須來矣. 前書所云貿布上送者, 欲及億必未發之前, 以除困馬輸轉之弊, 今豈可更爲乎? 況其處穀價尙賤, 尤不可爲也. 且吾於冬間, 未得外任, 則明春勢不可不棄去, 何可不儲其處而浪輸于此乎? 億奴, 卽欲下送, 但訥叱孫受由下鄕, 此無奴子, 姑留. 然宰奴未畢貿業而徑歸, 待畢貿, 付億奴下送爲計, 時未卜在何時耳. 栢子, 貿付縣人伯榮奴, 一時下送, 何無受報耶? 榮川城主書, 歸咎於汝, 非汝過也. 汝實無意爲之, 汝之愧懼甚當. 曾聞維新品官亦有如汝所爲者, 其時縣監金泓適到其村而知其擅用, 卽就其家, 捉出臀杖. 世上之事如此, 何可不畏國憲而率意妄作乎? 役民價事, 如所報爲之可也. 就中樹谷精舍, 纔糚三寶房, 而以無粮停役, 凶年勢不得已如此, 深恐此舍終未能成就, 使前功盡棄. 中夜思之, 寢不安席. 近者掃萬儲布, 貿得常米平二石於此, 欲補精舍之用, 輸送爲難, 欲於某處互換用之, 與憑·襄議處之爲可. 今聞莫失欲自撤其家材以納云, 此無他, 必欲因而竊取小小材鐵等物, 故爲奸計, 須卽招叱禁. 若不得已壞撤, 則汝親率奴輩往見, 壞之卽時輸下聚積, 毋令近地腐折也.】 汝旣多眷屬, 蒙兒不久又當婚娶. 吾性厭煩喜靜, 不得已傍有小舍, 父子孫中觀勢分住, 庶可容息. 此古人所以有東西南北宮[宮非宮殿, 卽別舍之名耳.]之制也. 【然則此屋材瓦, 何可輕棄被竊耶? 若難輸而可勿壞則姑置, 而令小叱同守直亦可. 且奴婢結幕者多, 而無地可容, 慮慮. 辛萬田下邊, 有宜仁人田, 雖瘠薄, 可居奴輩, 問而可買則買之, 何如? 蒙兒名, 汝意欲改, 則當改, 勿呼其名, 可也. 餘, 億奴之歸, 亦在不遠, 姑此.】

【來月時祭, 此處設行已計. 榮川 宋守貞之子事, 前書已言之, 依處甚便. 蔭取才, 以正月十六日七月十六日恒定新規云.】 時祭, 不須疊行, 略於望日間, 以酒果, 展汝慕誠而已, 無乃可乎? 【汾川·烏川諸簡, 今未及答, 爲傳之.】

書 - 129 (12월 1일) P.219

【寄寯[癸丑十二月初一日]退溪】

【近無來信, 汝其無恙否? 念念. 予舊憊之外, 別無所苦, 但不能夙夜徒竊錄俸, 於人臣之義, 至爲未安, 不可不速決去, 而去之無名無路, 不得已爲乞郡計, 時無當闕, 姑待殿最. 若得關東僻邑則甚好, 萬一不得, 亦當以他條圖爲歸計, 要不出明春耳. 汝來秋赴試, 欲赴何處耶? 科擧新規, 正月卄日爲始, 講『庸』·『學』, 限止於二月晦日, 講於京者, 不得赴外, 講於外者,不得赴京. 汝雖正月來京, 若欲赴鄕擧, 猶可及下去講於外方矣. 吾於京師, 不爲過夏之計, 故汝之來此, 過夏赴試, 亦未預定也. 蔭試事, 今之蔭職, 難於上天, 吾本未出計. 如趙松岡一二知友, 勸予使爲, 故今汝就試以待之. 其後如有與予相厚者入銓則猶可望, 不然, 吾決不能爲汝奔走乞哀於權門. 且所講之書, 若不精通者, 皆自退不入講云, 然則試才亦何可必乎? 故擧業事, 尤不可忽也. 今冬不甚寒, 歲前可來, 則上來何如? 恐歲後之來, 太匆匆, 故云爾, 勢難則不須歲前也. 汝來後, 蒙兒讀書, 尤恐踈慢, 慮慮. 且樹谷祖墓祭, 當次吾家云, 但吾於來寒食, 欲下去拜掃, 故欲與寒食祭當次宅相換而行何如事, 兄主前書, 白矣. 更思之, 吾之寒食下去, 未可預必, 勢難則不須換行. 此意, 知而處之. 欲造小屛風, 其處有黃司諫所畫「河圖」·「洛書」等唐紙短屛次十幅, 來時須持來. 新曆一部·銀魚二冬音送去. 奴億弼, 以兩家藥材未得速貿, 久留乃送耳. 汾川·烏川等, 新曆速傳, 銀魚四冬音, 亦送于烏川. 吳察訪已來謝恩, 來初七間, 直赴任所云, 親舊之喜不淺. 餘在歸奴, 只此.】

【新曆不足, 川沙未送, 恨恨. 隨後有得則送之.】

書 - 130 (12월 5일) P.222
【寓[癸丑十二月初五日]退溪家】

【烏川人來, 見書, 知汝婦證永差, 深喜. 但仲孫家病, 至爲可慮, 奈何? 愼勿連通. 戶內人還上未納, 亦爲大憂. 億弼之不得速歸, 爲兩家藥故也. 汝雖多事故, 誠有立志, 則豈無讀書之暇? 而倐倐泛泛, 非徒擧業滅裂, 試蔭亦未可必, 獨無慨然於中耶? 若可疑, 則不如勿入, 然歲後卽來, 觀勢處之. 愼仲丈家奴齎書, 時未來, 當推于其家. 餘前日億弼持書已盡, 只此.】

【榮川家穀, 春來必復有如前年之事, 所當速輸. 但退溪家里若不安, 則姑勿盡輸亦當. 汝來京時, 歷謁榮川城主, 痛謝去年之罪, 仍懇白以父意, '來春定欲下鄕, 全家專仰此穀, 非如歛散餘積者之類, 乞勿摘報'之意, 似爲無妨. 兄主爲賑恤之任, 深慮深慮. 此人忙還, 兄主前, 未及修答事, 傳白爲可. 且敬差官, 吾專不知之, 通書勢難, 且恐無益, 尤慮尤慮.】

● 갑인년(1554년, 54세)

書 - 131 (1월 3일) P.226

【寄寓[甲寅]】

【縣吏來, 見書, 又得金富儀家奴持書, 凡事細知之. 但仲孫家病, 傳至傍近, 居奴輩雖云出送, 黃石之病, 尤可疑, 未知今如何也. 況汝行期已迫, 汝若出行後病氣不絕, 則汝婦獨在, 避與不避其勢皆難, 奈何奈何? 不勝憂煎憂煎. 且近日雨雪連作, 道險馬弱, 行之艱困, 可想, 亦念不已不已. 今更聞之, 入格者不講『庸』・『學』云, 且蔭才之講, 退在二月望後云. 若果然, 則汝來姑徐以待病勢而處置, 汝婦又待道路乾平而後上來, 猶未晩也. 無奈定計所拘, 必以此旬前發行, 而致令家屬狼狽行李艱甚也, 慮慮. 講事, 汝之懶慢之過, 今若未精, 不如勿入, 姑待七月可也. 且春夏之間, 汝不得京留之勢, 若下去過夏, 則極農極熱之時上來及講, 亦甚難, 如何如何? 蒙兒今至十四歲, 始讀『詩』・『書』大文, 已晩矣. 可悔其前以無益之書虛過日月也. 其餘事, 皆已知悉. 其中營産等事, 亦人所不能不爲者, 乃翁平生雖踈拙, 亦豈全不爲乎? 但內專文雅而外或應務, 則不墜士風, 爲無害, 若全忘雅, 尙沒頭經營, 則是爲農夫之事・鄕里俗人之爲故云云耳. 金奴持書內榮川打作, 止於此數, 似不免飢餓之患, 奈何奈何? 此雖年不登之故, 此處猶不至甚. 此必連同不謹所致, 過甚過甚. 加外婢以賊妻被囚, 此婢罪犯, 雖死不惜. 故連同處, 勿經逢受事敎之. 然深懲而不至於死, 則豈不可也? 汝若過謁城主此意白之爲可. 城主以處此婢事, 問於我故云耳. 莫只家事, 將撤不撤, 無人守護, 必多散失, 可恨可恨. 餘未一一.】

【宜寧大小皆無恙云. 茶食一小笥送去. 送來靑魚一冬受之.】

書 - 132 (1월 24일 첩재) P.229

【寄寓[甲寅]】

【歲後凍雪寒極, 恐汝發行中路傷困, 煎慮之至. 訥叱孫持書來, 始知停行, 稍慰稍慰. 汝之來遲, 雖似未安, 輸稅之急, 以致闕馬, 不可徒步而來, 奈何? 蔭取才, 雖退在二月十六日, 其前必不及上來. 雖來, 行路匆匆之餘, 入講勢難. 且曾入格者, 欲赴漢城試, 則附名于舘學, 又出照訖于禮曹而赴見云云. 今方圖此兩事, 汝姑勿來, 待四月間付種粗畢未始除草之隙, 上來過夏, 七月試蔭, 八月見試, 仍隨汝庶母一時下去, 則勢似差便, 於汝意如何? 不然, 若赴莫只, 則京外從馬往來兩妨, 至爲難處. 且二月來京過夏, 則家事, 汝婦獨在, 必多難措, 亦爲未便故云云. 但未知閨閤病氣, 今則如何? 慮慮. 來書所云. 奴馬耗減凋殘如此, 而戶役凡事倍前, 將何以爲家? 今次輸稅, 必多艱窘, 念念. 草谷家病亦甚, 可憂. 芿叱山·命福何故至今不來? 可惟可惟. 昌原送芿孫事, 諺書詳之, 預教之. 訥叱孫, 旣至卽發送爲可. 此事似猥鎖, 但老嫗餓死, 則汝母不安於此, 且與人處而令其母流莩, 亦非義理, 故不得已爲之耳. 他事當待芿叱山等之還, 姑先其急者, 不一一.】

【本道講『庸』·『學』, 退在兩麥後, 則試卷考準亦退之耶? 若不退, 則有心條考準亦不妨. 筆一柄送去.】

書 - 133 (1월 25~30일) P.231

【答寫】

【有安東歸人, 修書欲付而未及, 今送其書, 凡事署具於其中. 今早命福到京, 見書, 知汝及家里皆安, 深喜深喜. 予近日稍似康和. 但聞兄主受賑救之任, 恐其生事遙極慮悶. 榮家病, 眞不疑耶? 取穀太速, 聞之未安. 石乙孫則本非出役, 妄自出役, 今當還役. 黃石亦不可放, 但病重則勢難强使, 觀病量處爲可. 務廣耕則荒可慮, 但薄田付飢民牛作, 則與棄同, 亦不可不慮. 況秋歸決計, 食口倍衆, 尤不可少耕, 兩酌處之. 客位二間之作, 今春爲之甚好, 須速爲可也. 試卷考準事, 彼書詳之, 予寒食之行, 人皆言"加土由雖云不禁, 嶺南凶荒, 上憂方劇, 臣子何可不體上意强請受由於其地乎?"云云. 以此未得如計, 悶甚悶甚. 汝行遲速, 亦具前書, 依吾所命, 四月間量隙上來, 則凡祭祀農作成造等事, 皆順故云. 雖久曠未安, 事勢旣然, 而又有吾命, 無大妨也. 買牛事, 知之. 屛紙羔毛乾雉等皆受. 此人忙行, 諸答簡欲竢付選上人之歸, 朴公輔晦朔間, 亦欲下去, 故姑不一一.】

【屛紙, 命福不受云, 不來, 未知何故?】

書 - 134 (2월) P.233

【再寄寫】

【訥叱孫明間當入, 凡事具於其書. 但恐汝於其前無乃發行西來耶? 吾之待秋而歸, 已爲太晩. 至秋, 萬無不歸之理. 汝今棄來, 則家無幹奴, 全廢耕農, 歸當何恃? 故不已云云耳. 石乙孫等已行耶? 聞下道盜賊縱橫, 兩者皆屛迷, 慮慮, 而勢不得不送故也. 不知何以處之? 就中宜寧去年秋打作只二石, 而稷麥幷八九石在矣. 此穀, 好品木貿得來. 前所云辛萬田下邊宜仁人田庫, 買得以爲奴婢結幕之處, 於汝意何如. 但念汝於春夏間, 無乃食不足有換用之願耶? 故予不決, 通于宜寧, 汝須斟酌, 速通于彼母, 令失本也. 餘不再云.】

【予前所聚小字『綱目』, 本當爲五十九卷, 而所得只五十一二卷, 其餘七八卷未備, 但不記所闕者的是何卷也. 須歷歷相考卷次, 某某卷無之, 詳審書送爲可. 學籍及禮曹照訖, 已圖之換來, 李寅給假之餘, 監司宅已盡換, 故愼仲貿, 筆未副, 此意傳之. 汾川·烏川等處書簡同封.】

書 - 135 (2월) P.235

【答寫】

【南貴延來京, 得平書, 深喜. 在此亦皆無事. 但以事勢觀之, 吾今春不歸, 至爲未便, 只無端棄去, 人必疑怒, 故未果. 計秋歸向隔五六朔, 可悶可悶. 試卷準事, 必考講時幷爲之. 但禮曹照訖已出, 若見京試, 必不準卷矣. 都叱孫下歸事, 在此亦慮其難, 故追修諺書辭緣云云, 不及停之, 奈何? 宜寧穀雖不多, 然遽至無餘耶? 聞黃石稱病放役, 此奴雖惰, 他奴則又不如此奴, 而汝又來京, 則今年農事, 眞可慮也. 黃石, 吾若下去, 還入役事, 豫教之爲可. 客位之作, 雖二間, 亦不易, 汝雖爲計, 恐未及成也. 老嫗若肯來其處則甚便, 但其女未歸, 必非情願, 故初不爲其計, 今亦無及矣. 屛紙, 時不送來耳. 前來羔毛束筆幷黃毛一柄送去. 楮毛筆只有一大柄, 不得送之. 予在豊基日所用中大筆一柄, 在某箱中, 搜得付蒙兒爲可. 無心禿筆數柄亦送, 此亦可用作中大字故也. 『綱目』闕卷八冊內今又得六冊, 可喜. 所未得者, 唯三卷五卷耳. 餘具諺書.】

【寒食諸處祭事, 何以設行? 今春多窘, 一物未送備奠具, 爲恨. 時祭今月十四日已行於此. 兄主承差之任, 時未免云, 與汝書不同, 何耶?】

書 - 136 (3월) P.237

【答寫】

【南九淵傳書, 見知, 繼此闕信, 方深懸念. 今得來報, 始知宜寧家難, 竟至此極. 彼蠢物厚稔, 其禍自絶于天, 固置之無可奈何, 如墜家聲傷母慈何也? 不勝痛憤痛憤. 今則人理所不容, 想無善處之路, 尤爲不祥之極, 奈何奈何? 原嫗旣來于彼仍留, 則可除春秋來往之弊, 而固執上來, 以至貽弊多端, 其女聞之惶怭極矣. 吾知此事甚屑屑然, 事勢至此, 不可不救, 其垂死之命, 亦所謂無如之何者也. 知汝用心護送, 其女感恩亦深矣. 同府及宜寧來物, 祭祀成造等費用, 許多來人, 又負重, 何必送來耶? 假令後有如此事例, 勿送來可也. 來物皆受之. 烏川了簡送傳爲可. 客位作則甚好, 而務劇用窘, 恐未畢功耳. 聞莫只家非徒材瓦偸失, 將有頹敗之勢云, 今雖不得撤下, 某條不至失本事處之爲可. 小叱同者, 自初令移接看守, 不肯聽從, 致令如此, 至爲過甚. 今後或令假幕移接, 或令哲孫伊·小叱同等同力看守, 隨宜處之可也. 笠子勿持來亦可. 就中鞍赤盡破, 其處前在者有則持來. 餘在診書及還口.】

【聞安石畓塍墮落不可耕種云, 然否? 然則價物還納, 或畓傍田庫代入事, 敎之.】

書 - 137 (3월) P.239

【答寄】

【士任之來, 見書知悉, 爲慰爲慰. 但知汝婦未寧, 向慮, 而烏川大宅, 失婢避寓, 其患非細, 尤慮其終, 如何如何. 宜寧奇, 余亦未聞. 但宜寧以不謹救荒先罷拏推, 而新縣監金師謹已給馬赴任, 舊城主若來則可知其奇矣. 汾川令公, 老境喪侍人, 必多妨礙, 何以處之? 慮仰. 而諸處凶訃可駭, 且聞庇遠病, 深悶深悶. 而此人忙還, 求藥極難, 未得送救, 何恨如之? 客位恐未及成, 今已蓋瓦, 經夏無憂, 可喜可喜. 麥盛, 可慰民望, 而雨澤又足, 喜可想也. 汝來當觀務勢而卜期上來, 但汝來之後, 恐爲荒田耳. 訥叱孫非許放而久不上來, 至爲頑慢, 須捉致帶來可也. 孫伊等家病氣可畏, 愼之愼之. 餘不一一.】

【公輔何久不來? 其家難待.】

書 - 138 (8월 하순) P.241

【寄寓】

【歸路安否? 嵓妻之病, 復發, 去夜奄然而逝, 痛怛無已. 其家窮甚, 尤悶尤悶. 加外夫昨夕入京, 宜寧書簡二道送. 就中騎兵及忠順等代立人, 本曹以密封摘發捉囚, 大欲治罪其罪, 則全家徙邊也. 九月番李憑及大成諸人皆不來, 恐至生事, 悶極悶極. 宙雖非今番, 若代立人現出, 則亦可慮也. 此意傳告諸人. 適新塘洞家奴子到京, 還歸過門告辭, 忙未各修, 爲恨耳.】

書 - 139 (9월 3일) P.242

【寄寯】

【去後未聞在道及還家安否, 向慮不已. 余依舊, 但漸寒不得已辭退耳. 且中嵓妻竟以其病不起, 痛憐痛憐. 曾因新堂奴歸告訃, 未知知否? 嵓則似平安下南, 但未知行道如何耳. 掌樂榜已出, 遠兄持去, 漢城榜, 至今未出, 今日當出云. 遠兄之歸, 未及傳送, 爲恨. 然傳聞擧場多失旨云, 況汝等尤未穩, 何能僥倖乎? 恨恨. 秋穀成實如何? 京師前月晦日霜落, 若其處亦然, 則晚稻等穀, 又恐未熟, 奈何奈何? 余之歸計尙未決, 而庶母十月欲送, 而嵓姪事如彼, 無護行人, 獨行似難, 亦未決意. 若得便宜, 則十月吾欲先歸亦計. 但訥叱孫, 卽上來事敎之, 而又爲虛言曰, "當待行次定期而上來事, 聽令而去."云, 此奴之頑如此. 不意之行, 慮無率人耳. 餘在遠兄之行.】

書 - 140 (9월 2일) P.244

【寄寯】

【金可行等付書, 已見知否? 近日汝安否? 且來草谷監收耶? 所收多少如何? 其可以接續度歲耶? 汝之前書, 則欲我先歸, 而梅母待春而歸云, 此計亦善. 但如是則鄕家用煩, 而京家絶粮, 兩非備荒之策. 故吾意欲令梅母先歸, 吾以春歸, 庶可免死. 可行持書所以云云, 不知汝意如何? 但不得已壯實奴五六人馬三匹, 望前發行上來, 念後未寒前可及下去. 無乃秋收未了, 還上刻督, 又人馬俱飢困, 未得如期上來耶? 況汝行亦欲以此從馬上來, 則尤有未及之勢, 汝欲追後別行以來, 則頻疊之弊尤難. 此中事勢, 吾難遙度, 汝須看勢決斷處之. 在此則當觀從馬來不來, 以決歸不歸次致裝以待之耳. 勢若極難, 今冬奴馬不來, 則明春一時下去, 三冬飢困, 人馬益難備數遠來, 奈何奈何? 但如是則有一策, 欲於二月初丹陽回舡, 水路至丹陽, 則其後不遠處, 猶可借得人馬, 一時下歸矣. 此計又如何? 大抵不得受由去, 勢尙難, 然不可以是每每不歸, 明春則雖得罪不可留, 而今行所未知者, 彼中從馬來不來耳. 且中連同奴, 何以治之? 此奴恣橫百惡, 近日方細聞之, 罪不容誅, 猶不以上典聞知爲懼, 大大發毒, 每欲與此婢一剱相死, 其悖逆不有上典之意可知. 此奴見汝柔懦, 益肆無忌, 何痛如之? 且婢夫以還債事, 歸草谷, 此奴必大鬪鬨, 甚於前日, 且今秋穀不得擅用爲憤, 今冬不無托以他盜, 而偸出藏穀, 其惡必無所不至. 如是則寧使黃石守家而捉囚此奴, 於官窮治前後悖犯盜用之罪, 收取其妻買得文記, 然後經冬囚禁, 以待吾言而處之, 至可. 汝不能斷一鼠奴之惡, 使之悖亂如此耶? 汝若上來, 則阿蒙廢業, 奈何. 姑此.】

書 - 141 (10월 27일) P.247

【答寫】

【此行, 計雖素定, 從馬備來勢難. 若見加外持書, 則似當停送事料之矣, 今遂送上來, 固善. 但馬匹皆疲困, 適得回馬三匹, 乃始成行而去. 以此見之, 若一時下去則尤難矣. 此所以不得已分兩次行計也. 明春吾行雖有事故, 何可停乎? 病過三霜, 竊祿容身, 其愧古人已極, 故不計飢餓而決去耳. 汝行依汝計, 臘望上來可也. 但正値苦寒, 汝身亦未强實, 深念深念. 命山等持書, 已見答矣. 宜寧事, 前監司已放送, 而來昨又得公簡書, 闈安云云. 換穀事, 會通於公簡, 公簡當依換云, 可喜. 其書送去, 汝母亦知而去. 阿蒙年幼, 遠道冒寒而來, 不久還下, 未便勿來可也. 杏兒之來, 別無害事, 但或遭其主之怒, 受辱不小, 故吾初不令上來矣. 其來甚非吾意, 但旣來, 無如之何矣. 溪堂久無主, 窓戶之偸, 非偸者之罪, 乃吾恥也. 然在吾則吾恥, 在汝則汝恥亦不少. 所貴於有兒孫者, 爲其不墜緒業也. 而汝所好不在於吾業, 豈能有望於無廢墜乎? 此堂則卜地未愜, 固當改移. 今歸, 意欲搆精舍數間於霞山之麓, 以寓余樂, 以今料後, 恐亦如斯. 吾每有此憂而尋常未敢言, 聊因此事而發之. 切宜念之, 前云金伊畓買事, 果是合買之處. 但更思之, 今年擧有溝壑之憂, 何暇爲後日計而輕出穀物以買田乎? 吾意千方百策, 共圖爲免死之計爲當, 餘事愼停可也. 餘在歸人, 只此.】

書 - 142 (11월 5일) P.249

【寄子寯】

【自行歸後, 一無來信. 傳聞中路馬困窘甚云, 然則亦必有絶粮之患, 殊以繫念. 且初令億弼牽馬即來, 何故至今不來？亦深悚慮悚慮. 汝與伯榮一時上來則勢便, 億弼及馬, 欲待其時帶來故留之耶？雪寒比劇, 遠來甚艱, 奈何奈何？予以時令有少違攝, 然是乃年例所有之證, 今已平復矣. 公輔家兒婢方行大疫, 此洞隣亦多有之, 未知鄕家消息如何？饑荒之故, 奴輩擧有渙散之勢, 不知今如何耶？念之不置. 南光弼臨行來告, 未及致詳, 亦不遣諺簡, 知悉.】

書 - 143 (12월 6일) P.250

【寄寯】

【近無來音, 未知安否, 且爾庶母歸時, 此處隣近有疫, 故先令爾兒輩避去烏川, 至今未知到家後消息, 能不係念？且汝想與伯榮同來, 今因李容所傳, 始知不同伯榮之行, 然則何時定發？余因今冬苦寒時有寒疾, 然不緊旋差, 但不能出入耳. 新曆隨得分送, 不得徧及, 爲恨耳. 婢子騎去鞍子母忘持來爲可. 公簡來草谷耶？士彦近者將發臺諫之口, 欲更治之, 有一親舊力沮姑停云, 然不可保其終不發, 不可說不可說. 且丹溪柳家事亦發物論云, 亦深憯痛, 奈何奈何？事事如此, 吾何面見人耶？恐汝已在途, 故略告之.】

【新生兒名阿淳.】

書 - 144 (12월 8일) P.251

【寄子寯】

蒙兒明年十五, 不可每呼幼名, 別紙書去, 依此命之, 幷解釋詩義而敎之, 且令謹藏, 母致遺失. 大抵此道之於人倫日用, 如飮食裘葛, 旣不可須臾無, 亦莫非平常之理也. 今人纔說道字, 便以爲異事, 惟致力於學問而後知此意, 故詩中云爾. 小兒名阿淳, 前書末細書之, 似未分明, 故再示之. 汝來時到丹陽, 招問船人明春到京遲速, 且約以回船乘去之意, 丁寧勿違告之. 如未及招見之勢, 令可信人傳告是意亦可. 余欲二月望後念前發行, 其可適相値耶？

書 - 145 (12월 8일 밤) P.252

【答子寫】

【伯榮來, 得書, 知在齋菴讀書, 爲慰爲慰. 但今知爾母歸時落馬唇傷, 且多窘事, 雖終幸無事, 亦一蹉跎也. 予素患痰證時發, 間挾燥熱, 畏寒不出, 然大槩好在耳. 去月二十五日政, 拜僉知, 時未謝矣. 宜寧事, 放還則放還矣, 物情愈激, 京外喧騰. 近者諫院幾發, 而賴柳司諫仲郢周旋而姑停, 此後事尙不可測. 且中非徒彦也, 生員尤可慮, 而其所謂田民收奪成文事, 亦甚無狀, 予全不知之, 近因朴士信始聞之, 此事於我尤深痛骨. 往者予與生員書曰, "假子雖不能逐去, 若慈氏生前, 與家門尊長同議, 以假子不可奉祀之意, 成文置之, 則家門後日, 可無難處之患"云云, 公簡乃依吾此書, 倡言曰, "士彦不給田民事, 大司成兄書通云云, 而成其文記云, 天下安有如此不祥之事乎? 吾書若家門見之則無患矣, 彼旣爲誣言, 必隱其書無置處, 吾何以發明乎? 深恐與彼同受惡名, 奈何奈何? 大抵簡之所爲, 類如此, 物情與彦無異云, 當誰咎乎? 汝書深以彼事爲不義, 是則予心爲喜也. 丹溪事, 前書已言之, 痛矣痛矣. 李末誇簡及穀記見之. 換穀事, 計種子外皆換爲可. 但彼處不爲汲汲, 須爲遣人圖之可也. 今年家用太急, 不是小事, 奈何奈何? 奴馬恠久不來, 勢至於此, 無可奈何. 汝來幷所借鞍子護持來, 可可. 金孫事可駭且憐, 而順伊事亦甚可慮. 戶內還上, 多未納, 不可說也. 田畓買不買事, 知之. 此後雖不得已處, 亦勿買. 時祭皆已行, 深喜深喜. 望時之行, 不可違也. 當寒遠道, 千萬愼護以來. 餘具具幹持書, 只此.】

【乾雉二首送去.】

아들에게 쓴 퇴계의 편지 1
- 뜻을 세워라

초판 인쇄 2023년 06월 15일
초판 발행 2023년 06월 22일

원 저 자 l 이 황
역 주 자 l 김운기
펴 낸 이 l 김영환
펴 낸 곳 l 도서출판 **다운샘**

주   소 l 05661 서울특별시 송파구 중대로27길 1(오금동)
전   화 l 02)449-9172
팩   스 l 02)431-4151
전자우편 l dusbook@naver.com
등록번호 l 제 1993-000028호

ISBN 978-89-5817-527-8 04810
ISBN 978-89-5817-526-1(전3권)

값: 20,000원

- 파본은 교환해 드립니다.